"十四五"规划应用型系列教材
案例导向型特色教材

U0958165

财务管理基础

主　编　李远勤
副主编　方宗　马嘉萌　韩宏稳　吕怀立

立信会计出版社
LIXIN ACCOUNTING PUBLISHING HOUSE

图书在版编目(CIP)数据

财务管理基础 / 李远勤主编. —上海：立信会计出版社，2021.11

ISBN 978-7-5429-6963-7

Ⅰ. ①财… Ⅱ. ①李… Ⅲ. ①财务管理 Ⅳ. ①F275

中国版本图书馆 CIP 数据核字(2021)第 218627 号

策划编辑 孙 勇
责任编辑 孙 勇
封面设计 南房间

财务管理基础

CAIWU GUANLI JICHU

出版发行	立信会计出版社		
地　　址	上海市中山西路 2230 号	邮政编码	200235
电　　话	(021)64411389	传　　真	(021)64411325
网　　址	www.lixinaph.com	电子邮箱	lixinaph2019@126.com
网上书店	http://lixin.jd.com		http://lxkjcbs.tmall.com
经　　销	各地新华书店		

印　　刷	上海万卷印刷股份有限公司	
开　　本	787 毫米×1092 毫米	1/16
印　　张	17.25	
字　　数	382 千字	
版　　次	2021 年 11 月第 1 版	
印　　次	2021 年 11 月第 1 次	
印　　数	1—2 100	
书　　号	ISBN 978-7-5429-6963-7/F	
定　　价	42.00 元	

前言
PREFACE

“财务管理基础”课程是高等院校会计学专业、财务管理专业、金融学专业的核心专业课程，也是企业管理等商科其他专业的主修课程。

在本书编写过程中，我们努力继承国内现有公司财务管理教材的优秀成果，吸收西方财务管理教材的先进方法，同时体现我国公司财务管理的发展趋势。本书以公司投资、筹资、经营、利润分配等重大财务活动为内容主线，着重阐述确定性环境下公司财务管理的核心内涵和分析方法，充分体现财务管理作为公司价值管理的特色。

在具体内容安排上，本书分为四个专题，共九章内容。专题一为财务管理导论，包括第一章、第二章、第三章，主要介绍财务管理概要、金融市场与公司、财务报表；专题二为货币时间价值与估值，包括第四章、第五章，主要介绍货币时间价值以及有价证券定价；专题三为投资与经营，包括第六章、第七章，主要阐述了项目投资决策和流动资产管理；专题四为筹资与分配，包括第八章、第九章，分别讲述了长期筹资决策和股利决策。

本书具有以下特点：

第一，基础性。由于财务管理教学内容的层级性，本书反映财务管理学科的基础要求，在内容安排上与财务管理的后续课程“中级财务管理”有所区别和衔接。我们将“财务管理基础”课程的主要内容确定为确定性未来假设环境下的财务管理问题，着重介绍财务管理基本原理和基础方法。不确定性未来假设环境下的财务管理问题则属于“中级财务管理”课程的内容。

第二，针对性。为了帮助初学者较好掌握该课程重要的财务原理和重要的财务分析方法，本书每一章开头都设置了学习要点，以提高学生的学习兴趣，并使学生对学习要求有所了解。财务管理需要运用较多的数学模型或公式，我们在编写时先阐释原理再进行推导，并通过实例、图表等对数学模型或公式进行分析，条理清晰，能够强化学生对教学内容的理解。我们针对课程的难点和重点内容，设计了每章的本章小节，并配备了思考题和练习题，这些对于初学者来说是非常有帮助的。因此，本书非常适合财务管理基础课程的教学和学习。

第三，实践性。经济活动的复杂多样为企业财务管理活动提供了丰富的舞台。在现实经济生活中，新的财务活动和方法不断涌现。本书每一章均匹配了真实的财务管理案例，引导学生了解和分析财务管理实践问题，这使本书内容能够比较客观地反映企业财务管理现实。

本书既可作为高等财经院校和其他院校会计学、财务管理等专业财务管理课程的教材，也可作为非会计与财务管理专业财务管理课程的教材，还可作为企业管理人员、会计人员在职培训的教材或自学参考读物。

本书由上海大学李远勤教授担任主编，上海大学方宗博士、马嘉萌博士、韩宏稳博士和吕怀立副教授担任副主编。编写具体分工如下：李远勤教授编写第一章第一节至第五节、第二章、第三章、第六章，吕怀立副教授和韩宏稳博士编写第四章和第五章，方宗博士编写第七章和第一章第六节，马嘉萌博士编写第八章和第九章。方宗博士和韩宏稳博士编写并修改了每章案例、思考题与练习题。

本书的出版得到了立信会计出版社的大力支持！编辑孙勇先生和王悠然女士对我们的信任和帮助以及认真负责的敬业精神令我们深深感动！在编写过程中，我们参阅了大量国内外文献资料，并得到上海大学管理学院戴书松老师的慷慨指导，在此表示真诚的感谢！

囿于时间的仓促，加之我们的理论水平有限，书中难免有谬误和不足之处，恳请同行和读者批评指正。

编　者

2021年11月

上海大学

目录
CONTENTS

专题一　财务管理导论

专题二　货币时间价值与估值

专题三　投资与经营

专题四 筹资与分配

专题一

财务管理导论

第一章　财务管理概要

学习要点

- ☐ 财务管理的形成与发展
- ☐ 企业组织类型
- ☐ 财务管理的内容
- ☐ 企业目标与财务管理目标
- ☐ 财务管理与其他学科的关系
- ☐ 大智移云时代的财务管理转型

在现代企业的经济活动中，财务管理发挥着不可或缺的作用。企业的资金筹措、资金的运用与投资和企业经营成果的分配均属于企业的财务管理活动。可以这么说，如果企业没有有效的财务管理，企业经营战略的选择、经营策略的实施、管理效能的提高等都将会遇到重重困难，甚至会难以为继，遭受破产清算的风险。“财务管理基础”课程介绍了确定性环境下企业财务管理的知识体系和分析方法。

本章是财务管理概要，共分为六节。第一节为财务管理的形成与发展，主要介绍企业财务管理的形成和发展过程；第二节为企业组织类型，主要介绍不同类型企业的特点；第三节为财务管理的内容，主要是通过企业的财务活动和财务关系来分析阐述财务管理的内容；第四节是企业目标与财务管理目标，主要分析企业目标对企业财务管理的影响，以及应该如何理解企业财务管理目标的意义；第五节为财务管理与其他相关学科的关系，主要介绍财务管理与经济学、管理学、会计学、金融学等学科的关系；第六节为大智移云时代的财务管理转型，主要介绍数字时代下新技术对财务管理的影响，以及财务共享服务中心的发展。

第一节　财务管理的形成与发展

企业财务管理是以企业当前及未来经营活动所需资金的取得、使用与分配为内容的管理活动，其实质是处理企业财务活动中形成的企业与各方的经济关系。要比较全面和深入了解企业财务管理的现状，我们必须首先研究和了解企业财务管理思想形成和企业财务实践活动的发展历史。

一、财务管理萌芽阶段

一般认为，企业财务管理大约起源于15世纪末16世纪初，当时西方社会正处于资本主义萌芽时期，地中海沿岸的许多商业城市出现了由公众入股的商业组织，入股的股东有商人、王公、大臣和市民等。商业股份经济的发展客观上要求企业能够合理预测资本需要量，有效筹集资本。但由于当时企业对资本的需要量并不是很大，筹资渠道和筹资方式比较单一，企业的筹资活动仅仅附属于商业经营管理，独立的财务管理职业还没有形成，这种情况一直持续到19世纪末20世纪初。随着企业专业化程度的逐渐提高、企业经济规模的逐渐扩大，企业对外部资金的要求逐渐增加，由此，慢慢形成了企业财务管理活动的新阶段。

二、财务管理形成阶段

企业财务管理的内容包括筹资管理、投资管理、营运资金管理以及利润分配管理等内容，在企业实践活动中，不同的阶段解决不同的问题，并形成不同的财务管理内容。

(一) 筹资财务管理时期

19世纪末20世纪初，工业革命的成功促进了企业规模的不断扩大、生产技术的重大改进和工商活动的进一步发展，股份公司迅速发展起来，并逐渐成为占主导地位的企业组织形式。股份公司的发展不仅带来了资本需求量的扩大，而且也使筹资的渠道和方式发生了重大变化，企业筹资活动得到进一步强化，如何筹集资本从而扩大经营，成为大多数企业关注的焦点。于是，许多公司纷纷建立一个新的管理部门，即财务管理部门，财务管理开始从企业管理中分离出来，成为一种独立的管理职业。当时公司财务管理的职能主要是预测资金需求量并筹措公司所需资金，融资是当时公司财务管理理论研究的主要任务。因此，这一时期称为融资财务管理时期或筹资财务管理时期。

这一时期财务管理研究的重点是筹资，主要研究成果如下：1897年，美国财务学者格林出版的《公司财务》详细阐述了公司资本的筹集问题，该书被认为是最早的财务著作之一；1910年，米德出版的《公司财务》主要研究企业如何最有效地筹集资本，该书为现代财务理论奠定了基础。

(二) 法规财务管理时期

1929年爆发的世界性经济危机和20世纪30年代西方经济整体的不景气，造成众多企业破产，投资者损失严重。为保护投资人的利益，西方各国政府加强了证券市场的法制管理。例如，美国分别在1933年和1934年出台了《联邦证券法》和《证券交易法》，对公司证券融资作出严格的法律规定。此时财务管理面临的突出问题是金融市场制度与相关法律规定等的规范与约束。财务管理活动需要研究和解释各种法律法规，指导企业按照法律规定的要求组建和合并公司，发行证券以筹集资本。因此，西方财务学家将这一时期称为守法财务管理时期或法规财务管理时期。

这一时期财务管理研究的重点是法律法规和企业内部控制，主要研究成果如下：美国洛弗的《企业财务》提出企业的财务除筹措资本外，还要对资本周转进行有效的管理；英国罗斯的《企业内部财务论》特别强调企业内部财务管理的重要性，认为资本的有效运用是财务研究的重心。20 世纪 30 年代后，财务管理的重点开始从扩张性的外部融资，向防御性的内部资金控制转移，财务目标和预算的确定、债务重组、资产评估、保持偿债能力等问题，开始成为这一时期财务管理研究的重要内容。

（三）资产财务管理时期

20 世纪 50 年代以后，面对激烈的市场竞争和买方市场趋势的出现，财务经理普遍认识到，单纯靠扩大融资规模、增加产品产量已无法适应新的形势发展需要，财务经理的主要任务应是解决资金利用效率问题，公司内部的财务决策上升为最重要的问题，西方财务学家将这一时期称为“内部决策时期”（Internal Decision-Making Period）。在这一时期，资金的时间价值引起财务经理的普遍关注，以固定资产投资决策为研究对象的资本预算方法日益成熟，财务管理的重心由重视外部融资转向注重资金在公司内部的合理配置，公司财务管理发生了质的飞跃。这一时期资产管理成为财务管理的重中之重，因此，称之为资产财务管理时期。

20 世纪 50 年代后期，财务管理学者开始重视对公司整体价值的研究。实践中，投资者和债权人往往根据公司的盈利能力、资本结构、股利政策、经营风险等一系列因素来决定公司股票和债券的价值。由此，资本结构和股利政策的研究受到高度重视。

这一时期主要研究成果如下：1951 年，美国财务学家迪安出版了最早研究投资财务理论的著作《资本预算》，这为财务管理由融资财务管理向资产财务管理的飞跃发展起到了决定性作用。1952 年，哈里 · 马科维茨发表论文《资产组合选择》，认为在若干合理的假设条件下，投资收益率的方差是衡量投资风险的有效方法。从这一基本观点出发，1959 年，哈里 · 马科维茨出版了专著《组合选择》，从收益与风险的计量入手，研究各种资产之间的组合问题，哈里 · 马科维茨也被公认为是资产组合理论流派的创始人。1958 年，弗兰科 · 莫迪格里安尼和米勒在《美国经济评论》上发表《资本成本、公司财务和投资理论》，提出了著名的 MM 理论。弗兰科 · 莫迪格里安尼和米勒因为在研究资本结构理论上的突出成就，分别在 1985 年和 1990 年获得了诺贝尔经济学奖。1964 年，夏普和林特纳等在哈里 · 马科维茨理论的基础上提出了著名的资本资产定价模型，系统地阐述了资产组合中风险与收益的关系，区分了系统性风险和非系统性风险，明确提出了非系统性风险可以通过分散投资而减少等观点。资本资产定价模型使资产组合理论发生了革命性变革，夏普因此与哈里 · 马科维茨一起共享了 1990 年诺贝尔经济学奖的荣誉。总之，在这一时期，以研究财务决策为主要内容的“新财务论”已经形成，其实质是注重财务管理的事先控制，强调将公司与其所处的经济环境密切联系，以资产管理决策为中心，将财务管理理论向前推进了一大步。

（四）投资财务管理时期

第二次世界大战结束以来，科学技术迅速发展，产品更新换代速度加快，国际市场迅速扩大，跨国公司增多，金融市场繁荣，市场环境更加复杂，投资风险日益增加，企业必须更加注重投资效益，规避投资风险，这对已有的财务管理实务与理论提出了更高要求。20 世纪

60 年代中期以后，财务管理的重点转移到投资问题上，因此，这一时期被称为投资财务管理时期。

如前所述，投资组合理论和资本资产定价模型揭示了资产的风险与预期报酬率之间的关系。此模型受到投资界的欢迎，它不仅将证券定价建立在风险与报酬的相互作用基础上，而且大大改变了公司的资产选择策略和投资策略，被广泛应用于公司的资本预算决策，促进了财务学中原来比较独立的两个领域——投资学和公司财务管理的相互融合，使公司财务管理跨入了投资财务管理的新时期。前述资产财务管理时期的财务研究成果同时也是投资财务管理初期的主要财务成果。

20 世纪 70 年代后，金融工具的推陈出新使公司与金融市场的联系日益加强。认股权证、金融期货等被广泛应用于公司筹资与对外投资活动，推动财务管理理论日益发展和完善。20 世纪 70 年代中期，布莱克等人创立了期权定价模型(Option Pricing Model, OPM)；斯蒂芬・罗斯提出了套利定价理论(Arbitrage Pricing Theory)。在此时期，现代管理方法使投资管理理论日益成熟，建立了合理的投资决策程序；形成了完善的投资决策指标体系；建立了科学的风险投资决策方法。

一般认为，20 世纪 70 年代是西方财务管理理论走向成熟的时期。财务管理通过吸收自然科学和社会科学的丰富发展成果，进一步发展成为集财务预测、财务决策、财务计划、财务控制和财务分析于一身，以筹资管理、投资管理、营运资金管理和利润分配管理为主要内容的管理活动，并在企业管理中居于核心地位。1972 年，法玛和米勒出版了《财务管理》一书，这部集西方财务管理理论之大成的著作，标志着西方财务管理理论已经发展成熟。

三、财务管理深化发展阶段

20 世纪 70 年代末，企业财务管理进入深化发展的新时期，并朝着国际化、精确化、电算化、网络化方向发展。

20 世纪 70 年代末和 20 世纪 80 年代初期，西方国家普遍遭遇了旷日持久的通货膨胀。持续的大规模通货膨胀导致企业资金占用量迅速上升，筹资成本随利率上涨，有价证券贬值，企业筹资更加困难，利润虚增，资金流失严重。严重的通货膨胀给财务管理带来了一系列前所未有的问题，因此，这一时期财务管理的任务主要是应对通货膨胀。通货膨胀财务管理一度成为热点问题。

在 20 世纪 80 年代中后期，进出口贸易筹资、外汇风险管理、国际转移价格问题、国际投资分析、跨国公司财务业绩评估等成为财务管理研究的热点，并由此产生了一门新的财务管理分支——国际财务管理。

20 世纪 80 年代中后期，拉美、非洲和东南亚地区的发展中国家陷入沉重的债务危机，苏联和东欧国家政局动荡、经济濒临崩溃，美国经历了贸易逆差和财政赤字，贸易保护主义一度盛行。这一系列事件导致国际金融市场动荡不安，企业面临的投融资环境具有高度不确定性。因此，企业在其财务决策中日益重视对财务风险的评估和规避，其结果是效用理论、线性规划、对策论、概率分布、模拟技术等数量方法在财务管理工作中的应用与日俱增。财务风险问题与财务预测、决策数量化受到企业高度重视。

随着数学方法、应用统计、优化理论与电子计算机等先进方法和手段在财务管理中的应用，公司财务管理理论发生了一场“革命”：财务分析向精确化方向飞速发展，20 世纪 80 年代诞生了财务管理信息系统。

20 世纪 90 年代中期以来，计算机技术、电子通信技术和网络技术发展迅猛。财务管理的一场伟大革命——网络财务管理，已经悄然到来。

进入 21 世纪以来，大数据、云技术、区块链、移动互联网等新一代信息技术开始蓬勃发展并被大量应用，当代财务管理继续朝着信息化、智能化、网络化方向发展。

第二节　企业组织类型

企业是开展经济活动的主体，其按照相关法律法规设立和运作。按照国际惯例，企业的组织形式可分为独资企业、合伙企业以及公司制企业。一般财务管理研究的对象是公司制企业，但是，财务管理的基本概念、原理以及方法等亦适用于独资企业和合伙企业。下面分别介绍这三种企业之间的差异与特点。

一、独资企业

独资企业是由业主个人出资兴办，完全归个人所有和控制的企业。出资者既是企业的所有者，也是企业的经营者。由于这种特性，独资企业具有一些明显的优点：

(1) 易于设立和解散。独资企业由于投资少，社会影响较小，所以，独资企业创办容易，开办费用低廉，受政府的法规管束较少。

(2) 经营灵活、决策迅速。独资企业的资金来源主要是业主的个人储蓄和各类借款，独资企业不能以企业名义发行股票或进行债券筹资，因此，独资企业的经营者能够完全独立自主地决定企业事务，决策灵活、迅速。

(3) 免缴公司所得税。独资企业的业主负担企业经营中所有的费用，享有企业的经营所得，拥有企业的全部财产。独资企业无需缴纳企业所得税，企业的所有利润都归入业主的个人所得，因此，业主需缴纳个人所得税。

但是，独资企业的缺点也是显而易见的，主要体现在以下几个方面：

(1) 资金来源有限。由于信用有限，独资企业的资本来源单一、规模较小，独资企业较难取得大量资金，也就很难承担较大规模的经营项目。

(2) 无限责任。独资企业在法律上不具备法人资格，独资企业的所有者对企业负有无限责任，也就是说，所有者必须对独资企业因投资与经营所发生的债务负责。如果独资企业因投资或营运的需要向银行或其他金融机构借款，若无法清偿债务，业主的个人财产将被追索。

(3) 存续期较短。独资企业依附于业主个人而存在，当个体业主无法履行经营职责时，企业也就中止经营，不复存在。

二、合伙企业

合伙企业分为普通合伙企业和有限合伙企业两种类型。

普通合伙表现为所有合伙人同意将一定比例的资金或个人专业知识投入企业的投资与营运活动,并分享相应的利润或亏损。每个合伙人承担合伙企业的相应债务。普通合伙企业的合伙人都是普通合伙人。

就有限合伙企业而言,某些合伙人的责任仅限于其在企业中的出资额,这些合伙人即为有限合伙人,他们不参与企业的经营管理,同时合伙企业必须至少有一人是普通合伙人,他们负责企业经营管理、承担经营责任。

合伙企业的特点主要有以下几点:

(1) 合伙企业创办较易,开办费用低廉。相对公司制企业而言,政府对合伙企业的监管较松。

(2) 与独资企业相似,企业开办的资金来源主要是合伙人的个人储蓄和各类借款。合伙企业不能通过出售证券来筹资,筹资渠道较少。

(3) 普通合伙人对企业债务负有无限责任。有限合伙人仅限于承担与其在合伙企业中的出资额相应的责任。如果一个普通合伙人不能履行其承诺,不足部分由其他普通合伙人承担。

(4) 合伙企业按照合伙人的收入征收个人所得税。

(5) 当普通合伙人死亡或撤出时,普通合伙企业随之终结。而对于有限合伙企业来说,有限合伙人可以出售他们在企业中的权益,选择退出合伙。

综上所述,独资企业和合伙企业最主要的优点是企业开办费用低、不需要双重纳税,但其缺点也是明显的:无限责任、有限企业生命以及企业产权转让困难,以及由此导致的企业筹资困难。

实践中,律师事务所、会计师事务所或联合诊所一般是合伙的企业形态。

三、公司制企业

公司是依照公司法登记设立,以其全部法人财产,依法自主经营、自负盈亏的企业法人。公司制企业的主要特征如下。

(1) 公司设立手续较为复杂。公司必须有公司章程,其中明确规定公司成立的目的、可发行的股份数量、董事会如何组成等。公司章程必须符合公司法以及其他相关法律规范。

(2) 由于公司是独立法人,公司有自己的名称、地址,拥有自己独立的财产。因此,公司可以自己的名义向金融机构借款或发行公司债券,也可以发行股票筹资。

(3) 公司实行有限责任制,即股东对公司的债务只负有限责任,在公司破产时,股东所承受的损失以其在该公司的出资额为限。

(4) 公司经营活动实行所有权与经营权分离。

(5) 政府对公司制企业的监管严于独资和合伙企业,且存在双重征税,即公司必须对经营所得缴纳所得税,股东还需对从公司收到的股利缴纳个人所得税。

公司制企业与独资企业和合伙企业相比，最大的优点是承担有限责任、股权转让方便以及筹资渠道较多等，其主要缺点是双重纳税。

公司制企业有两种基本形式：有限责任公司和股份有限公司。

（一）有限责任公司

有限责任公司是指股东以其出资额为限对公司承担有限责任，公司以其全部资产对公司债务承担法律责任的一种企业组织形式。有限责任公司不公开募股，而是由为数不多的股东集资组成。有限责任公司的基本特征如下：

第一，有限责任公司股东人数较少，公司法对公司股东人数规定有最高限制，我国公司法规定的上限是50人。

第二，有限责任公司的资本无需划分为等额的股份，也不公开发行股票；股东确定投入资本额并交付公司资本后，公司出具出资证明书，出资证明书只是表明股东享有权益的凭证，不能自由买卖。股东出让自己的权益时会受到一定的限制，一般应经公司批准，并在公司登记；另外，股东出让股份时，老股东具有优先购买权。

第三，在有限责任公司中，往往是大股东亲自经营企业，所有权与控制权分离程度不高的现象较常见。

第四，有限责任公司的成立、停业、解散的程序比较简单，其管理机构也比较简单，而且公司账目也不需要向公众公开。

鉴于有限责任公司的以上特点，这种企业组织形式比较适用于中小规模的企业。这使企业既可以享受政府对法人组织给予的税收等优惠和法人制度带来的其他好处，又能够保持少数出资人的封闭式经营。

此外，一人有限责任公司的特别规定如下：

公司法允许设立一人有限责任公司，这是立法的一大突破，体现了法律对现实经济生活需要的认可。一人有限责任公司是指只有一个自然人股东或者一个法人股东的有限责任公司。为维护债权人等利害关系人的权益，保障社会经济秩序，公司法对一人有限责任公司的设立和组织机构用专门一节作了特殊规定，以加强对一人有限责任公司的监管；特殊规定以外的问题，则适用对有限责任公司的一般规定。

根据公司法规定，一个自然人只能投资设立一个一人有限责任公司，禁止其设立多个一人有限责任公司，而且该一人有限责任公司不能投资设立新的一人有限责任公司。

一人有限责任公司应当在公司登记中注明自然人独资或者法人独资，并在公司营业执照中载明。一人有限责任公司的公司章程由股东制定。

一人有限责任公司不设股东会。法律规定的股东会职权由股东行使，当股东行使相应职权作出决定时，应当采用书面形式，并由股东签字后置备于公司；一人有限责任公司应当在每一会计年度终了时编制财务会计报告，并经会计师事务所审计。

为防止一人有限责任公司的股东滥用公司法人人格与有限责任制度，将公司财产混同于个人财产，抽逃资产，损害债权人的利益，公司法规定，一人有限责任公司的股东不能证明公司财产独立于股东自己财产的，应当对公司债务承担连带责任。

(二) 股份有限公司

股份有限公司是指其全部资本由等额股份构成,股份以股票形式向社会公开发行,股东以其所认购的股份为限对公司负责,公司以全部资产对公司的负债承担法律责任的一种企业组织形式。股份有限公司将全部资本划分为等额股份,发行代表股份并且可以自由转让的有价证券,即股票。股份有限公司的基本特征如下:

第一,发起人符合法定人数,即有 2 人以上 200 人以下的发起人,其中须有半数以上的发起人在中国境内有住所。股份有限公司发起人承担公司筹办事务。发起人应当签订发起人协议,明确各自在公司设立过程中的权利和义务。

第二,股份有限公司的总资本是由若干等额的股份组成的,这是股份有限公司区别于其他公司形式或商业团体的一个重要标志。股份有限公司可以通过向社会发行股票而筹集资本,人们可以通过认购股票而取得相应的股权。股东不能要求退股,但可以通过买卖股票而转让股份。

第三,股份有限公司必须向公众公开披露财务状况。为了保护投资者的利益,公司法规定,股份有限公司必须在每个财务年度终了时公布公司的年度报告,其中包括董事会的年度报告、公司利润表和资产负债表等。

不同的企业组织形式对企业的财务管理有着不同的影响和要求。财务管理要针对不同类型企业的特点来进行,因此,财务管理人员需要对企业组织形式进行深入了解,这是本节介绍企业组织形式的原因。

公司是企业的一种形式,而且是保证企业永续存在和发展的企业形式,因此,在讨论企业财务管理问题时,我们是以公司这种企业形式为对象展开的。为此,如未特别说明,本书中企业和公司是可以相互替换的概念。

第三节　财务管理的内容

企业财务是企业在生产经营活动过程中客观存在的财务活动及其体现的经济利益关系,而企业财务管理就是对企业的财务活动以及经济利益关系的综合管理,所以,为了更好地理解企业的财务管理以及财务管理的内容,我们需首先了解企业的财务活动,以及由此所产生的财务关系。

一、企业财务活动

企业财务活动是以现金收支为主的企业资金收支活动的总称。在市场经济条件下,拥有一定数额的资金是进行生产经营活动的必要条件。企业的生产经营过程,一方面表现为物资的不断购进和售出;另一方面则表现为资金的支出和收回,企业的经营活动不断进行,也就会不断产生资金的收支。企业资金的收支构成了企业经济活动的一个独立方面,这便是企业的财务活动,企业财务活动可分为以下四个方面。

（一）企业筹资引起的财务活动

在市场经济条件下，企业要想从事经营活动，必须首先筹集一定数量的资金，企业通过发行股票、发行债券、吸收直接投资等方式筹集资金，表现为企业资金的流入。企业偿还借款，支付利息、股利以及付出各种筹资费用等，则表现为企业资金的流出。这种因为资金筹集而产生的资金收支，便是由企业筹资而引起的财务活动。

（二）企业投资引起的财务活动

企业筹集资金的目的是把资金用于生产经营活动以便获取盈利，创造企业价值。企业把筹集到的资金投资于企业内部，用于购置固定资产、无形资产等，便形成企业的对内投资；企业把筹集到的资金投资于购买其他企业的股票、债券，或向其他企业联营进行投资，便形成企业的对外投资。企业无论是购买内部所需各种资产，还是购买各种证券，都需要支出资金。而当企业变卖其对内投资的各种资产或收回其对外投资时，则会产生资金的流入。这种因企业投资而产生的资金的收支，便是由投资而引起的财务活动。

（三）企业经营引起的财务活动

企业在正常的经营过程中，会发生一系列的资金收支。首先，企业要采购材料或商品，以便从事生产和销售活动，同时，还要支付工资和其他营业费用；其次，当企业把产品或商品售出后，便可取得收入，收回资金；最后，如果企业现有资金不能满足企业经营的需要，还要采取短期借款方式来筹集所需资金。上述各方面都会产生企业资金的收支，这属于企业经营引起的财务活动。

（四）企业利润分配引起的财务活动

企业在经营过程中会产生利润，也可能会因对外投资而分得利润，这表明企业有了资金的增值或取得了投资报酬。企业的利润要按规定的程序进行分配。首先，企业的利润要用来依法纳税；其次，企业的利润要用来弥补亏损，提取公积金、公益金；最后，企业的利润要用来向投资者分配利润。这种因利润分配而产生的资金收支便属于由利润分配而引起的财务活动。

上述财务活动的四个方面，不是相互割裂、互不相关的，而是相互联系、相互依存的。正是上述互相联系又有一定区别的四个方面，构成了完整的企业财务活动，这四个方面也就是财务管理的基本内容：企业筹资管理、企业投资管理、营运资金管理、利润及其分配的管理。

二、企业财务关系

企业财务关系是指企业在组织财务活动过程中与有关各方面发生的经济利益关系。企业资金的筹集、投放、使用、收入和分配，与各方面有着广泛的联系，企业的财务关系可概括为以下几个方面。

（一）企业与国家之间的财务关系

国家作为社会管理者，担负着维护社会正常秩序、保卫国家安全、组织和管理社会活动等任务，为企业生产经营活动提供公平竞争的经营环境和公共设施等条件，由此会产生“社会费用”，各级政府依据这一身份，无偿参与企业利润的分配。企业必须按照税法规定向中央和地方政府缴纳各种税款,包括所得税、流转税、资源税、财产税和行为税等。这种关系体现一种强制和无偿的分配关系。

(二) 企业与投资者之间的财务关系

企业与投资者之间的财务关系主要是指企业的投资者向企业投入资金,企业向其投资者支付投资报酬所形成的经济关系。

企业的所有者主要包括国家、法人和个人三类。企业的所有者要按照投资合同、协议、章程的约定履行出资义务,以便及时形成企业的资本。企业利用资本进行运营,实现利润后,应该按照出资比例或合同、章程的规定,向其所有者支付报酬。

一般而言,所有者的出资不同,他们各自对企业承担的责任也不同,相应对企业享有的权利和利益也不相同。但他们通常要与企业发生以下财务关系:投资者能对企业进行何种程度的控制;投资者对企业获取的利润能在多大的份额上参与分配;投资者对企业的净资产享有多大的分配权;投资者对企业承担怎样的责任。投资者和企业均要依据上述四个方面合理地做出选择,最终实现双方之间的利益均衡。

因此,企业与所有者之间的关系是共担风险和以资本保值、增值为核心的剩余权益分配关系,体现着一种经营权与所有权关系。

(三) 企业与债权人之间的财务关系

企业与债权人之间的财务关系是指企业向债权人借入资金,并按借款合同的规定按时支付利息和归还本金所形成的经济关系。

企业除利用股东提供的资本进行经营活动外,还要借入一定数量的资金,以便降低企业资金成本,扩大企业经营规模。企业利用债权人的资金,要按约定的利息率,及时向债权人支付利息;债务到期时,要合理调度资金,按时向债权人归还本金。

因此,企业与债权人之间的关系是建立在契约之上的债务债权关系。

(四) 企业与受资者之间的财务关系

企业与受资者之间的财务关系是企业以购买股票或直接投资的形式向其他企业投资形成的经济利益关系。企业向其他企业投资,应按约定履行出资义务,并依据出资的份额参与受资者的经营管理与利润分配。这一财务关系所体现的是所有权性质的投资与受资的关系。

(五) 企业与债务人之间的财务关系

企业与债务人之间的财务关系是指企业将其资金以购买债券、提供借款或商业信用等形式出借给其他单位所形成的经济关系。企业将资金借出后,有权要求债务人按约定的条件支付利息和归还本金。

企业与债务人之间的关系也就是债权债务关系。

(六) 企业内部各单位之间的财务关系

企业内部各单位之间的财务关系是指企业内部各单位之间在生产经营各环节中相互提供产品或劳务所形成的经济利益关系。

在企业实行厂内经济核算制和企业内部经营责任制的条件下,企业供、产、销各个部门以及各个生产单位之间相互提供劳务和产品采用计价结算。这种企业内部资金使用中的权责关系、利益分配关系与内部结算关系体现了企业内部各单位之间的经济利益关系。

（七）企业与职工之间的财务关系

企业与职工之间的财务关系是指企业向职工支付劳动报酬过程中所形成的经济关系。

职工是企业的劳动者，他们以自身提供的劳动作为参加企业分配的依据。企业根据经营者的职务能力和经营能力高低，根据一般职工业务能力和劳动业绩大小，向职工支付工薪、津贴和奖金。

企业与职工之间是以权、责、劳、绩为依据的在劳动成果上的分配关系。

（八）企业与董事会、监事会之间的财务关系

董事会决定企业经营计划和投资方案，制定企业年度财务预决算、利润分配、弥补亏损和增减注册资本等方案，企业要为董事会支付董事会经费，因此，企业与董事会之间发生经济利益关系。监事会负责检查企业财务状况，企业执行董事会决议的一切财务收支，都要接受监事会的检查监督，同时企业也要支付一部分监事会经费，因此，监事会也会与企业发生经济利益关系。

三、财务管理含义与内容

财务管理是企业管理的一个组成部分，是指综合运用预测、决策、预算、控制、分析、评价、报告等方法和工具，对企业生产经营中财务资源的取得、配置、使用进行管理和监督，提高资源要素使用效益，以实现高质量发展的管理活动。财务管理的基本特征是价值管理，管理的客体是企业的财务活动，管理的核心是企业财务活动所体现的财务关系。因此，企业财务管理是利用价值形式对企业财务活动及其所体现的财务关系进行的综合性管理工作。企业应当建立健全权责明确、流程规范、运转协调、制衡有效的财务治理结构，处理好与股东、债权人、职工、政府、市场等之间的内外部利益关系。

根据企业的财务活动，企业财务管理的内容主要有四个方面：筹资管理、投资管理、营运资金管理和利润分配管理。

（一）筹资管理

企业筹资管理是对企业财务活动中的筹资活动的管理。企业想要开展生产经营活动，必须先筹集到企业经营规模所需要的一定数量的资金。公司所筹集的资金既要能够满足正常经营和特定投资计划的需求，也要考虑归还各项到期债务和支付利息及股利方面的要求。筹集所需的资金是企业开展经营活动的前提条件。

筹资管理就是要解决如何筹集所需的资金，包括向谁筹资、什么时间筹资以及筹集多少资金等问题。不同的筹资渠道和筹资方式由于筹资成本不同，资金使用的时间、条件也不尽相同，给公司带来的风险也就不同。筹资管理的目标就是正确权衡成本与风险之间的关系，采用最适当的筹资方式来筹集资金，在风险适度的情况下，使资金成本最低。

筹资管理的关键是确定公司的资本结构，即各种来源的资本在总资本中所占的比例。其具体内容包括：确定具体的财务目标；预测对资金的需求量；规划资金的来源渠道；研究各

种筹资方式及其优、缺点，选择合理的筹资方式和渠道；确定综合资金成本与最优资本结构，保持资本结构的合理性。

(二) 投资管理

筹资的目的是投资，企业投资管理就是对企业财务活动中的投资活动进行管理。在财务管理学中，广义上的投资是指公司全部资产的占用，也称为资产的配置，但财务管理中的投资一般指的是狭义的投资，它是指企业的固定资产等长期经营性资产的投资。企业投资管理的根本任务就是依据公司的具体经营目标和管理要求，合理配置固定资产类型与产能，提高固定资产等长期经营性资产的利用效率和盈利能力。

对于企业固定资产等长期经营性资产的投资，其投资收益较高，但流动性差、风险大，因此，企业在进行投资决策时，要仔细进行风险因素分析，将风险控制在合理的范围内。

投资管理的具体内容可以归纳为：确定长期投资管理的财务目标，实施投资项目的可行性研究。

(三) 营运资金管理

财务管理的根本任务就是依据公司的具体经营目标和管理要求，合理配置各类资产，并对有关投资事项做深入分析，加强资金管理和成本控制，不断加快资金的周转速度，提高流动资产的配置效率以及利用水平。

营运资金管理主要是对企业的现金、短期有价证券、应收账款和存货等流动资产的管理，这类资产具有较强的流动性，可以提高企业的变现能力和偿债能力，减少企业的财务风险，但同时伴随着的是较差的盈利能力。公司需要对该类资产的风险和收益进行权衡比较，再确定适宜的资产形式以及资产规模。

营运资金管理的具体内容可以归纳为：制定营运资金的管理方针；加强成本费用控制；强化金融资产投资监督。

(四) 利润分配管理

公司通过生产经营和对外投资等获取利润，对利润应按照规定的程序进行分配。财务管理应该努力挖掘各项潜力，促进企业合理有效地使用人力、物力和财力，增加公司盈利，提高公司价值。同时，财务管理也要根据公司的具体经营状况和未来发展的要求，制定合理的分配政策，正确处理各项财务关系，确定有效的税收方针，定期考核总体及各部门的经营业绩，进行全面财务分析，为企业未来更加稳定和长期的发展提供保障和指明方向。

在进行利润分配时，公司既要考虑股东的近期利益，又要考虑股东的远期利益和公司的长远发展。过高的股利支付率会影响公司的再投资能力，不利于公司的长远发展，相应也会损害股东的长期利益，从而导致公司的股价下降；而过低的股利支付率则可能引发现有股东的不满情绪，纷纷抛售股票，致使股价下跌。利润分配决策的确定要受多种因素的影响，如税法对股利收入和出售股票的资本利得收入的不同规定、资金来源与成本、未来的投资机会、销售收入的稳定性、公司对流动性的偏好、股东对当期收入和未来收入的相对偏好等。公司应该根据实际情况，全面考虑各种因素的影响，合理作出利润分配的决策，以实现公司价值最大化的财务目标。

利润分配管理的具体内容可归纳为以下几个方面：确定合理的利润分配政策；准确处理好各项财务关系；确定有效的税务方针；建立完备的责任考核制度；实施全面的财务分析。

第四节　企业目标与财务管理目标

财务管理目标是一切财务活动的出发点和归宿，是评价企业财务管理活动是否合理的基本标准，即企业的这些财务活动必须服务于和遵循企业目标。企业财务管理就是要为企业创造价值服务，实现企业价值最大化，同时处理由于企业两权分离所形成的委托代理问题，以提高企业经营管理效率和承担相应的社会责任。

一、企业目标

企业作为一种以盈利为目的的经济组织，盈利当然是企业的目标。但是我们不能把盈利作为企业的首要目标。如果把盈利作为企业的首要目标那是很可怕的，为什么呢？仔细想一想便知，很多企业就是在拼命赚钱的过程中忽略了风险的存在，从而导致了破产。因此，概要地说，企业的目标应该是：首要是生存，其次是发展，最后才是盈利。

（一）生存

企业的首要目标是生存。如果企业连生存的能力都不具备，又怎么去谈盈利，所以企业首先要正常地生存下去。企业生存的条件如下：第一，以收抵支，企业只有在经营过程中做到收入大于支出，企业的生产经营活动才能够不断地重复进行，否则，企业的再生产活动将会因收不抵支而难以为继，最终将迫使投资者退出生产经营活动；第二，到期偿债，企业如果负债经营，则必须保证债务的按期付息、到期还本，或定期按照合约的安排偿还债务，否则，企业不能偿还到期的债务，将导致债权人申请企业破产。所以，企业如果要生存下去，企业必须要在经营活动中保持以收抵支、到期偿债。对于企业的财务管理来说，就是要做好偿债管理和收支管理，而要做好这些管理工作，就必须要管理好企业的现金流量。关注企业的现金流量实际上就是在关注企业的偿债能力以及企业的经营周转状况，实际上也就是在关注企业的生存。

（二）发展

企业不仅要生存，还要不断地发展，增强竞争能力。企业要通过加强对研究与开发的投入，增强企业的创新能力，满足消费者对新产品的需求；同时，企业还要强化对市场的开拓，增加企业产品的市场份额。这些都依赖企业大量的资源投入。企业的发展对财务的要求就是要筹集到发展资金，满足企业的研发和市场拓展对企业资源的需求。

（三）盈利

企业生存、发展的最终目标是盈利，只有盈利的企业才有存在的价值。企业不能仅为了生存和发展而存在，最终还必须以盈利为目标。而企业只有在生存和发展基础上的盈利才是可能持续发展的盈利模式。企业为了实现盈利，就需要正确地进行投资，也就是要选择好的投资项目，取得较高的投资报酬率。

因此，在正常的生存前提下谋求企业的发展，在发展的前提下获利，这才是企业发展的良性循环。这体现了财务管理和企业管理目标的一致性，也体现了财务工作的必要性和重要性所在。

二、财务管理目标

财务管理目标是一切财务活动的出发点和归宿，是评价企业理财活动是否合理的基本标准。财务管理目标是指企业进行财务活动所要达到的根本目的，它决定着企业财务管理的基本方向。财务管理目标的作用可以概括为四个方面：导向作用、激励作用、凝聚作用、考核作用。企业财务管理目标具有以下特征：

第一，财务管理目标具有相对稳定性。随着宏观经济体制和企业经营方式的变化，以及人们认识的发展和深化，财务管理目标也可能发生变化。但是，宏观经济体制和企业经营方式的变化是渐进的，只有发展到一定阶段以后才会产生质变；人们的认识在达到一个新的高度以后，也需要有一个达成共识并使人所普遍接受的过程。总的来说，财务管理目标作为人们对客观规律性的一种概括是相对稳定的。

第二，财务管理目标具有可操作性。财务管理目标是实行财务目标管理的前提，它要能够起到组织动员的作用，要能够作为企业制订经济指标并进行分解的依据，促进职工实现自我控制，促使企业进行科学的绩效考评，因此，财务管理目标必须具有可操作性。

第三，财务管理目标具有层次性。财务管理目标是企业财务管理这个系统顺利运行的前提条件，同时它本身也是一个系统。各种各样的理财目标构成了一个网络，这个网络反映着各个目标之间的内在联系。财务管理目标之所以有层次性，是由企业财务管理内容和方法的多样性以及它们相互关系上的层次性决定的。

随着市场经济体制的逐步完善，财务管理理论在不断地丰富和发展，财务管理的目标也在推陈出新，先后出现了三种比较具有代表性的观点，分别是利润最大化目标、每股收益（净资产收益率）最大化目标、企业价值最大化目标。

（一）利润最大化目标

利润是企业在一定时期内全部收入扣除全部成本、费用后的余额，是按照权责发生制原则计量的，体现了企业经济效益的水平，因此，可以用利润作为衡量企业经营水平和公司财务水平的标志。对一家企业来说，利润越大就意味着企业投资者的投资回报越高，利润最大化自然就是企业财务管理的目标。尽管利润最大化目标有简单直观、容易理解等优点，但至少存在以下四点理由认为利润最大化不宜作为企业财务管理的目标。

第一，利润最大化目标忽视了企业现金流发生的时间。因为货币具有时间价值，对企业创造现金流时间的忽视会造成较大的影响。利润最大化目标没有明确地分辨今天的一元钱与一年后的一元钱的价值差异。当成本发生和利润形成是在一个较长的经营期内，如几个会计年度内，利润的计量则不能恰当地反映因时间差异所带来的影响。

第二，利润最大化目标忽视了可供选择方案的风险差异。当我们面临两个具有相同期望收益但风险程度不同的备选方案时，大多数人会选择风险小的方案。这是因为风险小的选择方案更具有价值。但利润最大化目标并不反映这些风险差异。

第三，利润作为一个绝对量的财务指标，不能反映出企业一定时期内的资产相对收益水平，因而无法表示资本投入与产出的关系，更不便于在不同规模企业间进行比较。

第四，利润最大化目标会导致企业经营者和财务决策者的短期行为，即发生只顾实现当前的或局部的利润最大，而不顾企业长远或整体的发展，甚至伤害企业长远发展的财务实力等行为。

可见，利润最大化目标具有一定的片面性，把利润最大化作为企业财务管理的目标是不合适的。

（二）每股收益（净资产收益率）最大化目标

每股收益也称每股盈余，是指企业一定时期的净利润与发行在外的普通股股数的比值，反映了投资者每股股本的盈利能力。该指标主要适用于上市公司。对于非上市公司来讲，一般可采用净资产收益率（或权益报酬率），该指标是指企业一定时期的净利润与其权益资本总额的比值，反映企业权益资本的盈利能力。其实这两个指标的本质是相同的，如将企业的普通股股数乘以每股收益，便能得到企业的利润总额。这两个财务指标都是以净利润作为基础的，所以其优点与上述利润最大化基本相同，其更大的好处是采用相对数来反映企业的盈利能力，能更清晰地揭示出投资与收益的报酬率水平，而且更便于企业的财务分析、预测和不同资本规模的企业或企业不同期间之间的比较。但由于每股收益或净资产收益率仍都是以利润为基础计算的，所以同样存在与利润指标相似的缺陷，主要表现在以下几个方面。

第一，没有考虑风险因素。因为要提高企业的每股收益或净资产收益率，最简单的方法是扩大企业的负债比例，减少权益资本，同时最大程度地实现利润，承担最大的债务成本，这样就会使企业的财务风险大大加剧，偿债能力被进一步削弱。因此，许多人认为，每股收益最大的时候也可能就是企业财务风险最大的时候。如果企业不惜冒更大风险去追求每股收益的最大，必然会对企业的长远发展能力造成伤害。

第二，每股收益（净资产收益率）最大化目标同样没有考虑资金的时间价值，在这一点上每股收益最大化目标的缺点与利润最大化目标的缺点是一样的，即没有考虑股本或企业权益资本获取利润的时间性差异和持续性特征。

第三，每股收益（净资产收益率）最大化目标同样会导致经营者为追求最大收益而发生短期行为，不利于公司的长远和稳定的发展。

因此，每股收益（净资产收益率）最大化目标与利润最大化目标一样也有许多不完善之处，同样不适合作为企业的财务管理目标。

（三）企业价值最大化目标

从会计恒等式出发，企业所用全部资产与提供资产的全部权利人所对应的债权和股权是对等的。对于企业来说，企业之所以有价值，是由于企业的资产经营所产生的现金流量，这些现金流量决定了企业价值，而这一价值才是吸引企业投资人投资企业的原因。

企业价值是指企业全部资产的市场价值，即企业资产未来预期现金流量的现值。企业价值不同于利润,利润只是新创造价值的一部分,而企业价值不仅包含新创造的价值,还包含企业潜在的或预期的获利能力。企业价值一般是通过资本市场的评价体现的,投资者对企业潜在的获利能力预期越高,其价值就越大。企业价值的一般表达方式如下:

$$企业价值=负债市场价值+股票市场价值$$

企业价值最大化作为财务管理的目标,其优点主要表现在以下几个方面:第一,这一目标考虑了货币的时间价值和投资的风险价值;第二,这一目标反映了对企业资产保值、增值的要求,从某种意义上说,股东财富越多,企业市场价值越大,追求股东财富最大化可促使企业资产保值或增值;第三,这一目标有利于克服管理上的片面性和短期行为;第四,这一目标有利于社会资源的合理配置,促进社会资本流向价值最大化的企业或行业,从而实现社会效益最大化。

以企业价值最大化作为财务管理目标也存在一些缺点:第一,企业价值最大化概念比较抽象,比较难以理解;第二,对于上市公司来讲,虽可通过股价的变动揭示企业价值,但股价是受多种因素影响的结果,只有股价的长期趋势才能揭示企业的获利能力;第三,对于非上市公司来讲,只有对企业进行专门的评估才能真正确定其价值,而评估企业资产不易做到客观和准确,这也导致企业价值确定的困难。

综上所述,虽然企业价值最大化的目标也存在一些问题,但它有利于体现企业管理的目标,更能揭示市场是否认可企业的价值,而且它也考虑了货币时间价值和风险价值。所以,企业价值最大化通常被认为是一个较为合理的财务管理目标。

第五节　财务管理学与其他学科的关系

从财务管理理论的发展历程来看,财务管理学的理论基础来自经济学,受到经济学发展的极大影响,其又与管理学和会计学紧密联系,还与金融学有着深入且广泛的联系。

一、与经济学的关系

财务管理学是经济学的一个分支,是以经济学的理论与方法为基础的。由于经济学是研究“如何有效率地分配使用各种经济资源以达到财富增长”的科学,它致力于解决人类资源的稀缺性问题,以市场中各经济主体的行为及其相互关系为对象,以实现资源的优化配置为目标。市场经济条件下的经济主体具体分为居民、厂商(企业或组织)和政府三大类。经济主体之间的分工和交易形成市场。经济学对市场中的一切经济现象和经济问题进行研究,既有对单个主体行为的分析,也有对总量关系的分析,从而形成微观经济学与宏观经济学研究对象的分界。这里的市场是广义的,既包括商品(劳务)市场,也包括资本、信息、技术、产权甚至管理制度等要素市场。其中,资本市场和参与资本市场经济主体的行为及其价格机制研究成为经济学的主要内容之一。

从经济学所研究的内容及财务管理学的研究对象不难看出以下几点:

(1) 财务管理的主体是企业或厂商，因此，属于微观经济学的范畴，企业财务具有微观性。

(2) 财务管理要以企业内部拥有或可支配的资源的优化配置为对象，以价值增值和财富增长为目标，以市场为依托，开展管理活动。

(3) 经济学是财务管理学的理论基础。具体体现在以下几个方面：第一，财务管理学的研究以经济学的基本假定为基础，如经济人假定、有限理性假定、市场有效性假定、合理预期假定等。第二，经济学的研究方法，如实证分析法也被财务管理学使用，并得到发扬光大。第三，经济学的中一些价值观念直接被财务管理学借鉴、引申，如代理成本、边际概念、机会成本等概念，它们被用于财务控制、财务决策。第四，财务管理学的发展丰富了经济学，并且使财务管理学成为经济学中耀眼的分支。例如，现代公司财务管理学的四大支柱（以 MM 理论为代表的资本结构理论、马科维茨的资产组合理论、夏普的资本资产计价模型、布莱克和斯科尔斯的期权定价模型）不仅是 20 世纪 50 年代以来财务管理学的发展成果，而且也是公认的经济学前沿成果。因此，无论从其研究对象、研究目标及环境、研究采用的基础假定和观念，还是从研究方法上，财务管理学都与经济学一脉相承，不同的只是研究主体和研究内容，但从其学科属性上，并不改变其经济学的本质。

二、与管理学的关系

管理学是系统研究管理活动的基本规律和一般方法的科学。管理学按其研究对象和范围也分为宏观管理学和微观管理学，宏观管理学是针对整个国民经济的管理，而微观管理学则根据不同的对象和范围被划分为多个分支，显然企业管理学是针对企业主体而言的，它以企业组织、企业框架和职能分工为对象，包括企业组织行为学、人事管理、生产管理、营销管理、财务管理等职能部门的管理。财务管理部门作为企业内部重要的管理部门从事企业财务管理活动。从管理的职能定位与管理循环看，它应包括计划、组织、控制、指挥、协调等一系列职能，因此，企业财务管理的逻辑体系或管理主线应当是财务预测、财务决策、财务计划、财务组织、财务控制与协调等，从而形成完整的体系。管理学关于管理职能的描述不尽相同，但总的来说，成功的管理活动离不开计划（预算）、组织控制、分析评价这三个主要环节。例如，管理学认为计划工作的前提是预测和决策工作，计划就是根据实际情况，通过科学的方法，权衡客观需要和主观的可能，提出在未来一定时期内要达到的目标，以及实现目标的途径，其任务在于通过合理地安排和协调组织，保证各项工作有条不紊地进行。管理学关于计划的有关理论是财务管理学中计划（预算）的理论基础，同样，管理学中关于其他管理职能的有关理论也是构成财务管理学相关职能的理论基础。财务管理必须遵循管理的基本原理，或者说是管理的基本原理在财务管理中得到落实。例如，财务分层管理旨在以管理学的组织行为理论为基础，解决企业内部各行为主体之间、企业与外部利益相关集团之间的利益矛盾与协调问题，即解决不同管理主体或利益主体间的签约关系，从而以管理制度方式来规范财务行为主体（如股东大会、董事会、经营者、财务经理、债权人及其他利益相关集团）的责、权、利关系，正是基于这种认识，财务管理学又属于管理学的范畴，它以制度管理为主要特征，从财务制度上解决企业管理中的各行为主体的激励与约束不对称问题，从而提高企业内部经济资源的综合配置效率。

三、与会计学的关系

应该说，现代企业财务管理学与会计学是两门不同的管理科学。其中，财务管理学是对企业财务活动及其所体现的关系进行反映、监督，而会计学则是利用价值形式对企业资金运动的全过程进行反映、监督。两门学科及相应的工作在下列各方面存在一定的差别。

（一）具体目标不同

财务管理的根本目标在于协调相关利益者的利益冲突和实现股东权益的最大化，它是管理者目标的综合体现。而会计的目标只在于如何定期、完整和准确地提供投资者、企业管理者及其他利益相关主体所需要的财务报告，即对外提供财务报告和对内提供决策（管理）报告。

（二）学科的假设前提不同

一门学科的假设前提是具有一定事实依据的假定或设想，是进一步研究这门学科理论和实践问题的基本前提。会计学的基本假设包括会计主体假设、持续经营假设、会计分期假设与货币计量假设等。而财务管理学的基本假设包括财务主体假设、货币时间价值假设、财务理性假设、有效市场假设、竞争市场均衡假设和风险收益对称假设等。

（三）内容与管理方法不同

会计作为信息系统，以会计要素的确认、计量和报告作为主要内容，侧重于对经济事项进行事后反映和监督，它以设置会计科目和账户、复式记账、填制凭证、登记账簿、成本核算和编制报表为主要方法。而财务管理以现金流为管理对象，侧重于事前的预测、决策、预算和事中的财务控制与监督，主要方法包括财务预算、财务计划、财务控制、财务决策和财务分析等。

（四）工作内容不同

财务人员主要负责以下工作：

（1）筹集资金、预测资金需求量，以满足企业生产经营对资金的需求，并协调好与企业资金提供者（股东和债权人）之间的关系。

（2）投资管理，即负责企业投资决策，并管理投资形成的各项资产。

（3）股利分配，即协助董事会处理好股利分配问题，尽力满足股东对其财富的利益要求。

（4）银行与保险业务，即对企业现金收入和支出、有价证券的买卖、保险事项进行管理。

（5）信用和收款业务，即制定商业信用政策，催收企业的应收账款等。

会计人员主要负责以下工作：

（1）提供对外财务报告，即按公认会计准则、会计程序和会计方法准确地记录经济事项，及时地向有关利益主体提供会计信息。

（2）提供对内管理报告，即收集和整理与企业有关的各种经济信息，并编制成财务报告，提供给企业内部管理当局，便于当局作出正确的决策。

(3) 计划和控制,即制定企业生产经营中的各项计划,并将计划与实际情况进行比较,监控企业经济活动。

(4) 经济评价,即评价企业生产经营、财务收支和经济效益状况。

(5) 保护企业财产,即通过内部控制、内部审计等方式来保护企业资产的完整性。

(6) 税务管理,即企业要制定必要的税务政策,负责申报纳税,并对企业中对纳税有重大影响的经济事项进行控制,在法律的范围内进行合理避税。

但是,作为价值管理的两种主要形式,财务管理与会计管理密不可分,其联系主要表现在以下两个方面:第一,会计所提供的会计数据主要为财务管理所用,或者说,会计核算是财务管理的基础,如果没有会计核算所提供的真实可靠的资料和数据,那么财务管理就无从谈起。第二,财务管理制度是会计核算的基本依据,没有财务管理制度,会计核算就失去了提供可靠资料的前提。

四、与金融学的关系

在英语中,财务与金融都用同一单词"finance"表达,但财务更多是企业的概念,常用"corporation finance"(可翻译为"财务管理""公司理财""公司金融")来表达,而金融包括微观金融与宏观金融,财务管理属于微观金融的范畴。金融市场把两者联系起来,企业财务管理的对象——企业的资金或资本,其运动的轨迹都是存在于金融市场环境之中的,股票、债券、衍生金融工具等则是常见的金融工具。

金融市场是指资金供应者和资金需求者双方通过金融工具,进行交易而融通资金的市场。从广义上讲,金融市场是实现货币信贷和资金融通、办理各种票据和有价证券交易活动的市场。金融市场对于企业财务来说,具有"媒介器""调节器""润滑剂"的功能。它既是企业融资的重要场所,是企业向社会筹集资金,尤其是直接融资的必不可少的条件;又是企业进行投资的主要领域,如金融投资或买卖各种金融工具,在这一过程中必然会发生资金运动,因此,它也构成企业的财务活动的一部分;它还是评价企业财务业绩的工具,企业融资工具发行顺畅与否、股票价格走势高低、债券交易价格高低等都是企业财务表现的"信号"。金融市场的各种信息是企业财务决策的主要依据。所以,从财务管理角度来看,财务管理人员必须熟悉金融市场的各种类型和监管规则,有效地利用金融市场来组织资金的供应和进行资本投资等活动。

第六节　大智移云时代的财务管理转型

一、大智移云时代财务管理面临的新情况

(一) 传统财务工作面临的挑战

传统财务工作主要包括会计核算、资金管理、预算管理、费用管理等。会计基础核算工作占据了企业财务部门大量的工作时间。在资金管理方面,财务部门大多只是监督资金的

日常使用，对资金使用计划、资金运作等缺乏管理。在预算管理方面，财务部门很多时候只重视预算的编制，而对预算执行情况缺乏过程监控。在费用管理方面，财务部门往往更重视报销手续这一事后管理，却缺乏对费用使用过程的事中监督。美国管理会计师协会（The Institute of Management Accountants，IMA）和上海安越企业管理咨询有限公司（以下简称“安越咨询”）在国内所做的调研也反映了类似的问题。根据IMA和安越咨询在2014年对172家位于中国大陆的企业进行的财务实践调研，中国企业由于商业行为习惯和外部监管要求的多样性，其用于编制法定报告的时间在财务管理部门工作时间中所占的平均比重达到25%，而全球其他区域的企业在法定报告方面花费的时间平均只占15%左右。中国企业财务部门用于战略制定的时间大致只有全球其他区域企业的一半。IMA认为，中国的一些商业行为习惯（如发票）导致了财务操作上的低效率。

企业现代管理越来越要求财务部门从事后管理走向事前管理和事中管理，传统的财务工作面临着从价值守护者向价值创造者转变。

（二）企业经营管理需要财务部门更多地参与到业务运营中来

在IMA和安越咨询2014年的调研中，企业的管理层高度认可“为日常运营管理提供建议是财务和会计职能的一项重要工作”。此外，企业管理层也认可“业务财务高度结合”“财务规划和控制要结合运营规划和业务控制”。调研结果显示，企业管理层认为在财务工作领域的重要性中“有效洞察和分析经营业务”高居首位，但让人遗憾的是，被调研的企业管理层认为财务部门“有效洞察和分析经营业务”工作的有效性显著低于该工作的重要性程度，其工作有效性也更是远低于“处理税务问题”等日常事务。

财务部门未能“有效洞察和分析经营业务”反映了我国企业业务和财务的联系紧密度偏低，“与业务部门无法有效沟通”也处于对财务职能发挥造成阻碍相关因素中的第二位。财务部门只有真正了解业务，才能为业务部门提供决策支持。例如，在制订财务计划时，企业应结合业务部门的战略方向进行考虑；透过财务数据，结合业务部门的发展方向，进而分析数据背后深层次的原因，并给出采购建议、生产建议、价格建议等，而不仅仅是完成一些简单的数据指标分析。

（三）数据成为企业非常重要的资源，数据资产成为企业的竞争力

数据既可以是数字，也可以是文字、图像和声音等。数据原本被认为是人类商业活动的副产品，但在大智移云时代，随着信息技术的不断发展，人们发现数据已经成为一种战略资源，通过对数据的整合、加工、处理，可以挖掘出对公司具有价值的信息。在2020年4月公布的《中共中央 国务院关于构建更加完善的要素市场化配置体系机制的意见》中，“数据”首次作为一种新型生产要素被写入中央文件中，与土地、劳动力、资本、技术等传统要素并列成为生产要素之一。

在企业当中，数据已经被用于全面参与生产运营过程。例如，企业利用数据来进行营销，成功地吸引、培养并留住客户。具体来说，企业可以充分利用内外部数据对客户需求和行为进行智能预测；企业也可以利用数据来优化财务和管理流程，即企业可以通过对数据的分析提升企业敏捷性，并帮助企业作出有关业务战略和人力资本管理的明智决策；企业可以

利用数据管理风险，通过数据分析，企业可以主动发现、了解和管理财务和运营风险，以便于决策者作出更多具有风险意识的决策。数据可以参与到企业的生产、经营、销售、服务等流程中，为企业发展和提供新型数字产品与服务、建立新型数字商业模式奠定基础。

（四）信息技术的发展促进了财务的转型

根据 IMA 和安越咨询 2014 年的调研，对财务职能发挥造成阻碍的因素中，财务管理信息化基础薄弱成为首要因素。第一，我国企业对信息化认识不足。很多企业认为财务管理信息化就是安装 ERP 系统，只要安装运行了 ERP 系统，企业管理层就可以获得需要的财务数据信息，并作出正确的决策。实际上，财务管理信息化是一项繁琐的系统工程。财务管理信息化不仅要求企业具备完善良好的软硬件条件，还需要企业规范基础管理，提高整体管理意识，企业内部需要形成并执行一整套完善的信息化管理制度。第二，企业财务信息化程度低，集中程度不够。我国企业在信息化建设过程中，往往是以部门为实施主体，由各部门从自身的需求出发搭建适合自身业务需求的信息系统，容易导致企业内部形成“信息孤岛”，财务数据无法追本溯源，而且不同部门之间提供的信息经常出现矛盾，难以对企业的管理决策起到支持作用。

随着数字时代的来临，大数据、云技术、移动互联网等也在深刻地影响着企业的经营管理，这些技术渗透到了企业财务工作领域，对企业财务人员的工作产生了显著的影响，财务人员的转型已经成为业界的共识。上海国家会计学院从 2017 年开始发起影响会计从业人员的十大信息技术的评选，该项评选每年举行一次，截至 2020 年共发布了 4 次评选结果，如表 1-1 所示。

表 1-1　影响会计从业人员的十大信息技术

序号	2017 年	2018 年	2019 年	2020 年
1	财务云	大数据	财务云	财务云
2	电子发票	电子发票	电子发票	电子发票
3	移动支付	云计算	移动支付	会计大数据技术
4	数据挖掘	数据挖掘	数据挖掘	电子档案
5	数字签名	移动支付	数据签名	RPA
6	电子档案	机器学习	电子档案	新一代 ERP
7	在线审计	移动互联	在线审计	区块链技术
8	身份认证	图像识别	区块链发票	移动支付
9	移动互联	区块链	移动互联网	数据挖掘
10	财务专家系统	数据安全技术	财务专家系统	在线审计

资料来源：https://www.yuanian.com/yjyjy/sdpx.html，笔者自行整理。

就广大企业目前的财务管理实践而言，财务共享服务中心是信息技术在企业财务实践应用较为集中的场景。通过对财务共享服务中心实践情况的介绍，企业可以更为直观地了解大智移云对现阶段财务实践的影响。

二、财务共享服务中心的发展

财务共享服务中心最早出现在美国。资料显示，在《财富》全球排名前 100 位的企业中，有 80%的企业建立了财务共享服务中心。尽管财务共享服务中心在我国的实践时间并不长，但发展迅速。一方面，国家相关政策大力支持财务共享服务中心的建设。2013 年 12 月，财政部发布的《企业会计信息化工作规范》第三十四条明确提出“分公司、子公司数量多、分布广的大型企业、企业集团应当探索利用信息技术促进会计工作的集中，逐步建立财务共享服务中心”。2014 年，《财政部关于全面推进管理会计体系建设的指导意见》中提出“鼓励大型企业和企业集团充分利用专业化分工和信息技术优势，建立财务共享服务中心，加快会计职能从重核算到重管理决策的拓展，促进管理会计工作的有效开展”。另一方面，移动互联、云计算、大数据等信息技术的出现也为财务共享服务中心的建设铺平了道路。目前，诸如华为、中兴通讯、宝钢、上海电气集团等公司都设立了财务共享服务中心，一些外资企业也把亚太地区的财务共享服务中心设立在了我国境内。

为什么要建财务共享服务中心？最初的想法是把企业原本分散在各分公司的一些事务性的财务功能集中到一起，以达到规模效应。公司通过财务共享服务中心的建设将一些财务服务标准化、流程化，可以实现将共同的、重复的流程从个体企业中抽出，实现同质业务向共享服务中心的转移，在此过程可以实现基于该中心的企业稀缺资源的有效共享。财务共享并不是简单的财务集中，财务共享更体现了财务的“集成”，它更注重“职能、流程”的共享与优化，更注重对企业内外部的服务输出。

在《技术变革驱动共享升级——2015 安永财务共享服务调查报告》中，安永会计师事务所（以下简称“安永”）通过针对中国企业的调研发现，在支撑财务共享服务中心取得成功的首要因素中，“管理层的支持”得到了所有被调研对象的认可。另外，89%的被调研对象还选择了“流程的标准化和优化”。而“统一及高效的系统”和“责任的清晰定义”分别获得了 69%和 67%的支持率。安永认为，我国企业建立财务共享服务中心的核心动机和价值体现为标准化的流程、统一高效的系统，以及清晰的责任定义。节约成本并不是企业建立财务共享服务中心的首要目的。

我国企业财务共享服务中心的实践过程也是一个随着信息技术的发展和企业管理的要求而逐步发展的过程。

在最开始的财务共享服务实践中，财务共享服务中心基本上只完成财务部门传统工作的流程优化和组织结构调整，实现“信息集中＋资源协同”。费用报销、应付账款、总账、应收账款、资金结算和财务报告是财务共享服务中心建设过程最易纳入且最具代表性的流程。之后，财务共享服务中心逐渐与公司的采购交易系统、税务管理系统结合起来。从后端财务向前端业务延伸，既连接外部的商旅、供应商、电商平台，也对接银行、税务等外部系统，对外覆盖价值链全程，同时打通企业的业务流和财务流，对内覆盖全员全流程，实现了业务流程、会计核算流程和管理流程的有机融合，实现了交易透明化、流程自动化、数据真实化。由此，财务共享服务中心成为“商旅共享＋采购共享＋财务共享＋税务共享”的业财税一体化智能共享平台。

在财务共享服务中心中，应用最为普遍的是会计核算系统、费用控制系统、影像系统和资金管理系统。随着财务共享服务中心不断地成熟和发展，财务共享服务支持系统也越来越专业化。安永 2015 年的调研显示，费用控制系统在单据派工、基于接口自动凭证生产方面的应用得到了普遍增强，结合现场电子绩效看板、运营绩效报表、质量管理功能，费用控制系统实现了向财务共享作业平台及运营管理平台的转变。影像管理系统也从简单的图像扫描、挂接、展示系统升级为电子会计档案管理系统。而资金管理系统也从传统的银企互联系统演变为功能复杂的全面业务系统，其中基于接口的自动支付管理等功能也得到广泛应用。

随着移动互联网、云计算、大数据日益广泛的应用，财务共享服务中心正向着数据管理中心的角色转变。一方面，财务共享服务中心为企业提供财务方面的服务，积累了大量类似财务信息的结构化数据；另一方面，财务共享服务中心通过影像技术的广泛应用又可以获得大量非结构化数据。借助目前先进的信息技术手段，财务共享服务中心可以对一系列结构化数据、非结构化数据进行挖掘，为企业获取更多的商业信息并创造商业价值。这些应用主要体现在绩效分析、盈利分析、预算分析、财务预测、客户分析（包括评估客户信用等级、分析客户付款行为、洞察客户信用风险，预测信用额度策略对销售收入的影响）等方面。这样，财务共享服务中心便实现从业务处理向加工和提供数据的价值提升转变，从原先的费用中心、报账中心、结算中心衍生出数据中心的职能。此外，财务共享服务中心也可以通过对外提供独立的外包服务，或者向管理咨询和培训业务转型，成为企业的利润中心。

三、战略财务、业务财务与共享财务①

很多业内专家都认为，未来财务人员的角色将分为战略财务、共享财务和业务财务，分别负责指导、执行和分析。

战略财务定位于为企业的战略服务，具体而言，其旨在形成价值管理、专业化财务、战略服务支撑，参与企业战略的制定和推进，负责财务管理变革、全面预算管理、战略成本管理、税务政策和筹划；负责资金、成本资源的集中管控和配置，会计政策和报表披露管理，评估财务流程风险，服务企业管理层和业务部门。

共享财务则在核算一体化、标准化、规范化、集中化的基础上，实现会计核算与财务共享，提供资金支付、报账审核、数据支撑、流程管理等标准化服务。共享财务负责落实内控管理要求、授权管理制度、制定会计核算规范和资金支付规定；通过集中化将会计核算流程制度化、稽核与对账标准化、资金收付管理规范化，确保报表信息的准确性、相关性与及时性，确保核算的权责发生制；依据统一的核算标准，负责营业收入、营业成本、管理费用、在建工程期间费用资本化，以及固定资产折旧计提等工作；负责财务报账从制单、复核到导入全流程的管理，编制与出具内部、外部财务报表，为公司管理提供财务数据信息。

业务财务则定位于负责业务支持和过程管控，负责业务发展相关的经营计划和预算、业

① 本部分内容主要参考：任振清.财务数字化转型：大型企业财务共享服务中心建设实践[M].北京：清华大学出版社，2020：25.

务模式和分析；促进企业战略和政策向业务单元推进、落实；执行企业预算配置原则、成本管理要求、风险管理要求，将财务共享服务中心提供的财务数据转变为有效的财务信息，服务基层单元，是业务部门的合作伙伴。

本章小结

1. 财务管理的发展是与企业的发展相适应的，企业的发展进程决定了财务管理的发展，而财务管理的形成与完善进一步保障了企业的进步与发展。在财务管理发展过程中，一系列理论如完美资本市场理论、资产组合理论、MM资本结构理论与股利政策理论、资本资产定价模型、期权定价理论、市场有效性和风险与收益权衡等的提出，为财务管理学科的建立提供了坚实的理论基础。

2. 财务管理包括营利组织和非营利组织财务管理，我们所介绍的财务管理是营利组织财务管理，营利组织主要是企业。企业的组织形式分为三种：独资企业、合伙企业和公司制企业。公司制企业由于有限责任制、股权转让方便以及筹资渠道多且通畅等特点，成为最为广泛使用的组织形式。

3. 企业财务管理就是对企业的财务活动以及经济利益关系的综合管理。企业财务活动是以现金收支为主的企业资金收支活动的总称，包括企业筹资活动、投资活动、营运活动以及利润分配活动。企业财务关系是指企业在组织财务活动过程中与有关各方面发生的经济利益关系。由此，企业财务管理内容包括筹资管理、投资管理、营运资金管理以及分配管理。

4. 企业财务管理目标与企业目标是一致的，并且服务于企业目标。企业的目标依次为生存、发展、盈利。财务管理的目标是在维持企业的生存、发展及盈利的过程中，为企业创造价值服务，实现企业价值的最大化。

5. 财务管理学理论的发展历程显示，财务管理学的理论基础来自经济学，受到经济学发展的极大影响，不仅如此，财务管理学与管理学有着紧密的联系，同时还与会计学联系紧密，也与金融学有着广泛的联系。

6. 大智移云时代中，财务管理面临着新情况。实践中，财务共享服务中心快速发展，专家预测，未来的财务人员的角色将分为战略财务、共享财务和业务财务，即指导、执行和分析。

思考题

1. 企业财务管理包括哪些主要内容?
2. 如何理解企业目标对企业财务管理的影响和作用?
3. 为什么公司应主要关注企业价值最大化而非利润最大化?
4. 财务管理学与会计学的关系如何? 你是如何看待的?

5. 谈谈你对大智移云时代财务管理转型的想法。

练习题

一、单选题

1. 公司制企业的主要缺点是(　　)。

A. 资金来源有限　　B. 有限责任

C. 存续期短　　D. 双重纳税

2. 下列关系中,不是企业财务关系的是(　　)的关系。

A. 企业与国家之间　　B. 企业与投资者之间

C. 企业与个人之间　　D. 企业与债权人之间

3. 分配管理是指企业实现的收益在企业留存与投资者回报之间形成一个合理的分配,因此,也有人把分配管理归入(　　)。

A. 投资管理　　B. 筹资管理

C. 成本管理　　D. 奖励管理

4. 企业财务管理的目标是(　　)。

A. 企业利润最大化　　B. 企业价值最大化

C. 企业每股收益最大化　　D. 投资者效用最大化

二、多选题

1. 独资与合伙企业的主要缺点有(　　)。

A. 资金来源有限　　B. 无限责任

C. 存续期短　　D. 无需缴纳企业所得税

2. 企业财务活动主要包括(　　)。

A. 销售活动　　B. 筹资活动

C. 分配活动　　D. 投资活动

3. 企业财务管理的主要内容有(　　)。

A. 分配管理　　B. 筹资管理

C. 资产管理　　D. 投资管理

4. 企业生存的条件有(　　)。

A. 以收抵支　　B. 计划管理

C. 到期偿债　　D. 客户管理

5. 企业财务管理不能以利润最大化为目标的原因主要有(　　)。

A. 利润最大化目标忽视了企业现金流发生的时间

B. 利润作为一个绝对量的财务指标,不能反映出企业一定时期内的投资收益水平

C. 利润最大化目标会导致企业经营者和财务决策者的短期行为

D. 利润最大化目标忽视了可供选择方案的风险程度差异

三、判断题

1. 合伙企业就是多个独资企业的合并。（ ）
2. 股份公司的发起人没有人数上的限制。（ ）
3. 企业与投资者之间的财务关系主要是指企业的投资者向企业投入资金，企业向其投资者支付投资报酬所形成的经济关系。（ ）
4. 企业的目标就是要盈利。（ ）
5. 每股收益最大化作为企业财务管理的目标的好处是该指标采用相对数来反映企业的盈利能力。（ ）

本章案例：上海电气财务共享与财务管理创新

一、引言

各大企业为了应对大量跨国跨地区兼并以及业务的急速大规模扩张所带来的财务管理散漫、资金使用效率低下、管理成本激增、管理风险难以把控等难题，将企业集团能够标准化、流程化的财务职能如应收应付等剥离出来，专门成立一个新的部门或者公司，即财务共享服务中心进行统一的财务业务处理，从而达到集团对各大子公司的统一控制，达到一体化管理的目的。

财务共享服务中心是一个具备专业化知识人才，以影像管理系统(OCR)、ERP 系统、客户服务系统等信息技术为支撑的独立商业实体，其通过对集中起来的不同业务单位的非标准化业务流程加以标准化，建立统一规范的操作模式及流程，执行统一的标准，从而减少业务部门的循环重复工作，使财务管理成本得以降低，管理效率大幅度提升。

二、公司简介

上海电气是装备制造行业的龙头企业，提供成套设备制造、工程业务接单以及为客户提供装备制造的综合服务。随着后工业时代的来临，中国制造行业面临重大挑战，在大数据、AI 智能以及物联网工程的高速发展对制造业的大力冲击下，制造行业内部面临着一次前所未有的深刻变革。在严峻的外部环境下，上海电气仍保持着“清醒的头脑”，走正确的发展之路，坚持自主创新，丰富业务线条，优化结构。

2017 年，上海电气积极同国际知名咨询公司埃森哲合资成立了专门提供共享服务的服务公司，开创了中国国内首例外企咨询公司与国有企业集团共同合资创办财务共享服务中心的新模式。

三、财务共享服务中心与公司流程再造和管理优化——清歌一曲梁尘起，腰鼓百面春雷发

(一) 组织再造

上海电气财务共享服务中心组织架构的建设遵循“扁平化”理论，使公司的决策层和操作层之间的中间管理层级尽可能地减少，加强了集团管控，便于信息的有效传递；使企业快速地将决策权延伸至企业生产、营销的最前端，有利于节约管理费用。

在上海电气财务共享服务中心选址的过程中，人力成本、商务环境、基础设施是主要的

考虑因素。

人力成本用于比较各个城市在人才选取和人才培养等方面的差异。其中，主要考核因素为人才受教育水平、基本素养、当地高校数目及培养质量等。上海、北京等一线城市在人力资源水平上会明显高于其他地方，而上海电气财务共享服务中心成立初期尤其需要对业务和财务都比较熟悉的综合性人才。

商务环境主要是从城市的综合竞争力、当地政府工作效率、城市的可持续发展性等方面来考虑的。所选择的城市必须具有好的发展前景和一定的竞争力。财务共享服务中心与当地政府相关财政政策也息息相关，因此，当地政府的工作效率也显得相当重要。以上这些因素都会对财务共享服务中心未来的发展前景有着很大影响，良好的条件也能为财务共享服务中心的健康发展提供一个基础保障。而商务环境中上海、北京这些一线城市尤为突出。

基础设施的建设主要包含网络设施建设情况和出行设施综合情况，基础设施的完善程度将直接影响财务共享中心的建立。而上海可以说是基础设施最完善的城市之一。

上海电气通过均衡以上三个因素的定性考虑和评估后认为，上海是最佳的建立财务共享服务中心的城市，可以负责全国各个分公司的财务集中核算业务。

（二）流程再造

上海电气建立财务共享服务中心，就是在对原有组织单元的各项资源选择、配置的基础上，将企业各分、子公司的财务业务剥离出来，集中在财务共享服务中心进行处理。通过对这些业务进行标准化、专业化的批量处理，发挥资源配置的优势。从 2017 年年初到 2019 年，在遵循“资源配置”理论的基础上，上海电气财务共享服务中心的范围主要为应收、应付、费用、资金和总账五项内容，如图 1-1 所示，其中应收服务包括收入确认、收款销账、应收账款对账、应收账款报告；应付服务包括供应商发票校验、供应商付款、应付账款清账、应付账款对账、应付账款报告；总账服务包括固定资产核算、关联方对账、进项税认证、期末结账、标准财务报告、凭证装订；费用服务包括员工报销、员工借支、员工还款、对公报销；资金服务包括资金支付、票据管理、资金计划执行、资金预算提醒。这些业务通过标准化、专业化的处理，可以有效发挥资源配置的优势。

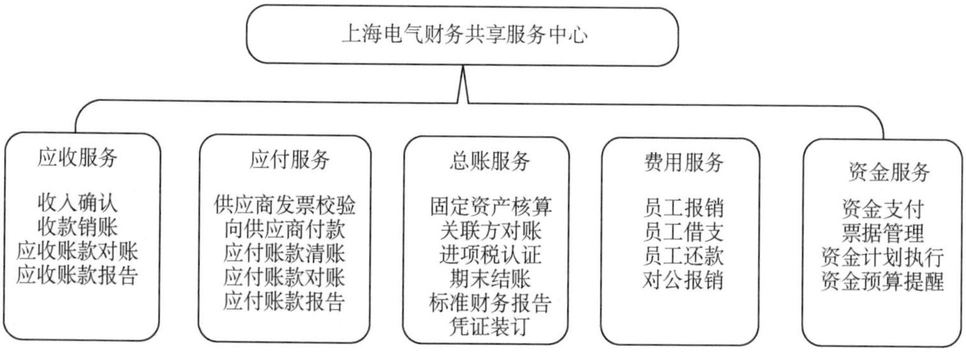

图 1-1　上海电气财务共享服务中心业务

（三）管理优化

上海电气目前已完成试点模板和业务集中，并将致力于流程工序化和推进信息化，如图 1-2 所示，逐步形成“即插即用”平台。

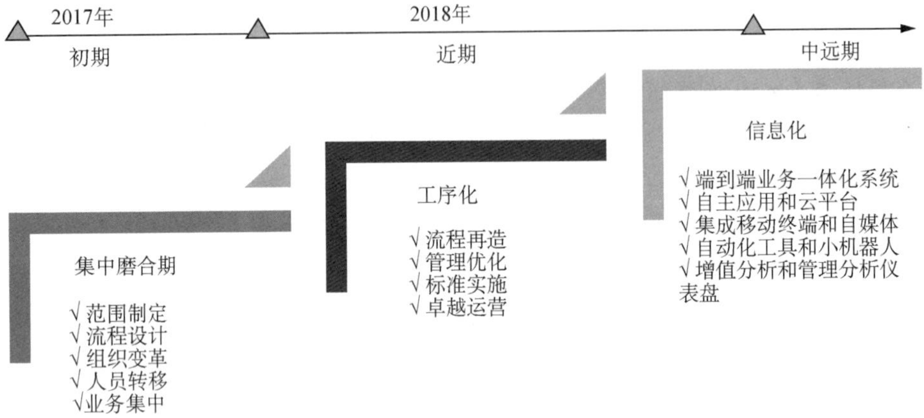

图 1-2 上海电气管理优化进程图

组织结构的优化包括两个方面。第一，对分公司财务的监督职能进行强化。财务核算模式从传统模式到财务共享服务模式的转变，共享服务中心在企业组织层级中向下可以对业务财务提供一些辅助，帮助他们去做业财融合的事情；向上可以为管理层提供管理用财务报告，而且出报告的时间也是非常及时的，总部需要的数据，财务共享服务中心第一时间就可以提供。第二，各地子公司财务的具体化、自动化。以收款销账为例，以前公司收到一笔银行转账，出纳要通知业务部门，由业务部门弄清楚资金的来源再告诉财务部，这些操作都是在线下完成的。财务部会计根据业务部门确定是哪个项目的收款，再记账。现在财务共享服务中心会有一个收款销账的小程序，它可以自动从网银下载收款明细，并自动生成收款通知单发送到企业相关的业务部门。业务部门在收款通知单上把这笔钱拆分好属于哪个项目的再自动返回到财务共享中心的邮箱里面。财务共享服务中心在收到款项的确认结果之后，通过审核之后就会自动生成凭证，这就缩短了项目之间沟通的时间。另外，入账的准确性也得到了很大的提高，这也提升了工作效率。

核算流程的优化包括两个方面：第一，费用报销的优化。企业报销单既有手工填报的，也有电脑打印的，但是在流程上都需要员工手工填写，这种情形容易导致一个弊端，即报销单上交后不知道到了哪个环节，而且记账也需要手工完成，效率总体比较低下。财务共享服务中心开发了一个费控系统，从源头开始提报销单，员工在网上提交报销单，报销单在网上审批，每一个环节员工都可以在网上查到，而且编制凭证也依据一个预设好的逻辑，整个财务共享服务中心的准确性、及时性都得到了很大的提高。第二，应付账款的优化。2018 年年初，财务共享服务中心就上线了一些小工具，如 OCR 系统（发票扫描、影像扫描系统）可以将发票及时扫入发票系统，该功能可以使企业和供应商之间保持随时联系，对应付账款的情况进行及时地了解，在业务单位审批之后再进行付款工作。这样在付款成功之后，再依照系统给供应商发送通知，供应商在查询时间和人力方面的效率都得到提高。

四、财务共享服务中心建设与公司风险管理——随风潜入夜，润物细无声

（一）信息不对称风险应对

以往上海电气若想获得子公司的一些财务数据都是直接通过子公司的财务部获取。但是子公司的财务部不直接对上海电气负责，而是对其所在的子公司负责，这就使子公司财务部以子公司的利益为中心，很有可能向上海电气隐瞒部分财务信息，造成上海电气和子公司之间的信息不对称。

设立了直接对总公司负责的财务共享服务中心之后，子公司的部分财务业务直接由财务共享服务中心进行统一处理，财务共享服务中心可以直接获得最原始的数据，可以在第一时间向上海电气提供不经遮掩的数据，大大增加了数据的透明度，降低了信息不对称的风险。

（二）操作风险

企业操作风险主要是由于人为操作流程过多、操作难以达到标准化造成的。人为操作流程越多，可能出现的错误就越多。即使企业对于操作设立了统一的标准，但具体操作人员会有自己的理解，导致千人千种方式、千种结果，最终得出的报告也不尽如人意。采用财务共享服务中心后，大大减少了人为操作流程，并极大地解决了标准化问题。

以报销为例，各子公司员工原来报销都是先通过领导审批再提交至子公司的财务人员处进行审核。但上海电气子公司众多，各子公司财务人员审核的标准参差不齐，极易出现乱报销的现象。设立财务共享服务中心后，在财务共享服务中心内设立费用报销审核岗，子公司的财务部不再设立报销审核岗，财务共享服务中心人员按照上海电气的统一标准对报销进行审核，规避乱报销的风险。

在现金付款方面，目前财务共享服务中心负责企业付款的执行，企业负责做资金的计划。当企业将付款指令提交至财务共享服务中心后，财务共享服务中心会审核付款是否在计划之内，从而使企业的付款更加审慎，并且财务共享服务中心运用的一系列系统可以降低手工记录的错误风险，如将来会纳入的银企直联。将子公司报销业务纳入财务共享服务中心降低了用现金和POS机进行费用报销结算带来的现金风险。人工流程的减少，大大降低了付款的风险。

（三）人力资源风险

上海电气在建立财务共享服务中心后，财务人员的培养晋升机制更加明确，绩效也有所改变，对稳定公司员工有很大的作用。首先，上海电气对财务员工有着清晰的职业规划，为财务共享服务中心的财务人员设计了三条发展通道，分别为管理型财务人员通道、分析型财务人员通道和基层人员发展通道。通过绩效考核，员工可以进行纵向发展，也可按照意愿进行横向发展，从而明确了员工转至财务共享服务中心后的发展空间。同时，公司考虑到老员工的离职问题，因此，做了招聘应届大学生的准备，新进大学生也有相应的职业通道。大学生可以先在财务共享服务中心基层锻炼2～3年，之后回归企业的财务部门做成本分析，2～3年后再回财务共享服务中心担任管理层职务。其次，公司为了保证员工的专业能力，对员工进行系统的培训，纳入财务共享服务中心的每一项业务都配有高阶、详细的流程图以及

具体的操作手册，对某些重要相关的知识点都有详细的指导，从而使财务人员能够迅速学习，成为与时代相适应的新型财务人员。最后，公司采用新的考核方式促进财务人员提高工作效率。公司采用“三向考核”的方式管理员工绩效。一方面，下属子公司会针对财务共享服务中心员工的满意度等进行打分，打分结果与财务共享服务中心员工绩效挂钩；另一方面，财务共享服务中心每月要向总公司提供管理服务报告，总公司会评价财务共享服务中心的准确度、及时率等，从而影响财务共享服务中心员工的绩效；此外，财务共享服务中心自己有专门的团队负责记录每月处理单据的错误率、完成期限等，这些记录与员工绩效挂钩，因而能够促进员工的工作积极性。除了财务人员变得更加积极，更加专业外，业务人员也会对公司的服务更加满意。财务共享服务中心的设立增加了流程的透明度，能够使业务人员看得到财务流程的进展。例如，在公司的报销流程中，业务部门员工在网上提交报销单后，报销单由财务共享服务中心工作人员审核，业务部门员工可以在费控系统上实时看到处理环节、申请状态，系统还可提示员工缺少的材料。相对于以前不能实时监控报销的进度，现在这种方式使业务部门员工更加方便、放心。财务共享服务中心通过网络平台连接业务部门员工和财务共享服务中心员工，使流程透明化。集中处理使报销快速化，大大提升了业务人员的满意度。

五、结论与启示——欲穷千里目，更上一层楼

财务管理创新是企业发展壮大之根本，财务共享服务中心的建立推动上海电气的财务管理创新改革。上海电气在财务共享服务中心的运营模式上没有选择在公司内部成立一个共享中心职能部门的基本模式，直接选择与经验丰富的国际知名咨询公司合资成立子公司统一进行财务、人力资源、采购业务，财务共享服务中心由最初的成本中心转变为独立运营的利润中心，这一举措十分具有颠覆性，也会带来诸多变革上的挑战，如员工的变革心理障碍、人心不稳、管理措施与组织的不适配等。公司在财务共享服务中心的建立过程中始终保持稳中求进的心态，从试点企业开始，一步步进行推广，分批次将集团下属企业上线，从而减轻员工对变革心理上的阻碍。在业务纳入方式上，上海电气首先借鉴其他公司的管理经验，学习其他公司的做法，如果其他公司将某项业务纳入了财务共享服务中心并运行良好，上海电气也考虑将该项业务纳入财务共享服务中心进行标准化、统一流程。经过一年的财务共享服务中心的建设，上海电气已经将17家子公司的应收、应付、费用控制、资金、总账等非核心业务纳入财务共享服务中心，并通过资金管理系统、网络报销系统（ITE）、财务核算系统、辅助管理系统、影像管理系统和电子档案系统这六大信息工具系统之间相互协调运作，实现公司财务业务的专业化和标准化，进而提高集团的效率和效益。

当然，随着财务共享服务中心的逐渐成熟，上海电气未来还会面临诸多的挑战，如未来国内子公司乃至跨国子公司的业务纳入问题、业财融合问题、纸质发票处理问题、服务费用定价、基于大数据的财务云建设等。

资料来源：赵萌菲.上海电气财务共享与财务管理创新.徐宗宇主编.会计专业硕士（MPAcc）教学案例集（Ⅳ）[M].上海：上海大学出版社，2019.

案例思考题

1. 通过对上海电气财务共享服务中心的介绍,你认为具有哪些特征的业务适合交由财务共享服务中心处理?请列举几个典型业务。

2. 财务共享服务中心的建立对财务人员的工作产生了哪些影响?

分析思路

1. 通过对上海电气财务共享服务中心的介绍,你认为具有哪些特征的业务适合交由财务共享服务中心处理?请列举几个典型业务。

分析思路:本题的解答需要结合案例中对财务共享服务中心处理的业务范围的描述。国内财务共享服务中心在最开始设立时处理的业务内容比较相近,正如案例中所介绍的,上海电气财务共享服务中心处理的业务包括应收、应付、费用控制、资金、总账,这些业务具有的共同点是重复性高、业务量大、标准性高。

2. 财务共享服务中心的建立对财务人员的工作产生了哪些影响?

分析思路:在建设财务共享服务中心时,上海电气对公司进行了流程再造,而且通过把重复性高、业务量大和标准性高的业务集中到财务共享服务中心,可以大大缓解财务人员的工作压力,财务人员可以把更多的时间和精力花在财务分析、财务决策上,这也提升了对财务人员自身综合素质的要求。

第二章 金融市场与公司

学习要点

- □ 金融市场与公司现金流量
- □ 金融市场上的利率
- □ 金融机构

第一节 金融市场与公司现金流量

企业需要资金从事投资和经营活动。除自有资金外，企业需要从金融市场取得资金。金融市场在企业财务管理中发挥着极为重要的作用。

一、公司与金融市场之间的现金流入与流出

金融市场是资金融通的场所。在金融市场进行资金融通时，资金需求方一般要向资金供给方签发书面凭证(即金融工具)，用以载明由此所形成的财务关系，由于该书面凭证是可以流通或转让的，所以，从表面上看，金融市场也可以视为买卖金融工具的场所。

金融市场是企业投资和筹资的场所。金融市场上有许多种融通资金的方式，并且比较灵活。企业需要资金时，可以到金融市场选择适合自己需要的方式筹资。企业有了剩余的资金，也可在金融市场灵活选择投资方式，为其资金寻找出路。

企业通过金融市场使长短期资金互相转化。企业持有的股票和债券是长期投资，在金融市场上随时可以转手变现，成为短期资金；远期票据可以通过贴现变为现金；大额可转让定期存单可以在金融市场卖出，成为短期资金。与此相反，短期资金也可以在金融市场上转变为股票、债券等长期资产。

金融市场还可以为企业进行财务管理提供有意义的信息。金融市场的利率变动反映了资金的供求状况；有价证券市场的波动反映了投资人对企业的经营状况和盈利水平的评价；汇率的变动也在一定程度上影响企业的财务管理活动。它们都是企业经营和投资的重要依据。

公司与金融市场之间的现金流入与现金流出状况如图 2-1 所示。假设从公司出售股份和负债融资以筹集资金开始，经过如下过程：①公司发行有价证券，现金从金融市场流入企

业；②公司将现金投资于流动资产和固定资产；③公司投资产生现金流量；④公司向国家纳税；⑤公司将一部分现金再投资到公司中；⑥其余的现金支付给债权人和股东，现金从公司流出，流入金融市场。

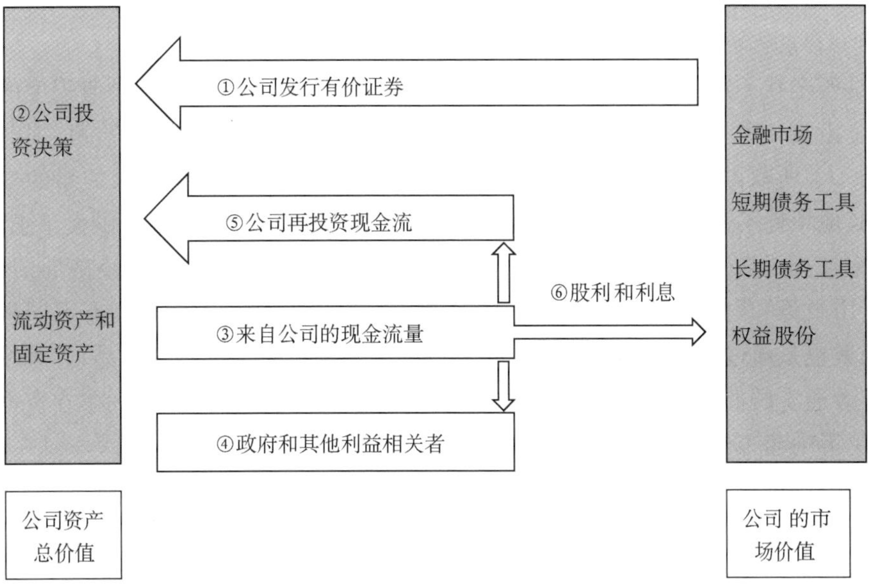

图 2-1　公司与金融市场之间的现金流入与流出

二、金融市场的种类

金融市场的种类很多，主要有以下几种：

(1) 金融市场按交易的期限可划分为短期资金市场和长期资金市场。短期资金市场是指期限不超过一年的资金交易市场，因为短期有价证券易于变成货币或作为货币使用，所以短期资金市场也叫货币市场；长期资金市场是指期限在一年以上的股票和债券交易市场，因为发行股票和债券主要用于固定资产等资本货物的购置，所以长期资金市场也叫资本市场。

(2) 金融市场按交割的时间可划分为现货市场和期货市场。现货市场是指买卖双方成交后，当场或几天之内买方付款、卖方交出证券的交易市场；期货市场是指买卖双方成交后，在双方约定的未来某一特定的时日才交割的交易市场。

(3) 金融市场按交易的性质可划分为发行市场和流通市场。发行市场是指从事新证券和票据等金融工具买卖的转让市场，也叫初级市场或一级市场；流通市场是指从事已上市的旧证券或票据等金融工具买卖的转让市场，也叫次级市场或二级市场。

(4) 金融市场按交易的直接对象可划分为同业拆借市场、国债市场、企业债券市场、股票市场、金融期货市场等。

需要强调的是，金融市场是以资金为交易对象的市场。在金融市场上，资金被当作一种“特殊商品”来交易。金融市场可以是有形的市场，也可以是无形的市场。前者有固定的场所和工作设备，如银行、证券交易所；后者利用电脑、电传、电话等设施通过经纪人进行资金交易活动，而且可以跨越城市、地区和国界。

第二节　金融市场上的利率

利率是资金在一定期间的增值额与该资金价值的比率，是衡量资金增值程度的数量指标。从资金借贷关系看，利率既是借款人（金融资产出售人）所支付的代价，也是贷款人（金融资产购买人）所取得的收益。利率作为资金使用权的价格，依资金供求关系的变动而变动。假如其他条件不变，资金求大于供（银根紧缩），则利率趋于上升；资金供大于求（银根放松），则利率趋于下降。资金供求是影响利率高低的最重要因素。此外，经济周期、通货膨胀、国家货币政策和财政政策、国际关系、国家利率管制等对利率的变动均有不同程度的影响，有些因素也是通过影响资金供求而影响利率的。资金作为一种特殊商品，以利率作为价格标准，其融通实质上是资金通过利率这个价格标准实行再分配。因此，利率在资金分配及企业财务决策中起着重要作用。

在金融市场机制完善、资金可以自由流动的条件下，资金总是从收益率低的地方向收益率高的地方流动。资金流动的结果是：收益率低的地方，资金供给减少，收益率将相应提高；而收益率高的地方，资金供给增加，收益率将下降。这种因资金供求关系和资金自由流动而产生的自发调节作用，对公司财务管理十分重要。一个财务经理只有认识和掌握这一点，才能有效地利用时间差和空间差，灵活地调度和安排资金，以较低的资本成本实现较高的收益。

利率作为借贷资金的价格，一般存在下列组成关系和内容：

利率＝纯利率＋通货膨胀补偿率＋违约风险补偿率＋变现力补偿率＋到期风险补偿率

一、纯利率

纯利率（pure rate of interest）又称真实利率，是指通货膨胀为零时无风险证券的平均利率。纯利率的高低主要受社会平均资金利润率、资金供求和国家有关政策的影响。在实际工作中通常把无通货膨胀情况下的国库券利率视为纯利率。

二、通货膨胀补偿率

由于通货膨胀的存在会使货币购买力下降并影响投资者的真实报酬率，通货膨胀补偿率（inflation premium）是指为弥补通货膨胀造成的购买力损失而要求提高的利率。资金供应者通常要求在纯利率的基础上再加上通货膨胀补偿率。

三、违约风险补偿率

违约风险是指借款人无法按时支付利息或偿还本金而给投资人带来的风险。违约风险补偿率（default premium）是指投资者为了弥补因借款人的违约风险，相应要求提高的贷款利率。违约风险的大小与借款人信用等级的高低呈反比。借款人的信用等级越高，违约风险越小。由政府发行的国库券可视为无违约风险证券，因此，其利率较低。公司债券的违约风险一般根据其信用等级来确定。

四、变现力补偿率

变现力是指某项资产在不受损失的条件下转化为现金的能力。各种有价证券的变现力是不同的，通常政府债券、大公司的股票与债券具有较高的变现力或流动性，投资人可随时以不低于或很少低于购入时的价格将其出售以收回现金。而那些变现力较差的证券，在任一时点出售时价格的变动性很大，投资者会向借款人要求变现力补偿率(liquidity premium)。

五、到期风险补偿率

到期风险是指因到期时间长短不同而形成的利率变化的风险。例如，在变现力和违约风险相同的情况下，五年期国库券利率比三年期国库券利率要高，差别在于到期时间不同。任何机构发行的债券，到期期间越长，由于利率上升而使购买长期债券的投资者遭受损失的风险就越大。到期风险补偿率(maturity risk premium)就是对投资者承担的利率变动风险的一种补偿率。

一般而言，因受到期风险的影响，长期利率会高于短期利率，但有时也会出现相反的情况。这是因为短期投资有另一种风险——再投资风险(reinvestment risk)，即由于利率下降，购买短期债券的投资者在债券到期时找不到获利较高的投资机会而发生的风险。当预期市场利率持续下降或再投资风险较大，人们都在寻求长期投资机会时，可能会出现短期投资利率高于长期投资利率的现象。

由于利率与风险程度有关，在很大程度上，一项资产的风险程度越大，对该资产要求的期望收益率也就越高。图 2-2 描述了期望收益率与风险程度之间的关系。

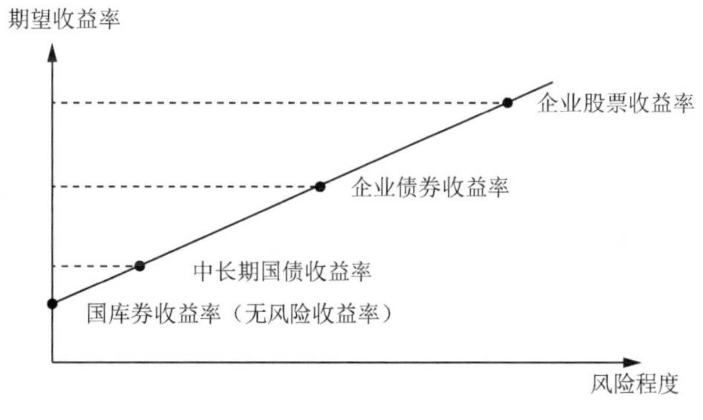

图 2-2 期望收益率与风险程度之间的关系

第三节 金 融 机 构

社会资金从资金供应者手中转移到资金需求者手中，大多要通过金融机构或者需要金融机构提供中介服务。不同的金融机构,其业务范围、职能和服务对象等有所不同。

一、中央银行

中央银行代表政府管理全国的金融机构和金融活动,承担经理国库职责。其主要职责是制定和实施货币政策,保持货币币值稳定;依法对金融机构进行监督管理,维持金融业的合法、稳健运行;维护支付和清算系统的正常运行,持有、管理、经营国家外汇储备和黄金储备;代理国库和其他与政府有关的金融业务;代表政府从事有关的国际金融活动。中国人民银行是我国的中央银行。

二、政策性银行

政策性银行,是指由政府设立,以贯彻国家产业政策、区域发展政策为目的,不以营利为目的的金融机构。与商业银行相比,政策性银行的特点在于不面向公众吸收存款,而以财政拨款和发行政策性金融债券为主要资金来源;其资本主要由政府拨付;不以营利为目的,经营时主要考虑国家的整体利益和社会效益;其服务的金融市场一般是指有价证券市场,即股票和债券的发行和买卖市场。

但是,政策性银行的资金并非财政资金,也必须有偿使用,其在发放贷款时也要进行严格审查,并要求借款人还本付息。我国在 1994 年组建了三家政策性银行:国家开发银行、中国进出口银行、中国农业发展银行。

三、商业银行

商业银行是从事资金商业性买卖的金融法人,它按照市场导向和地域经济的需求,以经营存款、放款,办理转账结算以及中间业务为主要业务,以营利为经营目标,以流动性、安全性、效益性为经营原则。

在我国境内营业的商业银行大致可以分为中资商业银行和外资商业银行两大类。

中资商业银行是指以中国资本为主的商业银行,我国中资商业银行大致可分为以下六类:

第一类是中央国资绝对控股商业银行,主要由原来的四大国有独资商业银行改制而来,包括中国工商银行(601398.SH、01398.HK)、中国农业银行(601288.SH、01288.HK)、中国银行(601988.SH、03988.HK)、中国建设银行(601939.SH、00939.HK),它们的控股股东是中央汇金有限责任公司和财政部。另外,中国邮政储蓄银行也是中央国资绝对控股商业银行,它资产规模位居全国第五,营业网点全国第一。

第二类是全国性股份制商业银行,包括交通银行(601328.SH、03328.HK)、招商银行(600036.SH、03968.HK)、上海浦东发展银行(600000.SH)、中国民生银行(600016.SH、01988.HK)、中信银行(601998.SH、00998.HK)、兴业银行(601166.SH)、华夏银行(600015.SH)、深圳发展银行(000001.SZ)、中国光大银行、广东发展银行、渤海银行、东北振兴银行。它们的发起人股东除交通银行是财政部外,其余基本都是经济发达省(市)的政府、著名央企和民企。

第三类是区域性的城市商业银行,由城市信用合作社合并改制而成,正在进行区域性的扩展，目前共有150家左右，已经上市的有南京银行(601009.SH)、北京银行(601169.SH)、宁波银行(002142.SZ)等。

第四类是农村商业银行，由农村信用合作社合并改制而成，有数十家。

第五类是农村合作银行，有数十家。

第六类是村镇银行，一般是以成熟的城市商业银行作为控股股东在村镇设立发展的基层银行。

外资商业银行是指外国资本在华设立的商业银行和外国银行在华设立的分行或代表处。一般分为以下三类：

第一类是外商投资商业银行，外国资本在华设立的商业银行非常少，目前只有新加坡星展银行等少数几家。

第二类是外国银行在华分行，外国银行喜欢以在华开设分行的形式进入中国金融市场，这样它们营业按照中国法律，组织管理却按照外国法律。目前外国银行在华分行有几百家，还在继续增加中。其中，外国银行在华法人分行已有数十家，它们可以经营人民币业务，它们的标识通常是在外国银行名后加注中国，如花旗银行(中国)上海分行。

第三类是外国银行在华代表处，目前有220多家，它们只能经办一般结算业务，若干年后才能转成外国银行在华分行。

四、非银行金融机构

非银行金融机构包括保险公司、信托投资公司、证券机构、基金公司等。

保险公司主要经营保险业务，包括财产保险、责任保险、保证保险和人身保险等。

信托投资公司主要是以受托人的身份代人理财。其主要业务有经营资金和财产委托、代理资产保管、金融租赁、经济咨询以及投资等。

证券机构是指从事证券业务的机构，包括证券公司、证券交易所、登记结算公司等。证券公司主要业务是推销政府债券、企业债券和股票，代理买卖和自营买卖已上市流通的各类有价证券，企业参与收购、兼并，充当企业财务顾问等；证券交易所提供证券交易的场所和设施，制定证券交易的业务规则，接受上市申请并安排上市，组织、监督证券交易，对会员和上市公司进行监管等；登记结算公司主要是股票交易所有权转移时的过户和资金的结算。

基金公司是指可以从事投资基金管理业务的基金管理公司，基金公司分公募基金公司和私募基金公司。从组织形式上说，基金公司分为公司制基金公司和有限合伙制基金公司。从实践来看，公募基金公司全部为公司制基金公司，私募基金公司既有采用公司制的，也有采用有限合伙制的。

财务公司通常类似于投资银行。我国的财务公司是由企业集团内部各成员单位入股，为企业技术进步和内部资金管理服务的金融股份有限公司。它的业务被限定在集团内，不得从企业集团之外吸收存款，也不得对非集团单位和个人贷款。

金融租赁公司是指提供融资租赁业务的公司组织。其主要业务有动产和不动产的租赁、转租赁、回租租赁。

本章小结

1. 金融市场是企业投资和筹资的场所，企业与金融市场之间发生现金流入和现金流出。金融市场还可以为企业进行财务管理提供有意义的信息。

2. 利率是资金在一定期间的增值额与该资金价值的比率，是衡量资金增值程度的数量指标。利率在资金分配及企业财务决策中起着重要作用。利率作为借贷资金的价格，一般存在下列组成关系和内容：利率＝纯利率＋通货膨胀补偿率＋违约风险补偿率＋变现力补偿率＋到期风险补偿率。

3. 社会资金从资金供应者手中转移到资金需求者手中，大多要通过金融机构或者需要金融机构提供中介服务。不同的金融机构，其业务范围、职能和服务对象等相应有所不同。

思考题

1. 简述金融市场是如何影响公司理财活动的。
2. 简述利率的组成内容。

练习题

一、单选题

1. 利率作为资金使用权的价格，其价格是由(　　)决定的。

A. 资金供求关系　　B. 经济周期

C. 汇率高低　　D. 国际关系

2. 公司在金融市场出售股份和负债融资以筹集资金，则(　　)。

A. 现金从企业流入金融市场　　B. 没有现金流量发生

C. 现金从金融市场流入企业　　D. 现金双向流动

二、多选题

1. 金融市场与企业财务管理的关系主要有(　　)。

A. 金融市场是企业投资和筹资的场所

B. 企业通过金融市场使长短期资金互相转化

C. 企业通过金融市场进行资产减值

D. 金融市场还可以为企业进行财务管理提供有意义的信息

2. 作为借贷资金的价格，利率的组成内容一般包括(　　)。

A. 纯利率　　B. 违约风险补偿率

C. 变现补偿率　　D. 到期风险补偿率

三、判断题

1. 违约风险是指借款人无法按时支付利息或偿还本金而给投资人带来的风险补偿。（　　）
2. 现货市场是指买卖双方成交后，在双方约定的未来某一特定的时日才交割的交易市场。（　　）

本章案例：连城兰花艰难的IPO之路

一、连城兰花简介

福建连城兰花股份有限公司（以下简称"连城兰花"）位于连城县朋口镇，是全国最大的国兰生产基地，公司主要培育春兰、蕙兰、建兰（四季兰）、寒兰、墨兰（报岁兰）、春剑、莲瓣兰七大类兰花，是规模化、产业化、标准化、品牌化经营的现代化花卉企业。连城兰花前身为连城兰花有限公司（以下简称"兰花有限"），系由董事长饶春荣及其两个胞兄于2000年9月18日共同出资设立的有限责任公司。从2008年至2014年，连城兰花先后经历了六次股权转让及一次整体改制，企业性质也不断发生改变。

2008年6月2日，兰花有限（连城兰花早期名称）进行了第一次股权转让，由中国农业（全称为"中国农业控股有限公司"）整体收购兰花有限100%的股权，股权并购后企业性质变更为外商投资企业。2008年9月13日，中国农业将持有的兰花有限100%股权，以152万元人民币转让给注册于中国香港的其全资子公司中富农业，转让后，公司类型由有限责任公司（外国法人独资）变更为有限责任公司，并由股东中富农业增加投资总额至6 152万元。2010年12月6日，兰花有限进行第三次股权转让，中富农业将其所持51%的股权转让给神州农业（连城神州农业发展有限公司，法人饶春荣，主要从事农业项目投资），23.1%的股权转让给Dramatic，11.7%的股权转让给Fortune，6.2%的股权转让给Eagle，8%的股权转让给卓小莉，兰花有限由外商独资企业变更为中外合资企业。2011年1月10日，兰花有限将投资总额由6 152万元增至7 065.663 4万元，并进行第四次股权转让，除了饶春荣自己的神州农业持有44.4%的股份外，其余股份均为PE机构所分享。此后，兰花有限又进行了两次股权变更，均是创投股东间的股权变化，而兰花有限也改制为"福建连城兰花股份有限公司"。

二、连城兰花的曲折上市之路

（一）连城兰花谋求海外上市

2008年，中国农业整体收购兰花有限100%的股权。2008年年末，连城兰花开始启动在境外上市的计划。据当地媒体的报道，当时连城县县政府为此成立了上市工作领导小组，由董事长饶春荣兼任该领导小组的办公室主任，意在助推连城兰花上市。但是，该公司在境外谋求首次上市的计划却最终失败，该公司未透露具体原因。

2008年9月13日，兰花有限董事会形成决议，同意中国农业持有兰花有限100%股权，以152万元人民币转让给注册于中国香港的其全资子公司中富农业，中富农业全称为中富农业科技有限公司，注册地在中国香港，在2013年连城兰花境外境内上市均失败后该公司迅速解散。

（二）连城兰花申请A股IPO

连城兰花2008年谋求海外上市失败之后，2010年12月，连城兰花的上市目标改为A股。2011年1月，连城兰花引进绍兴同禧（绍兴同禧股权投资合伙企业）、银河鼎发（北京银河鼎发创业投资有限公司）、吉林生物（吉林省国家生物产业创业投资有限责任公司）等多家PE投资机构，开始筹备在创业板上市，其辅导备案材料于同年11月被中国证券监督管理委员会福建证监局（以下简称"福建证监局"）受理。在连城兰花的11名股东中，除了控股股东为持股44.41%的神州农业外，其余10名创投股东分享了剩余股权，占比高达55.59%。创投股东持股比例之高，在拟IPO企业中较为罕见。饶春荣引入多家PE投资机构股东，是为了更好地解决公司资金短缺的问题，相应的，创投机构则看好连城兰花的前景，以期上市后带来更大的收益。

然而，连城兰花的IPO上市之路并不成功。2011年11月10日，连城兰花辅导备案材料被福建证监局正式受理，进入上市辅导备案程序。2012年7月11日，连城兰花出现在创业板的IPO储备企业名单中，其保荐机构为中投证券，审核状态为"初审中"。2012年7月，连城兰花进入中国证券监督管理委员会（以下简称"中国证监会"）公布的IPO申报企业队列，若能上市成功，将成为"沪深两市兰花第一股"。但在2013年5月31日的财务检查中，公司上市进程被证监会终止。对于当时连城兰花IPO的夭折，官方并未透露具体信息。

（三）连城兰花两次曲线上市

境外上市与境内IPO均告失败后，连城兰花不得不选择被收购，走曲线上市之路。第一次，它选择了同样从事农林牧渔业的永安林业。2014年4月3日，永安林业发布了《关于筹划重组停牌期满申请继续停牌公告》（2014-008），申请继续停牌，并对此次重大资产重组的基本情况进行了公告，宣布本次重大资产重组的交易对手方拟为连城兰花。但在2014年5月23日，永安林业发布《关于终止筹划重大资产重组事项暨公司证券复牌公告》，宣布终止资产重组。

第一次联姻失败仅仅过了数日，连城兰花又计划通过收购再次上市。第二次的买主是福建金森。2014年5月27日，福建金森发布公告，称因进行重大资产重组开始停牌。2014年9月9日，公司对外公告称，公司将收购福建兰花养殖企业连城兰花。在具体方案中，福建金森将以发行股份以及现金支付的方式，向8名连城兰花的股东支付交易对价8.5亿元，购买其持有的连城兰花80%的股份。其中，福建金森以15.46元/股的价格，发行4 123.54万股，共支付6.38亿元，对应购买连城兰花60%的股权；余下20%的股权以现金方式收购。与此同时，福建金森还将向金鼎卓奥、金鼎万钧两家公司合计发行约1 800万股，以募集资金2.83亿元；其中，约2.13亿元用于支付购买资产的现金对价，其余部分用于支付交易费用和补充上市公司营运资金。若股权交易完成，则福建金森将持有80%的连城兰花股份，成为其第一大股东，其余20%由神州农业、吉林生物和银河鼎发持有。

然而，连城兰花第四次的冲击上市非但没有得偿所愿，换来的却是一纸冰冷的财务造假处罚决定书。

资料来源：陆佳媛."兰花第一股"的艰难上市之路.徐宗宇主编.会计专业硕士（MPAcc）教学案例集（Ⅲ）[M].上海：上海大学出版社，2018.

案例思考题

连城兰花历次股权融资时分别采用了什么手段，其中存在什么问题？

分析思路

回答本题应分别对谋求境外上市是否构建了红筹架构、申请A股IPO前如何引入PE投资机构、曲线上市时的壳资源与反向收购设计等展开分析。

第三章　财务报表

学习要点

- □ 资产负债表
- □ 利润表
- □ 现金流量表
- □ 从资产负债表看财务管理内容

企业财务报表为财务管理提供决策所需要的信息，而且，企业的筹资、投资、营运、利润分配等财务管理活动的结果均体现在财务报表中。本章主要介绍资产负债表、利润表和现金流量表，本章的重点是了解财务报表的特点。

根据我国 2014 年 7 月 1 日实施的《企业会计准则第 30 号——财务报表列报》的规定，财务报表是对企业财务状况、经营成果和现金流量的结构性表述，财务报表至少应该包括下列组成部分：①资产负债表；②利润表；③现金流量表；④所有者权益（或股东权益）变动表；⑤附注。

本部分内容以在上海证券交易所挂牌交易的“海尔智家股份有限公司”（股票代码为“600690”，以下简称“海尔智家”）为例，简要介绍资产负债表、利润表和现金流量表。为了简化表格，对于期初、期末余额为 0，且当年未发生经济业务的项目，不在报表中列出，处理后的报表并不受影响。

第一节　资产负债表

资产负债表是反映企业一定日期财务状况的财务报表。它以“资产＝负债＋所有者权益”这一会计等式为依据，按照一定的分类标准和次序反映企业在某一个时间点上资产、负债和所有者权益的基本状况。资产负债表的结构如表 3-1 所示。

从资产负债表的结构来看，它主要包括资产、负债与所有者权益（或股东权益）三大类项目。

资产负债表的左方反映企业的资产状况，即资金占用情况。流动性表示资产转化为现金的速度和难易程度，资产按其流动性从高到低来分项列示，依次为流动资产和非流动资产，流动资产包括货币资金、金融资产、应收票据、应收账款等，非流动资产包括长期应收款、长期股权投资、投资性房地产、固定资产、生物资产、无形资产等。

表 3-1 海尔智家股份有限公司资产负债表 会企 01 表

编制单位： 2020 年 12 月 31 日 单位：百万元

项 目	期初余额	期末余额	项 目	期初余额	期末余额
流动资产：			流动负债：		
货币资金	36 178.82	46 461.33	短期借款	8 585.05	7 687.91
交易性金融资产	308.14	2 165.19	交易性金融负债	42.80	26.95
衍生金融资产	19.16	77.84	衍生金融负债	99.55	239.58
应收票据	13 951.42	14 136.35	应付票据	19 308.54	21 236.06
应收账款	11 015.87	15 930.02	应付账款	33 750.57	36 302.97
预付款项	1 272.92	765.43	合同负债	5 583.01	7 048.64
其他应收款	2 163.52	1 717.15	应付职工薪酬	3 155.57	3 760.10
存货	28 228.60	29 446.97	应交税费	2 117.06	2 399.71
合同资产	422.74	263.41	其他应付款	15 156.39	17 056.16
其他流动资产	6 985.97	3 283.89	一年内到期非流动负债	7 317.14	7 522.72
流动资产合计	100 547.16	114 247.59	其他流动负债	494.07	6 112.05
非流动资产：			流动负债合计	95 609.75	109 392.85
长期应收款	307.59	330.59	非流动负债：		
长期股权投资	20 460.76	21 567.66	长期借款	13 276.45	11 821.42
其他权益工具	1 395.96	2 659.13	应付债券	7 004.59	6 713.50
其他非流动金融资产	294.55	0	租赁负债	1 980.27	2 072.70
投资性房地产	29.40	28.39	长期应付款	142.34	98.20
固定资产	21 180.06	20 895.50	长期应付职工薪酬	1 122.35	1 245.78
在建工程	2 391.36	3 596.90	预计负债	1 398.88	1 442.84
使用权资产	2 755.07	2 839.86	递延收益	705.27	633.76
无形资产	10 687.07	10 017.87	递延所得税负债	1 154.41	1 900.40
开发支出	193.29	167.75	其他非流动负债	70.07	27.03
商誉	23 351.73	22 518.46	非流动负债合计	26 854.63	25 955.63
长期待摊费用	437.59	455.74	负债合计	122 464.38	135 348.48
递延所得税资产	1 578.90	2 208.30	所有者权益(或股东权益)：		
其他非流动资产	1 843.76	1 925.76	实收资本(或股本)	6 579.57	9 027.85
非流动资产合计	86 907.09	89 211.91	其他权益工具	431.42	2 364.20
			资本公积	4 435.89	15 009.03
			减：库存股		28.90
			其他综合收益	1 317.99	1 046.22
			盈余公积	2 655.33	3 045.33
			未分配利润	32 468.12	38 445.13
			归属于母公司所有者权益(或股东权益)合计	47 888.32	66 816.42
			少数股东权益	17 101.55	1 294.60
			所有者权益(或股东权益)合计	64 898.86	68 111.02
资产总计	187 454.25	203 459.50	负债和所有者权益(或股东权益)总计	187 454.25	203 459.50

注：上述报表为海尔智家股份有限公司合并报表，以下如无特殊说明均指合并报表。

公司流动资产和流动负债的差额称为净营运资本(Net Working Capital),当流动资产超过流动负债时,净营运资本为正,这意味着未来12个月内变为可用的现金将超过所需支付的现金,因此,在运营状况良好的企业,净营运资本通常为正。

资产负债表的右方反映企业的负债与股东权益状况,它说明企业资金的来源情况,即有多少来源于债权人,有多少来源于企业所有者的投资。负债按偿还时间由短到长排列,依次为流动负债和非流动负债。股东权益按稳定性由强到弱排列,依次为股本(实收资本)、资本公积、盈余公积、未分配利润。

企业资本结构中对债务的运用产生了财务杠杆,它能够放大收益或损失,举债越多,财务杠杆越高,因此,财务杠杆能够增加股东的潜在回报,但也提高了企业陷入财务困境和破产的可能性。

资产负债表是进行财务分析的一张重要财务报表。利用资产负债表资料,可以分析评价企业的流动状况、负债状况、资金周转状况等。

第二节 利 润 表

利润表也称损益表,是反映企业在一定期间生产经营成果的财务报表。利润表是以"利润=收入－费用"这一会计等式为依据编制而成的。利润表通常按照利润的构成项目来分别列示,其结构如表3-2所示。

表3-2 海尔智家股份有限公司利润表　　会企02表

编制单位:　　2020年1～12月　　单位:百万元

项　目	金额
一、营业总收入	209 725.82
其中:营业收入	209 725.82
二、营业总成本	199 886.43
其中:营业成本	147 475.18
税金及附加	660.51
销售费用	33 641.71
管理费用	10 052.65
研发费用	6 860.16
财务费用	1 196.22
加:其他收益	1 150.65
投资收益(损失以"－"号填列)	4 060.10
公允价值变动收益(损失以"－"号填列)	62.63
信用减值损失(损失以"－"号填列)	－166.38

（续表）

项　目	金额
资产减值损失（损失以“－”号填列）	－1 335.63
资产处置收益（损失以“－”号填列）	－12.81
三、营业利润（亏损以“－”号填列）	13 597.95
加：营业外收入	197.44
减：营业外支出	240.92
四、利润总额（亏损总额以“－”号填列）	13 554.47
减：所得税费用	2 231.86
五、净利润（净亏损以“－”号填列）	11 322.61
（一）按经营持续性分类	
1. 持续经营净利润（净亏损以“－”号填列）	11 322.61
2. 终止经营净利润（净亏损以“－”号填列）	
（二）按所有权归属分类	
1. 归属于母公司所有者的净利润（净亏损以“－”号填列）	8 876.59
2. 少数股东权益（净亏损以“－”号填列）	2 446.02
六、其他综合收益的税后净额	－2 576.19
（一）归属于母公司所有者的其他综合收益的税后净额	－2 537.33
1. 不能重分类进损益的其他综合收益	－73.07
2. 将重分类进损益的其他综合收益	－2 464.26
（二）归属于少数股东的其他综合收益的税后净额	－38.86
七、综合收益总额	8 726.42
（一）归属于母公司所有者的综合收益总额	6 339.26
（二）归属于少数股东的综合收益总额	2 407.16
八、每股收益：	
（一）基本每股收益（元/股）	1.337
（二）稀释每股收益（元/股）	1.306

利润表从营业总收入项目开始，该项目主要组成内容是营业收入项目。营业总成本项目主要包括营业成本（产品销售成本）、税金及附加、销售费用、管理费用、研发费用、财务费用等。营业总收入减去营业总成本，并加上其他收益、投资收益、公允价值变动收益、信用减值损失、资产减值损失、资产处置收益等，就是营业利润。营业利润加营业外收入，并减营业外支出，得到利润总额，即税前利润，税前利润再减所得税费用，就是税后净利润。

企业的利润因收入与费用的不同配比，可以分为四个层次：毛利润、营业利润、利润总额（税前利润）和净利润。毛利润是营业收入减去营业成本后的利润，它反映了企业的产品售价与生产成本的差额；营业利润是毛利润扣除各种期间费用加投资收益等后的利润，主要反映企业的经营所得；营业利润加上营业外收支净额后就是利润总额，是计算所得税的基础；利润总额扣除所得税费用后就是企业的净利润，这是企业所有者可以得到的实际收益。

每股收益通常用于展示公司的净利润水平，根据我国《企业会计准则》的规定，利润表中需要列式基本每股收益和稀释每股收益。

根据《企业会计准则》，在业务发生时确认收入，此时不一定有现金流入。企业需要根据配比原则将费用与收入进行匹配，此时不一定有现金流出。例如，固定资产折旧在被确认为费用的时候，企业并未相应发生现金流出。

根据利润表可以考核公司利润计划的完成情况，分析公司盈利状况和经营成果。

第三节　现金流量表

现金流量表是反映企业一定时期现金流入和现金流出及现金增减变动原因的财务报表。现金流量表一般包括三大部分：企业经营活动产生的现金流入和现金流出、企业投资活动产生的现金流入和现金流出、企业筹资活动产生的现金流入和现金流出。现金流量表结构如表 3-3 所示。

现金流量表是资产负债表和利润表的重要补充，通过分析现金流量表若干项目，可以了解公司的现金流动状况。

表 3-3　海尔智家股份有限公司现金流量表　　会企 03 表

编制单位：　　2020 年 1～12 月　　单位：百万元

项　目	金额
一、经营活动产生的现金流量	
销售商品、提供劳务收到的现金	207 933.66
收到的税费返还	1 028.62
收到其他与经营活动有关的现金	1 538.34
经营活动现金流入小计	210 500.62
购买商品、接收劳务支付的现金	141 706.94
支付给职工及为职工支付的现金	22 084.66
支付的各项税费	8 018.68
支付其他与经营活动有关的现金	21 091.23
经营活动现金流出小计	192 901.51
经营活动产生的现金流量净额	17 599.11

（续表）

项 目	金额
二、投资活动产生的现金流量	
收回投资收到的现金	7 645.63
取得投资收益收到的现金	616.77
处置固定资产、无形资产和其他长期资产收回的现金净额	324.28
处置子公司及其他营业单位收到的现金净额	861.21
收到其他与投资活动有关的现金	187.72
投资活动现金流入小计	9 635.61
购建固定资产、无形资产和其他长期资产所支付的现金	7 773.72
投资支付的现金	6 816.36
取得子公司及其他营业单位支付的现金净额	309.35
支付其他与投资活动有关的现金	0.32
投资活动现金流出小计	14 899.75
投资活动产生的现金流量净额	−5 264.14
三、筹资活动产生的现金流量	
吸收投资收到的现金	1 331.30
取得借款收到的现金	28 732.21
收到其他与筹资活动有关的现金	14.08
筹资活动现金流入小计	30 077.59
偿还债务支付的现金	23 508.65
分配股利、利润或偿付利息支付的现金	4 290.28
支付其他与筹资活动有关的现金	3 304.58
筹资活动现金流出小计	31 103.51
筹资活动产生的现金流量净额	−1 025.92
四、汇率变动对现金及现金等价物的影响	−636.85
五、现金及现金等价物净增加额	10 672.20
加：期初现金及现金等价物余额	34 962.95
六、期末现金及现金等价物余额	45 635.15

第四节　从资产负债表看财务管理内容

资产负债表中各重要项目刻画出财务管理所关注的四大决策内容:项目投资决策、筹资决策、营运资金管理以及利润分配管理(或股利决策),具体如图 3-1 所示。

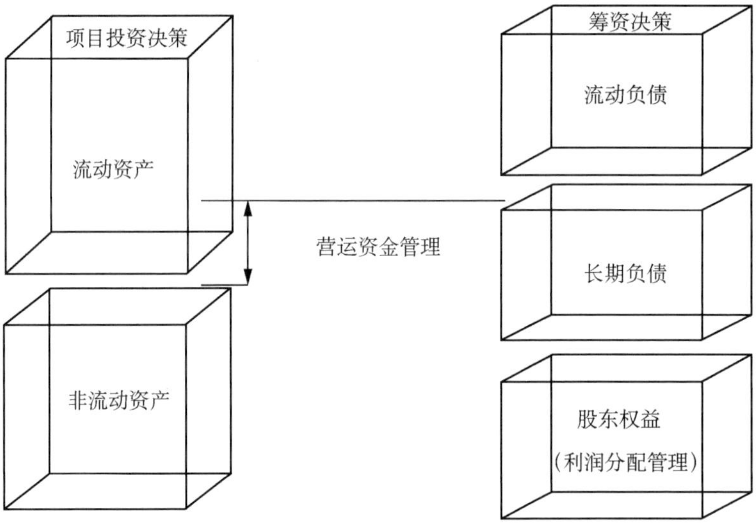

图 3-1　资产负债表与财务管理内容

公司的投资决策表现在资产负债表的左方,其反映出在某一特定时点上,公司所拥有的各种资产及其相应金额。公司资产包括流动资产和非流动资产。非流动资产主要包括厂房及机器设备等具有实物形态的固定资产、长期股权投资、专利权和商标等无形资产;流动资产主要包括货币资金、金融资产、应收账款及存货等。公司投资决策主要就是确定对公司发展产生深远影响的长期资产的类型及投资规模,选定投资计划。

公司选定投资计划后,接下来就要筹措保证投资计划得以实施所需要的资金。筹资决策影响资产负债表右边项目的变动。资产负债表右边项目包括负债和所有者权益(或股东权益)。负债可分为流动负债和长期负债。流动负债包括短期借款、应付账款等;长期负债包括公司债券、长期借款等。股东权益是资产总额扣除负债总额后的余额,也称为净资产。股东权益包括股东对公司的投入(包括股本和资本公积)和公司经营结果的留存收益(包括盈余公积和未分配利润两部分),公司的利润分配管理影响股东权益项目。

公司流动资产和流动负债的差额被称为净营运资本,营运资金的管理包括对流动资产和流动负债的管理,决定了净营运资本。

本章小结

1. 根据我国2014年7月1日实施的《企业会计准则第30号——财务报表列报》的规定，财务报表是对企业财务状况、经营成果和现金流量的结构性表述，财务报表至少应该包括下列组成部分：①资产负债表；②利润表；③现金流量表；④所有者权益（或股东权益）变动表；⑤附注。

2. 资产负债表是反映企业一定日期财务状况的财务报表。它以“资产＝负债＋所有者权益”这一会计等式为依据，按照一定的分类标准和次序反映企业在某一个时间点上资产、负债和所有者权益的基本状况。

3. 利润表也称损益表，是反映企业在一定期间生产经营成果的财务报表。

4. 现金流量表是反映企业一定时期现金流入和现金流出及现金增减变动原因的财务报表。

5. 资产负债表中各重要项目刻画出财务管理所关注的四大决策内容：项目投资决策、筹资决策、营运资金管理以及利润分配管理（或股利决策）。

思考题

1. 根据我国《企业会计准则》，财务报表包括哪些组成部分？

2. 如何从资产负债表看财务管理内容？

3. 请访问中国证监会、上海证券交易所或深圳证券交易所网站，查找某家上市公司连续5年的财务报表，并分析财务报表主要项目的变化趋势。

练习题

一、单选题

下面关于资产负债表的说法，正确的是（　　）。

A. 通过资产负债表，可以考核企业资产情况和利润计划的完成情况，分析公司盈利状况和经营成果。

B. 资产负债表可以反映企业在某一时期资产、负债及所有者权益的变化状况。

C. 资产负债表的编制依据是“资产＝负债＋所有者权益”这一会计等式。

D. 从资产负债表的结构来看，它主要包括资产、负债与现金流量三大类项目。

二、判断题

1. 资产负债表的左边项目反映企业的资产状况，从上到下表示资产的流动性越来越高。（　　）

2. 企业的利润因收入与费用的不同配比，可以分为四个层次：毛利润、营业利润、利润总额（税前利润）和税后净利润。（　　）

3. 现金流量表是反映企业一定时期现金流入和现金流出及现金增减变动原因的财务报表。（　）

4. 每股收益越高，公司的风险越高。（　）

三、计算与分析题

A公司2×20年简化的财务报表如表3-4和表3-5所示。

要求：完成表3-4和表3-5(计算结果保留小数点后两位)。

表3-4　简化的资产负债表(2×20年12月31日)　　单位：百万元

项　目	期初余额	期末余额	项　目	期初余额	期末余额
流动资产合计：	280	320	流动负债	90	100
应收账款	100	110	非流动负债	100	120
存货	120	130	负债合计	190	220
其他流动资产	?	?	股东权益	?	?
非流动资产	220	230			
资产总计			负债及股东权益合计	?	?

表3-5　简化的利润表(2020年1～12月)　　单位：百万元

项　目	本年数
一、营业总收入	1 400
二、营业总成本	?
其中：营业成本	980
税金及附加	140
销售费用	20
管理费用	52
财务费用	19
加：投资收益	21
三、营业利润	?
营业外收支净额	−15
四、利润总额	?
减：所得税费用(25%)	?
五、净利润	?

本章案例：从财务报表看康佳集团的经营困境

近年来，传统家电行业的日子并不好过，不但行业内的竞争愈演愈烈，而且随着乐视、爱奇艺、小米等互联网企业相继杀入智能电视领域，“全互联网服务”模式正在颠覆整个家电行业，特别是传统彩电行业的生存格局。在这种情势下，很多传统家电企业遭遇经营困境，康佳也不例外。如何在这样风云变幻的时代找到破解经营困境的钥匙，足以让康佳的大股东和管理层费劲心思。

一、公司简介

康佳集团成立于1980年，其前身是“广东光明华侨电子工业公司”。1991年改组为中外公众股份制公司。1992年公司A、B股股票同时在深圳证券交易所上市（股票代码为“000016”）。康佳集团主要从事彩电、手机、白色家电、生活电器、LED、机顶盒及相关产品的研发、制造和销售业务。

作为中国改革开放后诞生的第一家中外合资电子企业，康佳集团自成立伊始就确立了科技兴企的发展战略，早在20世纪90年代初就在国内同行中率先建立了产品技术研发中心，并以先进的研发理念和不断创新的研发体制一步步实践着引领潮流的远大目标，在彩电和手机领域曾经取得过明显的市场竞争优势，其主导产品康佳彩电国内零售市场占有率连续多年处于行业领先，“KONKA康佳”商标被国家认定为“中国驰名商标”，并入选“中国最有价值品牌”。随着国内市场竞争的加剧，康佳集团加快了国际化扩张的脚步，致力于在全球范围内建立体系完备、响应快速的营销网络，已初步形成了能够满足全球化战略的市场运营体系。

然而，受到来自海内外知名品牌三星、夏普、长虹、海信、创维等的冲击，康佳集团的财务业绩出现了明显下滑。并且随着家电智能时代的到来，越来越多的互联网企业加入已经白热化的竞争格局，使康佳集团的生存更加困难，经营困境愈发突显，并且有可能进一步导致财务危机。

二、公司近2008—2012年的经营业绩

表3-6列示了康佳集团2008—2012年的主要盈利能力指标数据。

表3-6 康佳集团2008—2012年的主要盈利能力指标

报告期	2012年	2011年	2010年	2009年	2008年
每股收益(元)	0.038 1	0.020 7	0.069 7	0.130 0	0.208 3
每股经营活动产生的现金流量净额(元)	−0.298 0	−1.140 0	−0.360 0	0.244 0	0.301 0
净资产收益率	1.13%	0.62%	2.10%	3.90%	6.64%
销售毛利率	17.59%	16.11%	15.55%	18.74%	18.99%
营业总收入(亿元)	183	162	171	133	122
营业总成本(亿元)	185	165	172	132	119
营业利润(亿元)	−1.20	−2.25	−0.280 7	1.25	2.66
营业外收入(亿元)	2.23	2.44	1.28	0.273 1	0.278 8
净利润(亿元)	0.454 4	0.241 8	1.01	1.47	2.58

从表3-6可以看出，康佳集团2008—2011年的财务业绩呈现明显的下滑趋势，至2012年略有回升，但主营业务连续亏损，且营业收入增长乏力，公司主要依靠营业外收入维

持盈利局面，反映出公司主业发展不良，经营遭遇明显困境。

由于主业发展不良，经营风险较大，还需进一步关注公司的资金链问题，看公司是否存在资金链断裂的风险。

表3-7列示了康佳集团2008—2012年的主要偿债能力指标数据。

从表3-7可以看出，康佳集团的主要偿债指标中，流动比率和速动比率近几年来呈下降趋势，且整体处于较低水平，资产负债率则处于较高水平，且公司的流动负债占总负债的比率高达90%以上，表明公司在偿债方面风险较高，一旦遭遇比较严重的负面冲击，将会面临资金链断裂的风险，很容易从经营困境步入财务困境。

表3-7 康佳集团2008—2012年的主要偿债能力指标

报告期	2012年	2011年	2010年	2009年	2008年
流动比率	1.13	1.17	1.22	1.24	1.38
速动比率	0.79	0.94	0.90	0.86	0.98
流动负债占比	95.46%	93.86%	94.76%	99.16%	99.32%
资产负债率	74.36%	74.94%	74.35%	69.74%	61.97%

由这些数据可知，康佳集团遭遇了明显的经营困难，步入财务困境的风险很大。为此，一些利益相关者开始从康佳集团的经营异常指标入手解读公司面临的经营困境。

三、经营异常指标

（一）销售毛利率明显偏低

由于家电行业竞争异常激烈，经常爆发价格战，整体处于微利时代。因此，销售毛利率的高低往往对企业最终的经营业绩影响巨大。表3-8列示了康佳集团2008—2012年的销售毛利率情况，并与行业内同样以彩电为主要产品的竞争对手长虹和海信进行对比。

表3-8 康佳、长虹、海信2008—2012年的销售毛利率

报告期	2012年	2011年	2010年	2009年	2008年
康佳	17.99%	16.43%	15.60%	18.77%	19.03%
长虹	15.94%	15.62%	16.32%	18.48%	17.49%
海信	21.98%	26.37%	20.98%	23.50%	21.60%

从表3-8可以看出，康佳的销售毛利率整体略高于长虹，但明显低于海信，销售毛利率明显偏低。

（二）销售费用率明显偏高

由家电行业的利润表可知，销售费用通常是利润表中占比最高的费用项目，对企业的财务业绩影响很大。随着家电行业的竞争越来越激烈，各家电企业为了更好地提高本企业品牌的知名度和抢占市场份额，纷纷打出了“疯狂营销”这张牌，康佳也不例外。表3-9列示了康佳2008—2012年的销售费用率（销售费用与营业收入之比），并与长虹和海信进行对比。

表 3-9 康佳、长虹、海信 2008—2012 年的销售费用率

报告期	2012 年	2011 年	2010 年	2009 年	2008 年
康佳	12.63%	13.14%	11.77%	12.60%	12.46%
长虹	9.06%	9.52%	10.37%	11.50%	10.69%
海信	8.41%	10.56%	10.63%	13.64%	12.76%

从表 3-9 可以看出，康佳的销售费用率比同行长虹明显偏高，且近 3 年来也明显高于海信，公司的营销代价颇高。

(三) 研发费用占销售收入的比率明显偏低

对家电行业而言，随着产品生命周期的不断缩短，技术创新已经成为决定企业生存和发展最为关键的因素之一。只有保持持续的研发投入，才能保证企业能够不断推出新产品，以此抢占市场份额，赢得生存空间。

表 3-10 列示了康佳、长虹和海信 2008—2012 年①的研发费用率，即研发费用占销售收入的比率。

表 3-10 康佳、长虹、海信 2008—2012 年的研发费用率

报告期	2012 年	2011 年	2010 年	2009 年	2008 年
康佳	1.13%	1.05%	0.93%	1.00%	—
长虹	1.69%	1.63%	1.62%	0.33%	0.41%
海信	3.15%	3.08%	—	—	—

从表 3-10 可以看出，尽管康佳近年来的研发费用率逐年上升，但与长虹和海信相比，康佳近年来的研发费用率明显偏低，尚达不到我国一般高科技企业 3% 的门槛，更不用说与国外主要竞争对手 10% 左右的研发费用率相比，这让人不免担心康佳未来的发展前景。

(四) 应收账款占比偏高，应收账款周转率明显偏低

对家电企业而言，应收账款通常是最为关键的资产之一，如果管理不好，不但会增加坏账风险，还会挤占大量的周转资金，增加资金链断裂的风险。表 3-11 列示了康佳、长虹和海信 2008—2012 年的应收款项占总资产的比例，以及应收账款周转率的情况。

表 3-11 康佳、长虹、海信 2008—2012 年的应收账款占比及应收账款周转率情况

报告期		2012 年	2011 年	2010 年	2009 年	2008 年
康佳	应收账款占比	13.53%	12.62%	13.41%	11.17%	14.50%
	应收账款周转率	9.48 次	8.39 次	10.5 次	10.09 次	10.32 次
长虹	应收账款占比	12.51%	11.99%	15.95%	15.00%	17.59%
	应收账款周转率	8.40 次	9.85 次	10.9 次	11.37 次	11.66 次

① 康佳 2008 年、海信 2008—2010 年的研发费用在财务报告中没有披露，因而无法列出。

（续表）

报告期		2012年	2011年	2010年	2009年	2008年
海信	应收账款占比	6.81%	6.45%	6.58%	6.13%	8.72%
	应收账款周转率	22.10次	25.20次	29.20次	32.02次	21.20次

从表3-11可以看出，尽管康佳2008—2010年的应收账款占比略低于长虹，但2011年以来长虹加强了应收账款管理，应收账款占比明显下降，已经比康佳占比低，且从应收账款周转率来看，康佳整体比长虹要差（除2012年）。总体上，无论是应收账款占比还是应收账款周转率，康佳均处于较低水平，比海信的表现明显差很多。

（五）存货占比偏高，存货周转率明显偏低

由于家电行业市场集中度较高，企业规模普遍较大，在产能不断扩张和销售压力不断上升的双重因素作用下，存货成为最容易出问题的资产项目，如果管理不好，由于家电产品的更新换代和贬值非常迅速，不但会占用大量经营用资金，而且还会导致存货跌价准备的大量增加，对企业的发展极其不利。表3-12列示了康佳、长虹和海信2008—2012年的存货占比及存货周转率的情况。

表3-12　康佳、长虹、海信2008—2012年的存货占比及存货周转率情况

报告期		2012年	2011年	2010年	2009年	2008年
康佳	存货占比	24.51%	16.74%	22.61%	26.39%	24.47%
	存货周转率	4.37次	4.14次	3.96次	3.5次	3.59次
长虹	存货占比	23.02%	19.45%	19.87%	22.71%	20.91%
	存货周转率	3.89次	4.64次	4.07次	3.59次	3.66次
海信	存货占比	19.72%	14.12%	20.36%	23.16%	20.18%
	存货周转率	7.04次	7.72次	7.12次	8.31次	6.80次

从表3-12可以看出，康佳的存货占比除2011年低于长虹外，其他年份均高于长虹，且远高于海信的历年水平，康佳的存货周转率除2012年外，均略低于长虹，且远低于海信的历年水平，显示康佳的存货管理水平较差。

资料来源：邵建军.康佳集团的经营困境解读.上海大学管理学院MPAcc案例编写委员会编著.会计专业硕士（MPAcc）教学案例集（Ⅰ）[M].上海：上海大学出版社，2014.

案例思考题

根据案例中提出的异常经营指标，尝试解读康佳集团的经营困境。

分析思路

可以从如下角度分析公司如何陷入了经营困境：研发不到位，无法推出消费者青睐的产品，导致毛利率偏低；费用控制不利；产能过剩，产品积压，应收账款占比偏高，销售费用率偏高；其他角度等。

专 题 二

货币时间价值与估值

第四章　货币时间价值

学习要点

☐ 货币时间价值概述
☐ 货币时间价值的计算
☐ 货币时间价值的应用

假设现在有两个可供选择的机会，一个是现在获得 1 000 元，另一个是 10 年后获得 1 000 元。显然，任何人都会毫无疑问地选择现在就获得 1 000 元。这是因为，同样获得 1 000 元，现在的 1 000 元可以为我们提供现时效益或用来投资收取利息的机会。但是，如果后一个选择是 10 年后获得 2 000 元，问题的答案就不那么简单了。由于现在的 1 000 元和 10 年后的 2 000 元发生于不同的时点，我们必须知道现在的 1 000 元在 10 年后值多少？或是 10 年后的 2 000 元相当于现在的多少钱？这里涉及两个问题：一是换算标准问题，二是换算方式问题。第一个问题是所谓的货币时间价值问题，也就是利息率问题。第二个问题是利息的计算方式，即单利计息和复利计息问题。

本章主要阐述货币时间价值的概念、计算和应用。第一节主要介绍货币时间价值的概念和表现形式；第二节介绍货币时间价值的计算，包括单利、复利、年金等；第三节简要介绍货币时间价值的应用。

第一节　货币时间价值概述

一、货币时间价值的概念

今天的单位货币总比明天的单位货币值钱，这是财务学的基本原则。时间价值是客观存在的经济范畴。离开了时间价值因素，就无法正确计算不同时期的财务收支。时间价值原则正确解释了不同时间点上的资金之间的换算关系，是财务决策的基本依据。

货币时间价值的概念并不统一，西方传统说法是：即使在没有风险和没有通货膨胀的情况下，今天 1 元钱的价值也大于一年以后 1 元钱的价值，这就是货币的时间价值。钱生钱，并且所生之钱会生出更多的钱，这就是货币时间价值的本质。目前西方关于时间价值的概念大致可以表述如下：投资者进行投资就必须推迟消费，对投资者推迟消费的耐心应给以报酬，这种报酬的量应与推迟的时间成正比，因此，单位时间的这种报酬占投资的百分比称为时间价值。

货币时间价值有很多应用领域，包括股票和债券的价值评估、项目投资现金流的计算、制定贷款偿还计划等。事实上，在所有的财务管理概念中，货币时间价值是最基础也是最重要的概念。正确理解时间价值需要把握以下三个方面：时间价值的真正来源是工人创造的剩余价值；时间价值是在生产经营中产生的；时间价值应按复利方法来计算。

综上所述，我们认为，货币时间价值是指货币经历一定时间的投资和再投资所增加的价值，是扣除风险报酬和通货膨胀贴水后的真实报酬率。货币时间价值可以看成是社会平均的投资报酬率，表现为资金周转过程中的差额价值。

二、货币时间价值的表现形式

货币时间价值有两种表现形式，即时间价值率和时间价值额。时间价值率是指扣除风险报酬和通货膨胀贴水后的社会平均资金利润率或平均报酬率。时间价值额是资金在生产经营过程中带来的真实增值额，即一定数额的资金与时间价值率的乘积。

银行存款利率、银行贷款利率、各种债券利率、股票的股利率都可以看作是投资报酬率，它们与时间价值率都是有区别的。只有在没有通货膨胀和没有风险的情况下，时间价值率才与上述各投资报酬率相等。

为了分层次、由简到难地研究问题，本书在讲述货币时间价值时，假定没有风险和通货膨胀，以利率代表时间价值率。

第二节　货币时间价值的计算

一、单利终值和现值的计算

单利(Simple Interest)计息是指只按本金计算利息，而利息部分不再计息的一种方式。

单利利息的计算公式如下：

$$I = PV \times i \times n \tag{4-1}$$

式(4-1)中：PV 代表本金，又称现值(Present Value)；i 代表利息率(Interest Rate)；n 代表计息期数。

单利终值的计算公式如下：

$$FV = PV \times (1 + i \times n) \tag{4-2}$$

式(4-2)中：FV 代表本金与利息之和，又称本利和或终值(Future Value)。

单利现值的计算公式如下：

$$PV = FV \div (1 + i \times n) \tag{4-3}$$

【例 4-1】 某人有资金 10 000 元，拟存入银行，年利率为 10%，按单利计息，试计算

3 年后的终值。

解： 根据单利终值的计算公式计算得：

$$FV = PV \times (1 + i \times n) = 10\ 000 \times (1 + 10\% \times 3) = 13\ 000(\text{元})$$

$$\text{利息 } I = 13\ 000 - 10\ 000 = 3\ 000(\text{元})$$

即按单利计息，第 3 年年末的本利和为 13 000 元，利息为 3 000 元。

二、复利终值和现值的计算

复利(Compound Interest)是指不仅本金计算利息，利息也在下期转为本金与初始的本金一起计息的一种方式。复利俗称“利滚利”，货币时间价值一般都是按复利的方式计算的，货币时间价值按复利计算是建立在资金再投资这一假设基础之上的。

(一) 复利终值

复利终值(Future Value)又称未来值，是指若干期后包括本金和利息在内的未来价值，还可称为本利和。复利终值的计算公式如下：

$$FV_n = PV(1+i)^n \tag{4-4}$$

式(4-4)中：FV_n 代表第 n 期末的复利终值；PV 代表本金或复利现值；i 代表利息率；n 代 表计息期数。

式(4-4)中，$(1+i)^n$ 称为复利终值系数，也称 1 元的复利终值，用符号$(F/P, i, n)$ 表示。例如，$(F/P, 10\%, 5)$表示年利率为 10%、5 期的复利终值系数。为了简化和加速计算，可编制“复利终值系数表”(见本书后的附录二)。表 2 的第一行表示利率 i，第一列是计息期数 n，相应的$(1+i)^n$ 的值在其行和列重合之处。

因此，复利终值的查表计算公式可如：

$$FV_n = PV \times (F/P, i, n) \tag{4-5}$$

图 4-1 为复利终值系数、利率及计息期数的关系，利率越高、计息期数越多，则终值系数越大；反之，越小。

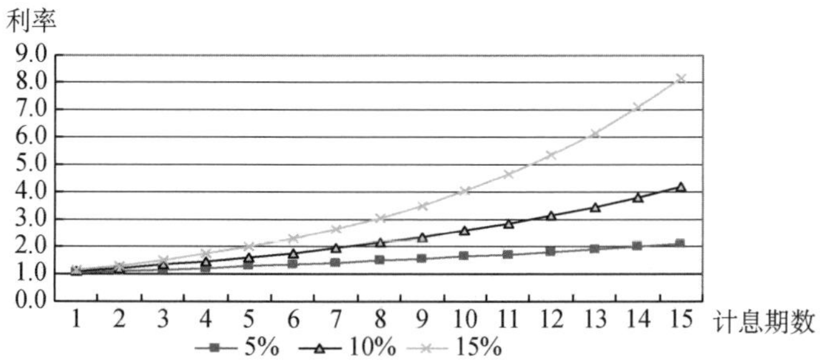

图 4-1　复利终值系数、利率及计息期数的关系

【例 4-2】　将 10 000 元存入银行，年利率为 10%，按复利计息，试计算 3 年后的终值。

解： 根据复利终值的计算公式计算得：

$$FV_n = PV(1+i)^n$$
$$= 1\ 000 \times (1+10\%)^3 = 13\ 310(\text{元})$$

利用式(4-5)查表计算得：

$$FV_n = PV \times (F/P,\ i,\ n)$$
$$= 10\ 000 \times (F/P,\ 10\%,\ 3) = 10\ 000 \times 1.331 = 13\ 310(\text{元})$$

[例 4-1]中，在单利计息方式下，10 000 元 3 年后的终值是 13 000 元；而同样条件下，复利计息的终值为 13 310 元，复利计息要比单利计息多出 310 元。这多出的 310 元是由上期利息作为本期本金所产的利息和。也就是说，利息能再产生利息，所以人们会理性选择选复利结息，故单利计息方式是不存在的，但是我国的银行对居民的存贷款往往实行单利计息方式。

(二) 复利现值

复利现值(Present Value)是指若干年份后收到或支出资金的现在价值，可用式(4-5)倒求本金的方法计算。由终值求现值，称为贴现。在贴现时所用的利息率叫做贴现率(或折现率)(Discount Rate)。贴现率也就是资本机会成本(Opportunity Cost of Capital)，也称作门槛利率(Hurdle Rate)。贴现率的经济内涵是资本的机会成本，投资项目的机会成本是投资者投资于同等风险的证券所能得到的期望收益率。

复利现值的计算公式可由复利终值的计算公式倒推出。由式(4-5)可得：

$$PV = \frac{FV_n}{(1+i)^n} = FV_n \times (1+i)^{-n} \tag{4-6}$$

式(4-6)中，$(1+i)^{-n}$ 称为复利现值系数，也称 1 元的复利现值，用符号$(P/F,\ i,\ n)$表示。为了简化和加速计算，可编制“复利现值系数表”(见本书后的附录一)，表的第一行表示贴现率 i，第一列是计息期数 n，相应的$(1+i)^{-n}$ 的值在其行和列重合之处。

因此，复利现值的查表计算公式可表示如下：

$$PV = FV_n \times (P/F,\ i,\ n) \tag{4-7}$$

图 4-2 为复利现值系数、贴现率及计息期数的关系，贴现率越高、计息期数越多，则现值系数越小；反之，越大。

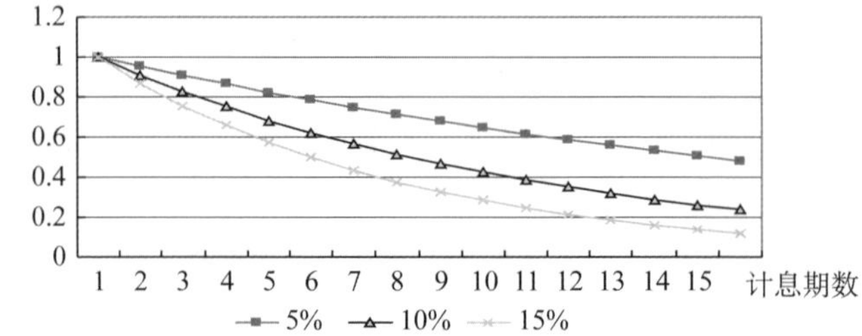

图 4-2　复利现值系数、贴现率及计息期数的关系

【例 4-3】 若某人计划在 5 年后获得本利和 10 000 元，假定利息率为 8%，那么现在应一次性存入银行多少元？

解： 根据复利现值计算公式计算得：

$$PV = FV_n \times (1+i)^{-n} = 10\ 000 \times (1+8\%)^{-5}$$
$$= 6\ 805.83$$

用公式(4-7)查表计算得：

$$PV = 1\ 000 \times (P/F,\ 8\%,\ 5)$$
$$= 10\ 000 \times 0.680\ 6 = 6\ 806(\text{元})$$

(三) 多期预期现金流量

在这一部分中，我们用[例 4-4]来说明现值和终值计算公式的用法及灵活性。这个例子中有 4 个数额不同、发生在不同时点的预测现金流量，我们将计算整个现金流量在 3 个不同时点的价值。

【例 4-4】 假如有一系列现金流量如表 4-1 所示，必要收益率为 10%。

表 4-1　现金流量分布表

时间(期)	0	1	2	3
现金流量(元)	2 000	4 000	8 000	5 000

要求：①求四期现金流量的现值；②求四期现金流量在第四期的终值；③求四期现金流量在第二期的终值。

解： ①根据现金流量的分布，我们可以画出现金流量图，如图 4-3 所示，并据图示计算现值。

根据现值计算公式计算得：

$$PV = 2\ 000 + 4\ 000 \times (P/F,\ 10\%,\ 1) + 8\ 000 \times (P/F,\ 10\%,\ 2) + 5\ 000 \times (P/F,\ 10\%,\ 3)$$
$$= 2\ 000 + 4\ 000 \times 0.909\ 1 + 8\ 000 \times 0.826\ 4 + 5\ 000 \times 0.751\ 3$$
$$= 16\ 004.1(\text{元})$$

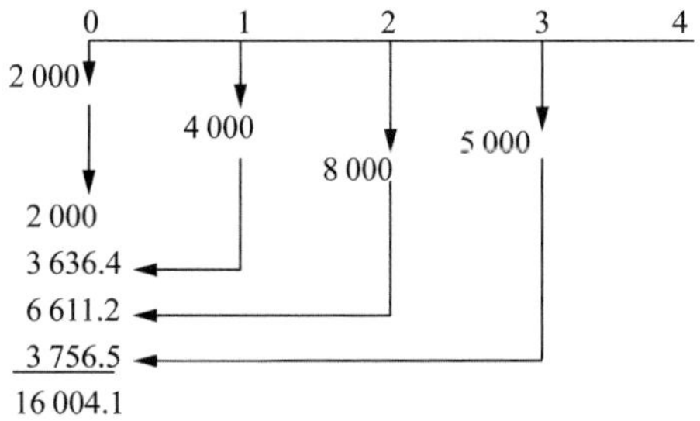

图 4-3　多期预期现金流量现值计算图

② 根据现金流量的分布，我们可以画出现金流量图，如图 4-4 所示，并据图示计算四期现金流量在第四期的终值。

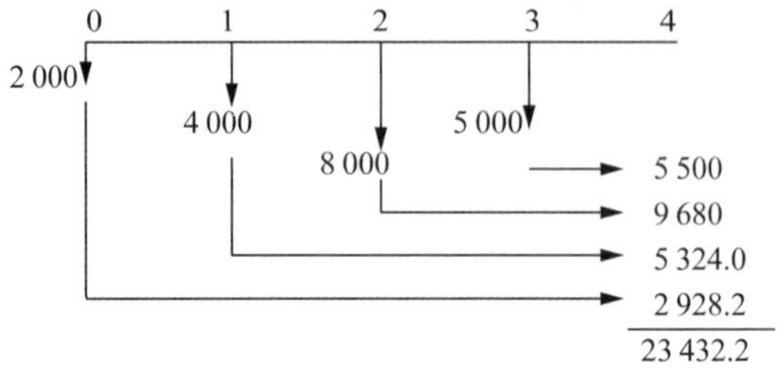

图 4-4　多期预期现金流量终值计算图

根据终值计算公式计算得：

$$FV_4 = 2\,000 \times (F/P,\ 10\%,\ 4) + 4\,000 \times (F/P,\ 10\%,\ 3) + 8\,000 \times (F/P,\ 10\%,\ 2) + 5\,000 \times (F/P,\ 10\%,\ 1)$$
$$= 2\,000 \times 1.464\,1 + 4\,000 \times 1.331\,0 + 8\,000 \times 1.210\,0 + 5\,000 \times 1.100\,0$$
$$= 23\,432.2(\text{元})$$

第四期终值计算还可以用同样现金流所求得的现值(16 004.1 元)求复利终值。现值和终值之间的换算关系如图 4-5 所示。

$$PV_4 = PV \times (F/P,\ 10\%,\ 4) = 16\,004.1 \times 1.464\,1 = 23\,431.6(\text{元})$$

该计算结果 23 431.6 元与分别计算的结果 23 432.2 元相差 0.6 元，是因为系数在取值时四舍五入的缘故。

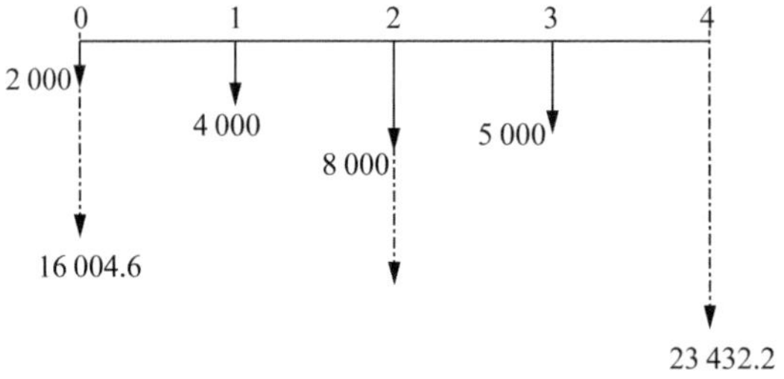

图 4-5　多期预期现金流量现值、终值之间换算图

③ 求四期现金流量在第二期的终值，可以采用三种方法计算四期现金流量在第二期的终值。

$$FV_2 = 2\,000 \times (F/P,\ 10\%,\ 2) + 4\,000 \times (F/P,\ 10\%,\ 1) + 8\,000 + 5\,000 \times (P/F,\ 10\%,\ 1)$$
$$= 2\,000 \times 1.21 + 4\,000 \times 1.1 + 8\,000 + 5\,000 \times 0.909\,1$$
$$= 19\,365.5(\text{元})$$

$$FV_2 = PV \times (F/P,\ 10\%,\ 2) = 16\,004.1 \times 1.21 = 19\,365.0(\text{元})$$

$$FV_2 = FV_4 \times (P/F,\ 10\%,\ 2) = 23\,431.6 \times 0.826\,4 = 19\,363.9(\text{元})$$

上述三种计算结果的微小差异是因为系数在取值时四舍五入的缘故。

三、年金终值和现值的计算

年金(Annuity)是指每隔相等的期限按相同的金额发生的款项。分期偿还贷款、发放养老金、每期等额的计提折旧等都属于年金收付的形式。年金按付款方式分为以下四种类型：普通年金、预付年金、递延年金、永续年金。

(一) 普通年金终值和现值的计算

普通年金(Ordinary Annuity)，也被称为后付年金，是指每期期末等额收付款项的年金。由于普通年金在金融与财务工作中使用广泛，故本书中未加专门说明的年金均指普通年金。

1. 普通年金终值

普通年金终值犹如零存整取的本利和，它是一定时期内每期期末等额收付款项的复利终值之和。假设：A 代表发生在每期期末的年金数额；i 代表利息率；n 代表计息期数；FVA_n 代表年金终值。

则普通年金终值的计算可以用图 4-6 说明。

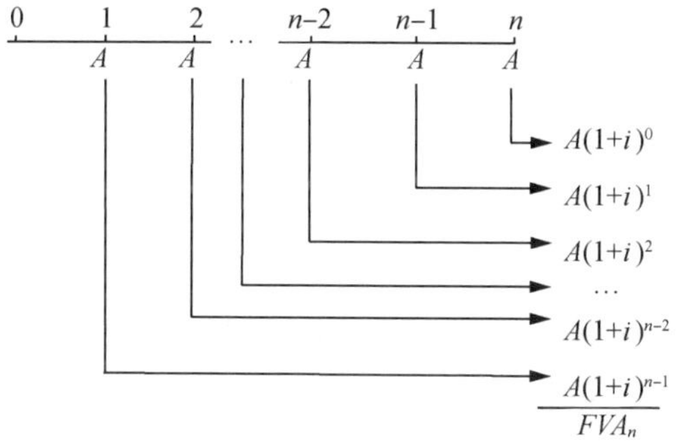

图 4-6　普通年金终值的计算示意图

根据图 4-6，推导普通年金终值的计算公式为：

$$FVA_n = A(1+i)^0 + A(1+i)^1 + A(1+i)^2 + \cdots + A(1+i)^{n-1} \tag{4-8}$$

将式(4-8)两边同时乘以(1+i)得：

$$FVA_n(1+i) = A(1+i)^1 + A(1+i)^2 + \cdots + A(1+i)^{n-1} + A(1+i)^n \tag{4-9}$$

用式(4-9)减去式(4-8)得：

$$FVA_n \times i = A(1+i)^n - A$$

整理式(4-9)可得到普通年金终值公式：

$$FVA_n = A\,\frac{(1+i)^n - 1}{i} \tag{4-10}$$

式(4-10)中，$\frac{(1+i)^n - 1}{i}$ 称为年金终值系数，它是普通年金为1元、利率为 i、经过 n 期的年金终值,记作$(F/A, i, n)$。为了简化计算,可编制"年金终值系数表"(见教材后的附录四)。

普通年金终值的查表计算公式可表示为:

$$FVA_n = A \times (F/A, i, n) \tag{4-11}$$

【例 4-5】 某父母打算为孩子在 10 年后上大学准备 5 万元。假设银行存款的年利率为 6%,按复利计息,那么该父母在这 10 年中每年年末要存入多少元?

解: 根据普遍年金终值计算公式计算得:

$$FVA_n = A\ \frac{(1+i)^n - 1}{i}$$

$$50\ 000 = A \times \frac{(1+6\%)^{10} - 1}{6\%}$$

$$A = 3\ 793.40(\text{元})$$

用式(4-11)查表计算:

$$FVA_n = A \times (F/A, i, n)$$

$$50\ 000 = A \times (F/A, 6\%, 10)$$

$$A = 50\ 000 \div 13.181$$

$$= 3\ 793.34(\text{元})$$

2. 普通年金现值

普通年金现值是指一定时期内每期期末等额收付款项的复利现值之和。或者说,普通年金现值是指为在每期期末取得相等金额的款项,现在需要投入的金额。假设:A 代表发生在每期期末的年金数额;i 代表利息率;n 代表计息期数;PVA_n 代表年金现值。

则普通年金现值的计算可以用图 4-7 说明。

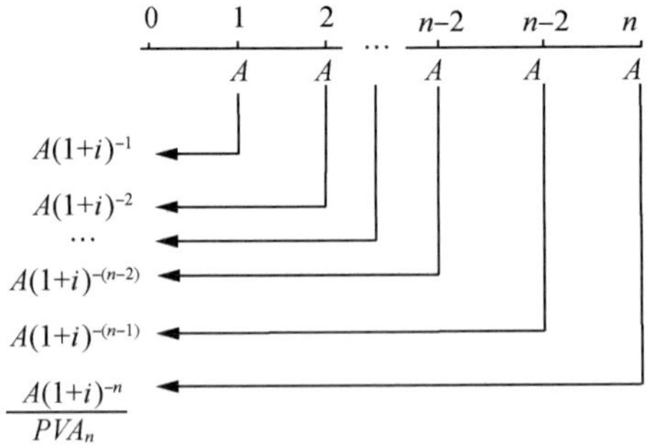

图 4-7 普通年金现值的计算示意图

根据图 4-7,推导普通年金现值的计算公式为:

$$PVA_n = A(1+i)^{-1} + A(1+i)^{-2} + \cdots + A(1+i)^{-n+1} + A(1+i)^{-n} \tag{4-12}$$

将式(4-12)两边同时乘以$(1+i)$得：

$$PVA_n(1+i)=A+A(1+i)^{-1}+\cdots+A(1+i)^{-n+2}+A(1+i)^{-n+1} \quad (4-13)$$

用式(4-13)减去式(4-12)得：

$$PVA_n \times i=A-A\times(1+i)^{n} \quad (4-14)$$

整理式(4-14)可得到普通年金现值公式：

$$PVA_n=A\times\frac{1-(1+i)^{-n}}{i} \quad (4-15)$$

式(4-15)中，$\frac{1-(1+i)^{-n}}{i}$称为年金现值系数，它是普通年金为1元、利率为i、经过n期的年金现值，记作$(P/A, i, n)$。为简化计算，可编制"年金现值系数表"(见本书后的附录三)。

普通年金现值的查表计算公式可表示为：

$$PVA_n=A\times(P/A, i, n) \quad (4-16)$$

【例4-6】 假设以9%的利率借款35 000元，投资于某个寿命为5年的项目，每年至少要收回多少现金才有利可图？

解： 根据普通年金现值的计算公式计算得：

$$PVA_n=A\times(P/A, i, n)$$
$$\begin{aligned}A&=35\ 000\div(P/A, 9\%, 5)\\&=35\ 000\div 3.890\\&=8\ 997.43(\text{元})\end{aligned}$$

所以，每年至少要收回8 997.43元，这个项目才是有利可图的。

(二) 预付年金终值和现值的计算

预付年金(Annuity Due)也被称为先付年金或即付年金，是指在一定时期内每期期初等额的系列收付款项。预付年金与普通年金的区别仅在于付款时间的不同。

1. 预付年金终值

预付年金终值是指在一定时期内，各期期初等额的系列收付款项的期末总价值。预付年金终值的求解，可以从普通年金计算方法入手。其计算示意图如图4-8所示。

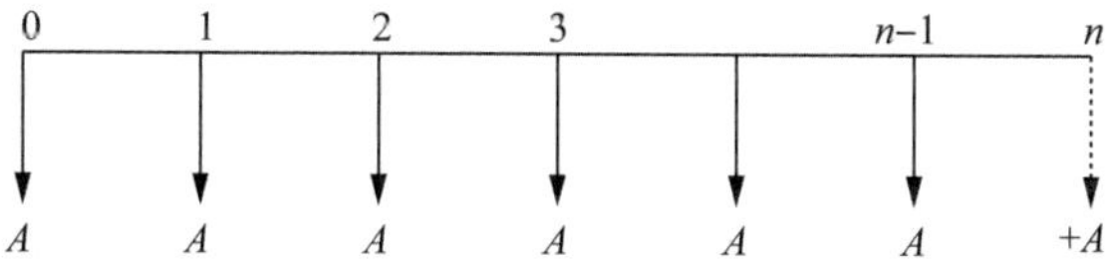

图4-8　预付年金终值的计算示意图

由图4-8可知，n期预付年金的时点分布从0时点起到$(n-1)$时点止，而我们需要计算从0时点起到$(n-1)$时点止的n期预付年金在时点n的终值。为了求解方便，假设在第n时点增加了一期金额A，在图4-8中用虚线与“$+A$”表示。这样一来，整个年金发生的次数为$(n+1)$项，因此，预付年金终值可按$(n+1)$期普通年金的终值进行求解，但由于n时点的金额A是假设增加的，所以把这期A从$n+1$期普通年金终值中减去，则为预付年金终值。

因此，根据普通年金的终值计算公式，用$n+1$期普通年金终值减去A，即得：

$$FVAD_n = FVA_{n+1} - A = A \times \left[\frac{(1+i)^{n+1}-1}{i} - 1\right] \tag{4-17}$$

整理式(4-17)可得到预付年金终值公式：

$$FVAD_n = A \times [(F/A, i, n+1) - 1] \tag{4-18}$$

【例4-7】 某父母打算为孩子在10年后上大学准备5万元钱。假设银行存款的年利率为6%，按复利计息，那么该父母在这10年中每年年初要存入多少元？

解：根据预付年金终值计算公式计算得：

$$50\ 000 = A \times [(F/A, 6\%, 11) - 1] \Rightarrow A = 50\ 000 \div 13.972 = 3\ 578.59(\text{元})$$

也就是说，该父母在银行存款利率为6%时，每年年初需存入3 578.59元，10年后可以获得5万元，用于支付孩子上大学的费用。对比[例4-5]发现，每年年初进行存款比每年年末存入3 793.34元少存214.75元。

2. 预付年金现值

预付年金现值是指在一定时期内，各期期初等额的系列收付款项的期初总价值。预付年金现值的求解，可以从普通年金计算方法入手。

其计算示意图如图4-9所示。

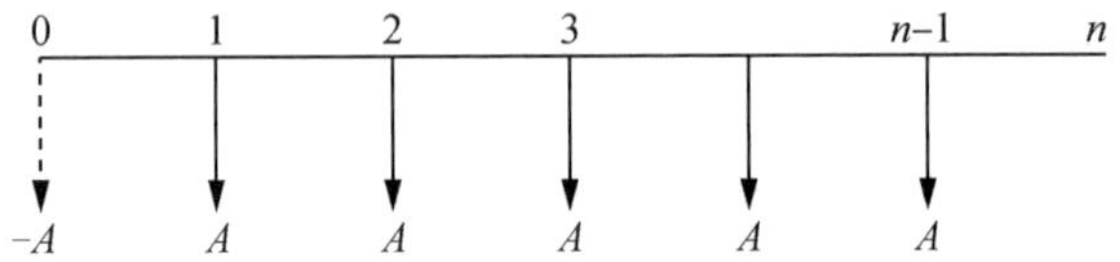

图4-9 预付年金现值的计算示意图

由图4-9可知，n期预付年金的时点分布从0时点起到$(n-1)$时点止，而我们需要计算从0时点起到$(n-1)$时点止的n期预付年金在时点0的价值。为了求解方便，根据普通年金期末发生的特点，假设在第0时点没有金额发生，我们把0时点金额A除去，在图4-9中用虚线与“$-A$”表示。这样一来，整个年金发生的次数为$(n-1)$项，因此，可按$(n-1)$期普通年金的现值求解，但由于该现值不包括在0时点假设除去的一期金额A，所以把这期A与$(n-1)$期普通年金现值相加，则为预付年金现值。

因此，根据普通年金的现值计算公式，用$(n-1)$期普通年金现值加A，即得：

$$PVAD_n = PVA_{n-1} + A = A \times \left[\frac{1-(1+i)^{-(n-1)}}{i} + 1\right] \tag{4-19}$$

整理式(4-19)可得到预付年金现值公式：

$$PVAD_n = A \times [(P/A, i, n-1) + 1] \quad (4\text{-}20)$$

【例 4-8】 某公司从租赁公司租入一台设备，合同期为 8 年，合同内该公司每年年初支付租金 10 万元，合同期满后设备归该公司所有，现市场利率为 6%，该设备的租赁价格是多少？

解：这是一个预付年金现值的计算问题。根据式(4-19)计算可得：

$$PVAD_n = A \times [(P/A, i, n-1) + 1]$$

$$PVAD_n = 10 \times [(P/A, 6\%, 7) + 1] = 10 \times 6.582\,4 = 65.8(\text{万元})$$

因此，该设备的租赁价格为 65.8 万元。

(三) 递延年金终值和现值的计算

递延年金(Deferred Annuity)，也被称为延期年金，是指在最初若干期(m 期)没有收付款项的情况下，后面若干期(n 期)有等额的系列收付款项的年金。

1. 递延年金终值

递延年金终值的大小与递延的期数无关，因此，与普通年金终值的计算方法相同。

2. 递延年金现值

计算递延年金现值的方法有两种，其计算示意图如图 4-10 所示。

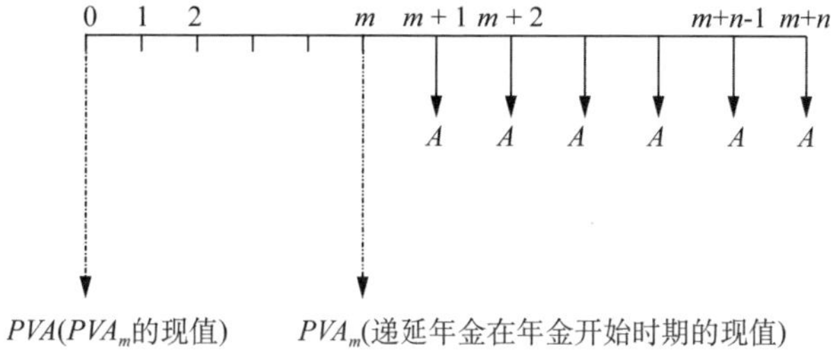

图 4-10　递延年金现值的计算示意图

设每年收付的金额为 A，利率为 i，收付的期数为 n，递延的期数为 m，计算递延年金在 0 时点的价值。

计算方法一：

先求出递延年金在 n 期期初(第 m 期) 的现值 PVA_m，再将其作为终值贴现到第一期期初 0 时点，计算出现值 PVA。计算公式如下：

$$PVA = A \times (P/A, i, n) \times (P/F, i, m) \quad (4\text{-}21)$$

计算方法二：

假设在递延期内也进行收付，这样，补充以后的年金是一个完整的 $(m+n)$ 期的普通年金，补充部分的年金也是一个 m 期的普通年金。因此，递延年金的现值可以用$(m+n)$ 期普通年金现值减去 m 期普通年金现值得到。计算公式如下：

$$PVA = PVA_{m+n} - PVA_m = A \times (P/A, i, m+n) - A(P/A, i, m) \quad (4\text{-}22)$$

【例 4-9】 已知 $A=1\ 000$ 元，$i=10\%$，$n=4$，$m=2$，计算递延年金现值。

解：第一种方法：

根据延期年金计算公式(4-21)计算得：

$$PVA = A(P/A, i, n)(P/F, i, m) = 1\ 000 \times (P/A, 10\%, 4)(P/F, 10\%, 2)$$
$$= 1\ 000 \times 3.169\ 9 \times 0.826\ 4 = 2\ 619.60(\text{元})$$

第二种方法：

根据延期年金计算公式(4-22)计算得：

$$PVA = PVA_{m+n} - PVA_m = A \times (P/A, i, m+n) - A(P/A, i, m)$$
$$= 1\ 000(P/A, 10\%, 6) - 1\ 000(P/A, 10\%, 2)$$
$$= 1\ 000 \times 4.355\ 3 - 1\ 000 \times 1.735\ 5 = 2\ 619.80(\text{元})$$

(四) 永续年金终值和现值的计算

永续年金(Perpetuity)是指无限期支付的年金。现实中无期限的存本取息、优先股股利均可视为永续年金的例子。由于永续年金没有终止时间，也就无法计算终值。其现值的计算公式可由普通年金现值的计算公式推导得出，即：

$$PVA_n = A \times \frac{1-(1+i)^{-n}}{i} \quad (4\text{-}23)$$

当 $n \to \infty$ 时，$(1+i)^{-n}$ 的极限趋近于零，故永续年金计算公式如下：

$$PVA_m = A \times \frac{1}{i} \quad (4\text{-}24)$$

【例 4-10】 某企业准备在某大学建立一项基金，用于资助贫困学生顺利完成学业，每年计划发放 50 万元，如果利率为 5%，则该企业现在应一次性存入多少资金？

解：根据永续年金计算公式计算得：

$$50 \times \frac{1}{5\%} = 100(\text{万元})$$

因此，该企业现在应一次性存入 100 万元。

四、时间价值计算中的几个特殊问题

(一) 折现率的计算

在复利终值、现值的计算公式中，有四个变量 FV、PV、i、n。在前面的内容中，我们假设在 i、n 给定的条件下，当 FV、PV 有一个是已知的情况下，我们就可以求解另一个值。在这里，我们假设 FV、PV、n 给定，来求解折现率 i，求解方法一般采用插值法。

【例 4-11】 某人现有 10 000 元，拟存入银行 6 年，银行复利计息，希望到时能获得

20 000 元，问银行利率为多少时能够满足该储户的要求？

解： 据复利终值计算公式(4-4)计算得：

$$FV=PV(F/P,\ i,\ n)\Rightarrow 20\ 000=10\ 000(F/P,\ i,\ 6)\Rightarrow(F/P,\ i,\ 6)=2.0$$

在"复利终值系数表"中查找 $n=6$ 时复利终值系数最为接近 2.0 的两个现值系数所对应的利率水平，查表的结果如下：

$$(F/P,\ 12\%,\ 6)=1.973\ 8$$
$$(F/P,\ i,\ 6)=2.0$$
$$(F/P,\ 13\%,\ 6)=2.082\ 0$$

根据以上三个系数值，我们可以判断，所要求的银行利率水平应该在 12%和 13%之间。假设系数值和折现率水平呈线性关系，进一步用插值法求解，我们可以上述三个系数为基础，建立一个一元一次方程：

$$\frac{i-12\%}{13\%-12\%}=\frac{2.00-1.973\ 8}{2.082\ 0-1.973\ 7}$$

$$i=12\%+\frac{2.00-1.973\ 8}{2.082\ 0-1.973\ 8}\times(13\%-12\%)=12.48\%$$

即当银行的存款利率达到 12.48%时，该储户可以实现其目标。

同理，在年金终值、年金现值的计算公式中，有四个变量 FVA、PFA、i、n，当已知 PVA、A、n 或 FVA、A、n 的条件下，我们也可以采用插值法求解折现率 i，这里不一一举例。

（二）期数的计算

在复利终值、现值的计算公式中，假设 FV、PV、i 给定，来求解计息期数 n，求解方法一般采用插值法。

【例 4-12】 某人现有 10 000 元，拟投资于报酬率为 15%的项目，经多少年以后才能获得 40 000 元？

解： 根据复利终值的计算公式(4-5)计算得：

$$FV=PV(F/P,\ i,\ n)\Rightarrow 40\ 000=10\ 000(F/P,\ 15\%,\ n)\Rightarrow(F/P,\ 15\%,\ n)=4.0$$

在"复利终值系数表中"查找 i 等于 15%时复利终值系数最为接近 4.0 的两个终值系数所对应的计息期数，查表的结果为：

$$(F/P,\ 15\%,\ 9)=3.517\ 9$$
$$(F/P,\ 15\%,\ n)=4.0$$
$$(F/P,\ 15\%,\ 10)=4.045\ 6$$

用插值法求解，我们可以上述三个系数为基础，建立一个一元一次方程：

$$\frac{n-9}{10-9}=\frac{4.0-3.517\ 9}{4.045\ 6-3.517\ 9}\Rightarrow n=9+0.9=9.9(\text{年})$$

(三) 名义年利率与实际年利率

以上我们在计算复利现值和复利终值时，假设复利的计息期为一年。在实际理财过程中，复利的计息期有可能是半年、一个季度、一个月，甚至一天。例如，股利每半年支付一次，债券利息每季度支付一次等。当计息期短于1年，而使用的利率又是名义年利率时(Nominal Interest Rate)，可以计算出实际年利率(Effective Annual Interest Rate)。

假设：r 代表名义年利率，m 代表1年内的计息次数，i 代表实际年利率，则 r 与 i 之间的关系为：

$$i=\left(1+\frac{r}{m}\right)^{m}-1 \tag{4-25}$$

由计算公式可以一个推论：在名义年利率一定的情况下，年内计息次数越多，实际年利率越高。

当连续复利时，也即当 m 趋于无穷大时，实际年利率 i 和名义年利率 r 关系如下：

$$i=\lim_{m\to\infty}\left(1+\frac{r}{m}\right)^{m}-1=\lim_{m\to\infty}\left(1+\frac{1}{\frac{m}{r}}\right)^{\frac{m}{r}r}-1=e^{r}-1 \tag{4-26}$$

e等于2.718 28。

【例4-13】 某人准备将10 000元投资3年，年利率12%，每月复利一次。问：第三年年末的本利和是多少？投资的实际年利率是多少？

解： 每月复利一次，3年复利次数=12×3=36(次)

每月复利一次，每次利率$=\frac{12\%}{12}=1\%$

则第3年年末的本利和为：

$$FV=10\ 000\times(1+1\%)^{36}=14\ 307.68(\text{元})$$

投资的实际年利率为：

$$i=\left(1+\frac{12\%}{12}\right)^{12}-1=12.68\%$$

【例4-14】 某公司因业务需要向银行贷款1 000万元，银行贷款利率为6%，贷款期限为1年，银行要求：①一年复利计息一次；②一年复利计息两次；③一年复利计息四次；④一个月复利计息一次；⑤一天复利计息一次；⑥连续复利计息时，公司负担的实际年利率各为多少？

解： 根据实际年利率与名义年利率的换算公式(4-25)计算得：

① 在一年复利一次的情况下，实际年利率等于名义年利率。

② 在一年复利两次的情况下，根据式(4-25)计算得：

$$i=\left(1+\frac{6\%}{2}\right)^{2}-1=(1+3\%)^{2}-1=6.09\%$$

即一年复利两次的情况下，公司实际年利率为6.09%。

③ 在一年复利四次的情况下，根据式(4-25)计算得：

$$i=\left(1+\frac{6\%}{4}\right)^{4}-1=(1+1.5\%)^{4}-1=6.14\%$$

即在一年复利四次的情况下，公司实际年利率为6.14%。

④ 在一月复利一次的情况下，根据式(4-25)计算得：

$$i=\left(1+\frac{6\%}{12}\right)^{12}-1=(1+0.5\%)^{12}-1=6.17\%$$

即在一月复利一次的情况下，公司实际年利率为6.17%。

⑤ 在一日复利一次的情况下，根据式(4-25)计算得：

$$i=\left(1+\frac{6\%}{360}\right)^{360}-1=(1+0.017\%)^{360}-1=6.18\%$$

即在一日复利一次的情况下，公司实际年利率为6.18%。

⑥ 在连续复利的情况下，根据式(4-26)计算得：

$$i=[e^{r}-1]\times 100\%=[e^{0.06}-1]\times 100\%=6.18\%$$

即在连续复利的情况下，公司实际年利率为6.18%。

第三节 货币时间价值的应用

一、净现值决策规则

资产或投资项目净现值的计算是货币时间价值的一项重要应用。一项资产的价值是由该资产所产生的未来现金流量的现值来决定的。资产的购买决策或项目投资决策可根据净现值决策规则进行。市场上该资产的购买价格，即资产的购置成本，以此作为资产价值。一项资产未来现金流量的现值与资产购置成本的差，就是净现值(Net Present Value, NPV)。对于特定投资方案来说，该方案在未来各期的净现金流量的现值之和，减去初始投资后的余额，就是净现值。投资决策的净现值规则为：在只有一个备选方案的采纳与否决策中，净现值为正则采纳，净现值为负则不采纳。有关项目投资管理的具体内容，请参阅本书第六章。

净现值在财务管理中是一个应用非常广泛的概念，几乎企业重要的财务决策都要应用净现值来进行评价。净现值可以用于计量企业财务决策的价值创造或价值损失。净现值是以正常市场收益为基准来计量的。因此，净现值为零并不意味着投资没有收益，而是表明该项投资获得正常收益。对一项收益低于正常收益的决策来说，其净现值将小于零，为负值。正的净现值表示决策的收益大于正常收益。从公司价值最大化目标出发，企业的决策总是寻求净现值大于零的投资。

二、分期偿还信贷

年金现值计算是现实中应用非常广泛的计算方式。其中,一个非常重要的用途就是决定分期还贷中的每期等额还款数额。每期等额还款数额包括上期应付利息以及本期分摊的本金。还款期数可以按年、半年、季度、甚至月来计算。分期偿还贷款广泛应用于居民住房抵押贷款、汽车贷款、各类消费贷款等等。

【例 4-15】 王先生计划通过汽车贷款来购置汽车,与银行约定贷款金额为 10 万元,期限为 5 年,在贷款期限内,银行通过王先生提供的银行账户每年年末进行扣款,银行汽车贷款利率为 6%,现在要确定王先生每年年末需要支付款项的数额,在每期款项支付后,王先生剩余未偿还贷款的余额状况。

解: 该问题实际上是一个年金现值计算问题,每年年末偿付的金额即为普通年金数额,贷款金额为 5 年所付款项的现值。根据普通年金现值计算公式(4-16)计算得:

$$PVA = A(P/A, i, n)$$

$$10\,000 = A(P/A, 6\%, 5) = A \times 4.212\,4$$

$$A = 23\,739(元)$$

每期偿付后的未付贷款余额状况如表 4-2 所示。其中,第 5 年应摊销本金为 22 399 元,应付利息=23 739-22 399=1 340(元)。

表 4-2 每期偿付金额中的本金、利息以及未付贷款余额状况

时间(期)	每期偿付数(1)	每期应付利息*(2)	当期应摊销的本金(3)=(1)-(2)	未摊销的贷款余额(4)
0	—	—	—	100 000
1	23 739	6 000	17 739	82 261
2	23 739	4 936	18 803	63 458
3	23 739	3 807	19 932	43 526
4	23 739	2 612	21 127	22 399
5	23 739	1 340	22 399	0
合计	118 695	18 695	100 000	—

* 每期应付利息=未付金额×6‰。

三、几项约定

对货币时间价值的计算和财务决策分析,我们作了一些约定,了解这些约定对正确理解课程内容是非常重要的。

(1) 现金流量发生于每一计息期间的期末。除非有特殊的说明,现金流量发生于每一计息期间的期末。

(2) 现金流出是负价值。从投资决策者的立场来看,正的现金流量是流入,负的现金流量是流出。

(3) 决策点为 $t=0$ 时。除非有特别说明,"现在"是指在 $t=0$ 之前的一瞬间。这样,$t=0$ 的现金流量(流入和流出)是即将要发生的。换句话说,你现在仍能作决策影响它们。

(4) 复利的次数与利息支付的次数相一致。复利的次数与利息支付的次数是一致的。如果利息是按月支付,则复利是按月计算的。

本章小结

1. 货币时间价值是指货币经历一定时间的投资和再投资所增加的价值,是扣除风险报酬和通货膨胀贴水后的真实报酬率。

2. 货币时间价值有两种表现形式,即时间价值率和时间价值额。

3. 单利计息是指只按本金计算利息,而利息部分不再计息的一种方式。

4. 复利是指不仅本金计算利息,利息也在下期转为本金与原来的本金一起计息的一种方式。复利俗称"利滚利",货币时间价值一般都是按复利的方式计算的,货币时间价值按复利计算是建立在资金再投资这一假设基础之上的。

5. 复利终值又称未来值,是指若干期后包括本金和利息在内的未来价值,又称本利和。复利现值是指以后年份收到或支出资金的现在价值,可用倒求本金的方法计算。

6. 年金是指每隔相等的期限按相同的金额发生的款项。年金按付款方式分为以下四种类型:普通年金(或称后付年金)、预付年金(或称先付年金)、延期年金(或称递延年金)、永续年金。

7. 普通年金也称后付年金,是指每期期末等额收付款项的年金;预付年金也称先付年金或即付年金,是指在一定时期内,每期期初等额的系列收付款项;递延年金也称延期年金,是指在最初若干期(m 期)没有收付款项的情况下,后面若干期(n 期)有等额的系列收付款项的年金;永续年金指无限期支付的年金。

8. 货币时间价值计算中还有一些特殊问题,如折现率的计算、计息期数的计算、名义年利率与实际年利率的关系等。

9. 货币时间价值的应用在现实中非常广泛,如资产或投资项目净现值的计算、分期偿还信贷等。

思考题

1. 什么是货币时间价值？如何理解这一概念？
2. 什么是复利？单利和复利有何区别？
3. 什么是年金？它有几种形式？
4. 普通年金和预付年金有何区别和联系？

练习题

一、单选题

1. A公司向银行贷款100万元，名义年利率为8%，银行要求半年复利一次，则该项贷款的实际年利率为（　　）。

   A. 8%　　B. 8.16%　　C. 8.18%　　D. 8.2%

2. 如果（P/F，6%，n）=0.705，则（P/A，6%，n）的值为（　　）。

   A. 1.42　　B. 6.14　　C. 28.42　　D. 4.92

3. 现借入年利率为10%的4年期贷款10 000元，此项贷款在4年内等额偿还，偿付时间是每年年末，则每年应偿付（　　）。

   A. 3 154.67元　　B. 3 169.9元　　C. 3 172.14元　　D. 3 200元

4. 利率8%的预付年金1 000元分别发生于第1年年初、第2年年初、第3年年初，则其现值为（　　）。

   A. 2 828.6元　　B. 3 000元　　C. 2 783.3元　　D. 2 886.35元

5. 货币时间价值是（　　）。

   A. 货币经过投资后所增加的价值
   B. 没有风险情况下的社会平均资金利润率
   C. 没有通货膨胀情况下的利率
   D. 没有通货膨胀和风险条件下的社会平均资金利润率

6. 下列关于复利现值的说法中，错误的是（　　）。

   A. 在其他条件不变的情况下，贴现率越高，计息期数越多，则现值系数越小
   B. 在其他条件不变的情况下，贴现率越低，计息期数越少，则现值系数越小
   C. 复利现值是指以后年份收到或支出资金的现在价值
   D. 在计算现值时所用的利息率叫做贴现率，贴现率也就是资本机会成本

7. 下列关于普通年金的说法中，正确的是（　　）。

   A. 无限期支付的年金
   B. 在最初若干期没有收付款项的情况下，后面若干期有等额的系列收付款项的年金
   C. 在一定时期内每期期初等额收付款项的年金
   D. 在一定时期内每期期末等额收付款项的年金

二、多选题

1. 下列表述中正确的有（　　）。

   A. 货币时间价值有两种表现形式，即时间价值率和时间价值额
   B. 复利是指不仅本金计算利息，利息也在下期转为本金与原来的本金一起计息的一种方式
   C. 复利现值系数，也称1元的复利现值，用符号（F/P，i，n）表示
   D. 在其他条件不变的情况下，利率越高、计息期数越多，则复利终值系数越大，反之越小

2. 年金按付款方式不同，可分为下列哪些类型（　　）。
   A. 普通年金　　B. 预付年金
   C. 递延年金　　D. 永续年金
3. 若名义年利率为 r，一年复利 2 次，则下列关于实际年利率 i 的说法中，正确的有（　　）。
   A. 大于 r　　B. 小于 r
   C. $i=\left(1+\frac{r}{2}\right)^2-1$　　D. 是 r 的 2 倍
4. 预付年金的期数为 n，折现率为 i，等额款项为 A，则其现值的说法中，正确的有（　　）。
   A. $PVAD_n=A\times[(P/A, i, n-1)+1]$
   B. $PVAD_n=A\times[(P/A, i, n+1)-1]$
   C. $PVAD_n=A\times\left[\frac{1-(1+i)^{-(n-1)}}{i}+1\right]$
   D. $PVAD_n=A\times\left[\frac{1-(1+i)^{-(n-1)}}{i}-1\right]$
5. 递延年金每年收付的金额为 A，利率为 i，发生期数为 n，递延的期数为 m，则其现值为（　　）。
   A. $PVA=A\times(P/A, i, m+n)$
   B. $PVA=A\times(P/A, i, n)\times(P/F, i, m)$
   C. $PVA=PVA_{m+n}-PVA_m=A\times(P/A, i, m+n)-A(P/A, i, m)$
   D. $PVA=PVA_{m+n}-PVA_m=A\times(P/A, i, m)-A(P/A, i, n)$

三、判断题

1. 在名义年利率一定的情况下，年内计息次数越多，实际年利率越高。（　　）
2. 银行存款利率、银行贷款利率、各种债券利率、股票的股利率等都可以看作是货币时间价值率。（　　）
3. 单利计息是指只按本金计算利息，而利息部分不再计息的一种方式。（　　）
4. 在其他条件不变的情况下，利率越高，计息期数越多，则复利终值系数越小，反之越大。（　　）
5. 分期还贷中的每期等额还款数额就是本期分摊的应还本金。（　　）
6. 永续年金的终值就是普通年金的终值。（　　）
7. 投资决策的净现值规则是：在只有一个备选方案的采纳与否决策中，净现值为正者则采纳，净现值为负者不采纳。（　　）

四、计算与分析题

1. 计算下列各小题的结果：
   (1) 为引进一个新项目，XY 企业向银行借款 600 万元，借款期 5 年，年利率 13%。请问到期后企业向银行还本付息共计多少万元？
   (2) A 企业进行一项一次性投资，期望 10 年后能获得一次性总收入 10 000 万元，若年利率为 18%，请问企业现在需要一次性投资多少元？

(3) B 企业的一项投资预计每年年末可获得收益 80 万元，若年复利率为 12%，请问 5 年后该企业获得的总收益是多少万元？

(4) C 企业拟向银行存入一项基金，该基金每年年末使用 10 万元，共使用 10 年，若年复利率为 15%，请问企业应向银行存入多少钱？

2. A 银行可提供 2 年期定期存款服务，名义年利率为 4%，该存款每季计息一次；B 银行同样可提供 2 年期定期存款服务，名义年利率为 3.9%，该存款每月计息一次。李先生手上有现金 100 万元，请问他应选择哪一家银行储蓄？

3. 于先生打算为其刚出生的儿子储蓄大学教育经费，假设于先生的儿子将在 18 岁上大学，届时将需要 50 万元。若王先生打算从今年开始，连续 18 年，每年存一笔固定金额的钱。若年利率为 5%，请问于先生每年应存多少钱？

4. 黄小姐通过向银行按揭贷款方式购入自有住房，与银行约定，贷款金额为 40 万元，贷款期限为 20 年，采用等额偿还法偿还贷款，该款项由银行每月月末从王先生指定的银行账户上扣款，银行贷款年利率为 6%，请问黄小姐每月偿付的款项为多少？

5. X 公司从熊猫租赁公司租入一设备，设备价款及各项费用合计 500 万元，合同期为 8 年，合同规定 X 公司每年年末支付租金，合同期满后，该设备归 X 公司所有，设备净残值为 0，现市场利率为 6%。请问：

(1) X 公司每期支付的租金为多少？

(2) 如果合同规定 X 公司须于每年年初支付租金，那么 X 公司每期支付租金应为多少？

6. Y 企业投资一个项目，该项目投资额 3 000 万元，分 3 年投入，每年年初投入 1 000 万元。项目建成后，第 4 年开始产生收益，每年产生的现金流量为 800 万元，可连续 6 年。若折现率为 10%，请问：

(1) 该项目产生的现金流量的现值为多少？

(2) 项目净现值为多少？

本章案例： 印第安人以 24 美元出售曼哈顿岛是真傻还是精明？

曼哈顿岛原是印第安人居住地。1626 年，荷属美洲新尼德兰省总督彼得·米纽伊特花了大约 24 美元从印第安人手中买下了曼哈顿岛，该岛靠近哈得孙河口，称为“新阿姆斯特丹”。1664 年，此地被英国夺占，改名纽约，其范围扩大到邻近陆地和长岛等处。1789 年，第一任美国总统华盛顿在此就职。1825 年，伊利运河开通，纽约到五大湖地区有了全年通航的水道，沟通了美国中西部与大西洋沿岸的经济联系，使纽约处于对内对外贸易的重要交接点上。随着“纽约中央铁道”及多条铁路和公路的兴建，纽约经济日益繁盛，纽约成为世界性的大城市和港口。

如今，曼哈顿岛是当今世界上最繁华的岛之一。曼哈顿岛是位于纽约市中心部位的岛屿，介于哈得孙河和东河之间，为纽约市五个区中最小的曼哈顿区。它长 20 千米，宽 4 千米，面积为 57.7 平方千米。前寒武纪古老坚硬的片岩出露地表，为高层建筑提供了基础。曼哈顿岛是纽约市金融、商业中心地，南端的华尔街是许多大银行、大交易所和大垄断组织的聚集中心。联合国总部设于东河西岸。百老汇、华尔街、帝国大厦、格林威治村、中央公园、大都会艺术博物馆、大都会歌剧院等名胜也都集中在曼哈顿岛。现在曼哈顿岛的房地产价值大约值2.5万亿美元。

再回到1626年,起初曼哈顿岛的印第安人只是为了换回一些只值24美元的小珠子和小饰物,就把他们所拥有的整个曼哈顿岛卖给了一群新来的移民。几百年来,由于这桩交易,当初的印第安人已经成了大家耻笑的对象。印第安人是否真的愚蠢?如果转换一下思路,我们就会发现彼得·米纽伊特也许并没有占到便宜。当时,如果印第安人拿着这24美元存入银行,按照美国近50年来的平均存款年利率7%计算,到2014年,24美元将变成60 411亿美元,远远高于曼哈顿岛的价值2.5万亿美元。如此看来,印第安人是精明的生意人。

资料来源:中国证券网。

案例思考题

1. 该案例中,是什么神奇的力量让资产实现了翻倍增长?

2. 现实生活中,还有哪些与该案例类似的经典例子?

分析思路

1. 该案例中,是什么神奇的力量让资产实现了翻倍增长?

分析思路:答案是复利。长期投资的复利效应将实现资产的翻倍增值。一个不大的基数,以一个即使很微小的量增长,假以时日,都将膨胀为一个庞大的天文数字。那么,即使以24美元为起点,经过一定的时间之后,你也一样可以买得起曼哈顿这样的超级岛屿。也许300多年的时间对我们来说太长,但是对于那些善于利用复利的递增效应赚钱的投资者来说,一个时间段内他们也一样可以积累可观的财富。以投资为例来说,如果从20岁开始,我们每个月拿出100元去投资,以后每个月都不间断地投入100元,也就是我们常说的定投,按照每年10%的投资收益计算,到60岁的时候,我们就会有637 800元。100元的起点,相信对很多投资者来说应该都不是一个问题,但是却能累积成60多万元的存款。

2. 现实生活中,还有哪些与该案例类似的经典例子?

分析思路:爱因斯坦曾经说过,复利是世界第八大奇迹,其威力比原子弹更大。人类历史上的天才科学家为何对复利如此推崇,许多人不知道。现实中,与本文案例类似的经典例子还有很多。在印度有一个古老的传说:舍罕王打算奖赏国际象棋的发明人——宰相西萨·班·达依尔。国王问他想要什么,他对国王说:“陛下,请您在这张棋盘的第1个小格里,赏给我1粒米,在第2个小格里给2粒,第3小格给4粒,以后每一小格都比前一小格加一倍。请您把这样摆满棋盘上所有的64格的米粒,都赏给我吧!”那么,国王究竟需要付出多少米粒?答案是18 446 744 073 709 600 000粒米,至少相当于中国1 000年的粮食产量,按照今日国际米价来算,即便是世界三大富豪的财富还不足其总数的1%。例如,靠一张白纸能否到达月球?答案是能!如果你能够找到一张足够大的纸,并且将其对折44次,其厚度就可以到达月球。

第五章　有价证券定价

学习要点

- □ 有价证券定价原理与模型
- □ 债券定价与计算
- □ 股票定价原理与方法
- □ 股票估值计算模型

投资者之所以愿意持有像股票、债券这一类的资产，是由于投资者希望通过所持有的资产获得未来收益。未来的收益不可能免费获得，投资者必须先拿出现金来购买这些未来的收益，这个过程就是投资行为。因此，对投资者而言，要持有这类资产则必须支付相应的成本。这些支付的成本用财务专业术语讲就是有价证券的价格。那么，这类资产的价格是如何确定的呢？在一个有效市场环境下，投资者持有资产的未来收益应该和投资者现在支付的成本保持一致。由于资产的未来收益分布于未来的不同时点上，根据我们前面所学的内容，不同时点的货币金额是不能简单加总和对比的，需要把不同时点上的货币量转换到同一时点上进行对比和加总，因此，分布于未来不同时点上的收益，需折现至现在的时点，即未来收益现值。这一未来收益的现值，决定了投资者持有该资产所愿意支付的现时成本，即资产的价值，资产的价值是由该资产的未来收益现值来决定的。因此，要确定资产的价值，必须要确定资产未来的收益以及分布。

学习第五章时，我们会应用第四章所介绍的货币时间价值方法对有价证券进行定价。本章共分三节内容。第一节介绍有价证券的概念、基本类型以及定价的基本原理与方法；第二节介绍了债券的定价方法，我们先介绍了债券的特征，根据债券未来收益分布的特征我们介绍债券的定价方法，针对债券的市场交易价格特征确定持满到期收益率的计算方法和调整计息方式后的债券定价问题；第三节介绍了股票特征及股票定价的基本方法，通过对股票收益的特点分析，确定了股票价值计量的基本原理与方法，并根据对未来股利的假设，介绍了三种与股利假设相对应的股票定价模型。

第一节 有价证券定价原理与模型

一、有价证券及类型

(一) 有价证券

有价证券是一种具有一定票面金额,证明持券人有权按期取得一定收入,并可自由转让和买卖的所有权或债权证书,通常简称为证券,主要形式有股票和债券两大类。其中,债券又可分为公司债券、国家公债和不动产抵押债券等。有价证券本身并没有价值,只是由于它能为持有者带来一定的股息或利息收入,因而可以在证券市场上自由买卖和流通,客观上具有了交易价格。

(二) 有价证券的范围

从证券法的角度,证券实际上有三个层面的意义。一是广义的证券,即记载和代表一定权利的书面凭证,包括无价证券和有价证券两种。二是一般的证券,即记载和表示一定财产权利的书面凭证,也就是通常意义上所说的有价证券,包括商品证券、货币证券和资本证券。三是狭义的证券,即应纳入证券法调整范围的特定的有价证券——资本证券,主要包括股票、金融债券、企业债券、公司债券、投资基金券、新股认购证等。本书所涉及的有价证券是指纳入证券法调整范围的特定有价证券。

证券法毫无疑问应当以有价证券为其规范对象,但有价证券的范围十分广泛,不必要也不可能将所有的有价证券全部纳入证券法的调整范围,证券法只能够是以有价证券中的资本证券作为自己的规范对象。但在不同的国家以及在一个国家的不同时期,由于经济发展的水平和立法政策的不同,没有必要也不可能强求证券法规范对象的整齐划一。依照《中华人民共和国证券法》(以下简称《证券法》)总则第 2 条的规定,纳入我国《证券法》范围的证券是指在中国境内发行与交易的股票、公司债券、存托凭证和国务院依法认定的其他证券。这一规定意味着应由证券法进行规范的证券主要是股票和债券。

概括起来来看,我国现阶段列入证券法范围的证券主要有以下几类。

1. 股票

股票是依法成立的股份有限公司向股东发行的证明其股东权利的一种书面凭证。虽然是一种书面凭证,但由于科学技术的进步和发行公司的某些特别考虑,股票并不都表现为纸面形式,还可使用纸张以外的其他材料,如历史上曾经出现过的以纺织品为材质的股票以及现代以半导体为材质的电子股票。股票作为证券法规范的对象,目前在很大程度上是指向社会公开发行的股票或进入证券法所规范的证券市场进行交易的股票。由于我国证券市场尚未对外国(或境外)公司发行的股票开放,故现阶段外国(或境外)公司发行的股票还不属于我国《证券法》调整的范围,但本国公司在境外发行和上市的股票则必须受我国《证券法》的规范。

2. 债券

债券是指发行人出于举债的目的依照法定条件和程序发行的,约定在一定期限后向持券人还本付息的一种书面凭证,主要包括政府债券、金融债券、公司债券和企业债券。但政府债券、金融债券和企业债券的发行与交易,往往并不适用《证券法》的规定,而是由法律、行政法规另行规范,《证券法》主要规范的是公司债券的发行与交易。但无论何种形式的债券,一旦在证券交易所上市交易,则都应纳入证券法的管制范围。

除了股票和债券外,根据《证券法》的规定,存托凭证也属于《证券法》监管的有价证券。存托凭证(Depository Receipt, DR)是指在一国证券市场流动的代表外国公司有价证券的可转让凭证,由存托人签发、以境外证券为基础在境内发行、代表境外基础证券权益的证券。按其发行或交易地点之不同,存托凭证被冠以不同的名称,如美国存托凭证(American Depository Receipt, ADR)、欧洲存托凭证(European Depository Receipt, EDR)、全球存托凭证(Global Depository Receipts, GDR)、中国存托凭证(Chinese Depository Receipt, CDR)等。中国存托凭证具体是指境外(包含中国香港)上市公司将部分已发行上市的股票托管在当地保管银行,并发行由中国境内的存托银行发行、在境内A股市场上市、以人民币交易结算、供国内投资者买卖的投资凭证,从而实现股票的异地买卖。

(三) 有价证券的基本特征

1. 产权性

证券的产权性是指有价证券记载着权利人的财产权内容,代表着一定的财产所有权,拥有证券就意味着享有财产的占有、使用、收益和处分的权利。在现代经济社会里,财产权利和证券已密不可分,财产权利与证券两者融合为一体,权利证券化。虽然证券持有人并不实际占有财产,但可以通过持有证券,在法律上拥有有关财产的所有权或债权。

2. 收益性

收益性是指持有证券本身可以获得一定数额的收益,这是投资者转让资本使用权的回报。证券代表的是对一定数额的某种特定资产的所有权或债权,而资产是一种特殊的价值,它要在社会经济运行中不断运动,不断增值,最终形成高于原始投入价值的价值。由于这种资产的所有权或债权属于证券投资者,投资者持有证券也就同时拥有取得这部分资产增值收益的权利,因而证券本身具有收益性。有价证券的收益表现为利息收入、红利收入和买卖证券的差价。收益的多少通常取决于该资产增值数额的多少和证券市场的供求状况。

3. 流通性

证券的流动性又称变现性,是指证券持有人可按自己的需要灵活地转让证券以换取现金。流通性是证券的生命力所在。证券的期限性约束了投资者的灵活偏好,但其流通性以变通的方式满足了投资者对资金的随机需求。证券的流通是通过承兑、贴现、交易实现的。证券流通性的强弱,受证券期限、利率水平及计息方式、信用度、知名度、市场便利程度等多种因素的制约。

4. 风险性

证券的风险性是指证券持有者面临着预期投资收益不能实现,甚至使本金也受到损失的可能。这是由证券的期限性和未来经济状况的不确定性所致。在现有的社会生产条件下，未来经济的某些发展变化是投资者可以预测的，而有些则无法预测，因此，投资者难以确定他所持有的证券将来能否取得收益和能获得多少收益，从而就使持有证券具有风险。

(四) 有价证券的基本功能

证券是资本的运动载体，它具有以下两个基本功能。

1. 筹资功能

筹资功能是指筹资主体可以通过发行有价证券为经济的发展筹措资本。通过证券筹措资本的范围很广，社会经济活动的各个层次和方面都可以利用证券来筹措资本。如企业通过发行证券来筹集资本、国家通过发行国债来筹措财政资金等。

2. 资本配置功能

资本配置功能是指通过有价证券的发行与交易，按价值最大化的原则对资本进行分配。资本是一种稀缺资源，如何有效地分配资本是经济运行的根本目的。证券的发行与交易起着自发地分配资本的作用。发行证券可以吸收社会上闲置的货币资本，使其重新进入经济系统的再生产过程而发挥效用。证券的交易是在价格的诱导下进行的，而价格的高低取决于证券的价值。证券的价值又取决于其所代表的资本的实际使用效益，所以，资本的使用效益越高，就越能从市场上筹集资本，使资本的流动服从于效益最大化的原则，最终实现资本的优化配置。

(五) 债券和股票的区别

1. 发行主体不同

债券作为一种筹资手段，无论是国家、地方公共团体还是企业，都可以发行债券，而股票则只有股份制企业才可以发行。

2. 收益稳定性不同

从收益方面看，债券在购买之前，利率已定，到期就可以获得固定利息，而不管发行债券的公司经营获利与否，只要公司有支付能力。股票一般在购买之前不定股息率，股息收入随股份公司的盈利情况而定，盈利多就多得，盈利少就少得，无利就不得。

3. 保本能力不同

从本金方面看，债券到期可回收本金，也就是说连本带利都能得到，如同放债一样。股票则无到期之说。股票本金一旦交给公司，就不能再收回，只要公司存在，就永远归公司支配。公司一旦破产，还要看公司剩余资产清盘状况，有时甚至连本金都会损失掉，小股东特别有此可能。

4. 经济利益关系不同

债券和股票实质上是两种性质不同的有价证券。二者反映着不同的经济利益关系。债券所表示的只是对公司的一种债权，而股票所表示的则是对公司的所有权。权属关系不同，就决定了债券持有者无权过问公司的经营管理，而股票持有者，则有权直接或间接地参与公司的经营管理。

5. 风险性不同

债券是结构型固定投资，其交易转让的周转率比股票低得多，股票的交易转让周转率高，市场价格变动幅度大，可以暴涨暴跌，安全性低，风险大，但却有可能获得很高的预期收入，因而能够吸引不少投资者进行股票买卖交易。

二、有价证券的收益与定价原理

有价证券是标有票面金额，证明持券人有权按期取得一定收入并可自由转让和买卖的所有权或债权凭证，这类证券本身没有价值，但由于它代表着一定量的财产权利，持有者可凭以直接取得一定量的商品、货币，或是取得利息、股息等收入，因而可以在证券市场上买卖和流通，客观上具有了交易价格。影响有价证券价格的因素很多，主要是预期收入和市场利率，因此，有价证券价格实际上是资本化了的收入。

根据资产未来收益现值的估值方法，要对有价证券进行定价，或者说是投资者愿意以什么样的成本持有有价证券，其关键是需要预计持有有价证券能给投资者所带来的未来预期收益及其分布，以及投资者对这一未来收益所进行折现的必要收益率的估计，通过对有价证券的未来收益折现现值的计算，我们即可确定所持有有价证券的价值。按照有价证券的未来收益现值的定价原理，我们用 CF_t 表示未来第 t 年的现金收入，未来的收益期限为 n 期，投资者对投资的必要收益率为 r，则该有价证券内在价值的定价模型为：

$$P_0=\sum_{t=1}^{n}\frac{CF_t}{(1+r)^t} \tag{5-1}$$

第二节　债券定价与计算

根据上节有价证券的定价原理与模型式(5-1)，要对有价证券进行定价，首先需要知道有价证券未来收益的大小和分布，以及投资者对此资产所要求的必要收益率水平。债券作为有价证券中的一种类型，要确定债券的价值一样需要两项内容，一是债券的未来收益及分布，二是投资者要求的必要收益率。下面我们就介绍债券的未来收益及分布特征，以及在此基础上的定价方法。

一、债券的现金流量

(一) 债券的含义

债券是政府、金融机构、工商企业等机构直接向社会借债筹措资金时，向投资者发行，并且承诺按一定利率支付利息并按约定条件偿还本金的债权债务凭证。债券的本质是债的证明书，具有法律效力。债券购买者与发行者之间是一种债权债务关系，债券发行人即债务人，投资者(或债券持有人)即债权人。

债券是一种有价证券，是社会各类经济主体为筹措资金而向债券投资者出具的，并且承诺按一定利率定期支付利息和到期偿还本金的债务凭证。由于债券的利息通常是事先确定的，所以，债券又被称为固定利息证券。

（二）债券的特性

债券作为一种债券债务凭证，与其他有价证券一样，也是一种虚拟资本，而非真实资本，它是一种代表经济运行中实际运用的真实资本的证书。债券作为一种重要的融资手段和金融工具，具有如下特征。

1. 偿还性

债券一般都规定有偿还期限，发行人必须按约定条件偿还本金并支付利息。

2. 流通性

债券一般都可以在流通市场上自由转让。

3. 安全性

与股票相比，债券通常规定有固定的利率。债券与企业绩效没有直接联系，收益比较稳定，风险较小。此外，在企业破产时，债券持有者享有优先于股票持有者对企业剩余资产的索取权。

4. 收益性

债券的收益性主要表现在两个方面，一是投资债券可以给投资者定期或不定期地带来利息收入：二是投资者可以利用债券价格的变动，买卖债券赚取差额。

（三）债券基本要素

债券是发行人依照法定程序发行的、约定在一定期限向债券持有人还本付息的有价证券。债券是一种债务凭证，反映了发行者与购买者之间的债权债务关系。债券尽管种类多种多样，但是在内容上都要包含一些基本的要素。这些要素是指发行的债券上必须载明的基本内容，这是明确债权人和债务人权利与义务的主要约定，具体包括以下几种。

1. 债券面值

债券的面值是指债券的票面价值，是发行人对债券持有人在债券到期后应偿还的本金数额，也是企业向债券持有人按期支付利息的计算依据。债券的面值与债券实际的发行价格并不一定是一致的，发行价格大于面值称为溢价发行，小于面值称为折价发行，等于面值称为平价发行。

2. 票面利率

债券的票面利率是指债券利息与债券面值的比率，是发行人承诺以后一定时期支付给债券持有人报酬的计算标准。债券票面利率的确定主要受到银行利率、发行者的资信状况、偿还期限和利息计算方法以及当时资金市场上资金供求情况等因素的影响。

3. 付息期

债券的付息期是指企业发行债券后的利息支付的时间。它可以是到期一次支付，也可以是1年、半年或者3个月支付一次。在考虑货币时间价值和通货膨胀因素的情况下，付息期对债券投资者的实际收益有很大影响。到期一次付息的债券，其利息通常是按单利计算的；而年内分期付息的债券，其利息是按复利计算的。

4. 偿还期

债券偿还期是指企业债券上载明的偿还债券本金的期限，即债券发行日至到期日之间的时间间隔。公司要结合自身资金周转状况及外部资本市场的各种影响因素来确定公司债券的偿还期。

（四）投资债券的现金流量

债券投资者为了获得债券的权益，必须按照债券发行者在发行债券时的承诺未来支付的要求，向发行者支付双方均能接受的价格，从而获得该债券的所有权。从双向自愿交易的原则出发，债券的投资者现时愿意支付的价格肯定与未来收回收益的现值之间具有等同性。也就是说，债券的投资者是通过现时付出现金而获得债券未来利息的现金收入的权利；而债券的发行者则通过发行债券承诺的未来利息支付获得债券出售价格的现金收入。两者之间刚好是债券交易的双方。因此，作为债券的投资者来说，其持有债券的现金流量是现时一定数量的现金支出（即债券的购买价格）、未来一定时期内固定期限的约定现金收入（持有债券的利息收入），以及债券到期时债券发行人偿付的债券面值金额。

图 5-1 列示了债券投资者持有债券的现金流量的情况，以及债券的购买价格、债券未来的现金收入和面值偿还的状况。向下的虚线条表示投资者为了获得债券未来的收益的权利，按债券发行价格（B_0）支付一定数量的现金给债券的发行者，向上的粗短线条表示按债券的票面面值以及票面利率计算出来的投资者持有债券按期可收到的利息收入（I），向上较长粗线条表示债券到期将要收回的债券面值（M）。

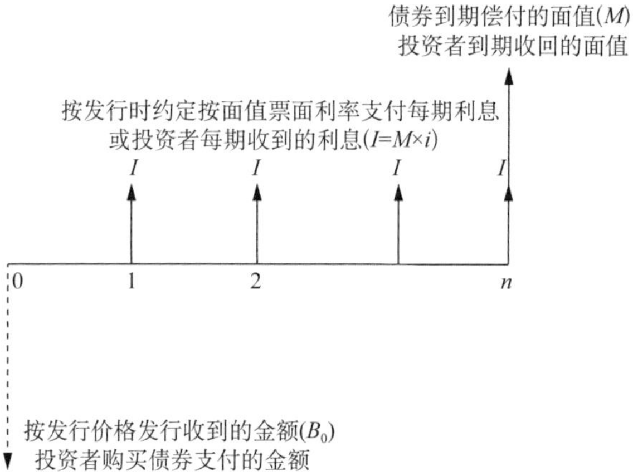

图 5-1　按年计付利息债券的现金流量及分布

二、债券内在价值计算

资产的价值是指所有与资产有关的未来现金流量的现值。债券内在价值即债券未来现金流量现值。根据在上一章所介绍的货币时间价值计算方法，我们可以依据债券的现金流量分布，计算债券的未来现金流量的现值。

拟发行的债券利息以及债券面值是发行公司在未来的现金流出，其按照债券必要收益率（r）折现现值是债券在市场发行时债权人（债券投资者）认可的价格，也是债券发行人（债券筹资者）能够接受的债券市场价格。由于债券未来的利息及面值流入的确定性受发行公司未来对债务利息及债券面值的支付状况的影响，所以投资者对债券的必要收益率与发行该债券的公司的信用等级密切相关。如果发行债券公司的信用等级高，则投资者会要求较低的必要收益率；如果发行债券公司的信用等级较低，则投资者会要求较高的必要收益率。投资者所要求的必要收益率包括无风险收益率、违约风险补偿率以及时间风险补偿率。由于利率的市场化，市场利率的频繁变动，从而使得债券现金流量折现的必要收益率也随之变动，带动债券内在价值的变动。所以债券内在价值在其存续期内并不恒为常数。当投资者对债券要求的必要收益率与债券的票面利率不同时，即市场利率与债券票面利率不同时，债券的价值同票面价值就会产生差异。根据图 5-1 的现金流量状况，利用货币时间价值计算，我们可以得到债券的内在价值 (B_0) 或债券的发行价格（Fair Price of a Fixed-Coupon Bond）的公式如下：

$$B_0 = M \times i \times (P/A, r, n) + M \times (P/F, r, n) \tag{5-2}$$

式(5-2)中，对任何一种债券而言，M、r、n、i 都是可以预先约定好的，它们是给定不再变动的量，因此，债券的内在价值(B_0) 就仅取决于投资者对债券必要收益率所要求的水平。由于现值系数与利率呈反比关系，所以，债券内在价值与必要收益率也呈反比关系，投资者对债券所要求的必要收益率越高，投资者对给定收益债券的内在价值定值就越低；投资者对债券所要求的必要收益率越低，投资者对给定收益债券的内在价值定值就越高。下面我们通过例题来说明债券内在价值与必要收益率的关系。

【例 5-1】 申能公司拟发行面值 1 000 元的企业债券 1 亿元，设定票面利率为 6%，按每年年末计付利息，期限为 5 年。该债券必要收益率为分别为 6%、4%、8%。请确定各不同必要收益率水平下对应债券的内在价值为多少。

根据债券的基本状况，该债券的面值(M)为 1 000 元，债券票面利息为 60 元，期限为 5 年，根据式(5-2)计算可得：

(1) 当对债券的必要收益率为 6%，即 $r=6\%$时，代入式(5-2)得债券的内在价值为：

$$\begin{aligned} B_0 &= 60 \times (P/A, 6\%, 5) + 1\,000 \times (P/F, 6\%, 5) \\ &= 60 \times 4.212\,4 + 1\,000 \times 0.747\,3 \\ &= 1\,000.0 (\text{元}) \end{aligned}$$

根据计算的结果，当要求的收益率(6%)等于票面利率(6%)时，债券未来现金流量的贴现现值(债券的内在价值或债券的发行价格)即为面值。此时如果把未来现金流的现值与购入债券的现值相比的话，其净现值为零。净现值为零的折现率为期望收益率，所以，此时债券的必要收益率等于债券的期望收益率。

(2) 当对债券的必要收益率为 4%，即 $r=4\%$时，代入式(5-2)得债券的内在价值为：

$$\begin{aligned} B_0 &= 50 \times (P/A, 4\%, 5) + 1\,000 \times (P/F, 4\%, 5) \\ &= 60 \times 4.451\,8 + 1\,000 \times 0.821\,9 \\ &= 1\,089.0 (\text{元}) \end{aligned}$$

根据计算的结果，当要求的收益率(4%)小于票面利率(6%)时，债券未来现金流量的贴现现值(债券的内在价值或债券的发行价格)比面值多出 89 元,形成溢价,此时债券称为溢价债券(Premium Bond),或称为溢价发行债券(Bond Selling at a Premium)。

(3) 当对债券的必要收益率为 8%,即 $r=8\%$时,代入式(5-2)得债券的内在价值为:

$$\begin{aligned}B_0 &= 60\times(P/A,\ 8\%,\ 5)+1\ 000\times(P/F,\ 8\%,\ 5)\\ &=60\times3.992\ 7+1\ 000\times0.680\ 6\\ &=920.2(\text{元})\end{aligned}$$

根据计算的结果,当要求的收益率(8%)大于票面利率(6%)时,债券未来现金流量的贴现现值(债券的内在价值或债券的发行价格)比面值少 79.8 元,形成折价,此时债券称为折价债券(Discount bond),或称为折价发行债券(Bond Selling at a Discount)。

债券的面值与债券实际的发行价格并不一定是一致的,发行价格大于面值称为溢价发行,小于面值称为折价发行,等于面值的称为平价发行。

回顾第四章在计算货币时间价值时,我们发现,在折现率一定的情况下,年金期数越多,年金现值系数越大,故而债券价格变动范围更大。图 5-2 表述了债券内在价值与债券必要收益率以及债券期限之间的关系。图 5-2 较好地表达了债券的价格特性,只要债券的必要收益率等于债券票面利率,债券的价值与面值相同;而只要债券要求的收益率低于票面利率,债券溢价发行,债券期限越长,溢价越大;而当债券必要收益率大于票面利率时,债券折价发行,债券期限越长,折价越大。

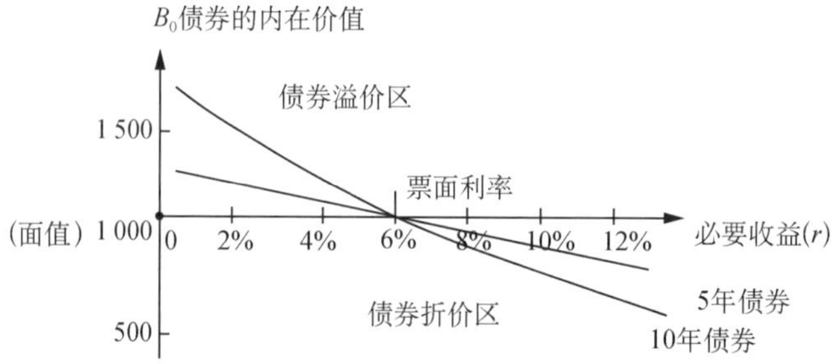

图 5-2 债券内在价值与债券必要收益率以及债券期限之间的关系

三、到期时间与债券价值

只要对债券所要求的必要收益率同债券的票面利率之间存在差异,即使必要收益率从发行日起至债券到期日止的时期内一直保持不变,到期时间的长短仍会影响债券的价值。到期时间、必要收益率和债券价值三者之间存在着两个重要的关系,这两个关系分别涉及不变的必要收益率和变动的必要收益率。假定必要收益率至到期日之前一直保持不变,则当所要求的必要收益率与票面利率不等时,随着时间逐渐向债券到期日靠近,债券的价值也逐渐接近于债券的票面价值。当然,在必要收益率等于票面利率时,债券价值一直等于票面价值至到期日。

图 5-2 描绘了[例 5-1]申能公司发行的票面利率 6%、5 年后到期、每年付息一次的债

券的价值特性。对于投资者所要求的三个收益率，分别为 4%、6%、8%的条件下，每个必要收益率均一直保持不变至到期日。在每个必要收益率水平下，债券的价值都逐渐接近票面价值 1 000 元并最后在到期日等于票面价值。在必要收益率为 8%时，随着时间的推移债券的折价额逐渐降低，而债券的价值则从 920.2 元升至 1 000 元。当必要收益率等于票面利率 6%时，债券的价值始终保持不变，等于债券的票面价值。当必要收益率为 4%时，债券的溢价额逐渐降低，债券的价值由 1 089.0 元逐渐下降至到期日等于票面价值。综上所述，当必要收益率一直保持不变至到期日，随着到期时间的减短，债券的价值也逐渐接近其票面价值。

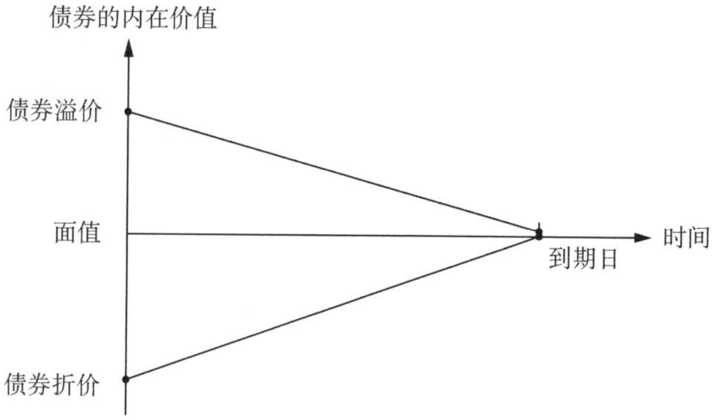

图 5-3　到期时期与债券价值

四、债券的持满到期收益率计算

债券的持满到期收益率(Yield to Maturity，YTM)是指投资者在市场交易中以债券市场价格 (V_0) 购得债券，并假定将债券持有至债券到期日所能获得的收益率。在债券发行日以债券的内在价值(B_0) 购买债券，对于债券的投资者而言，债券的未来收益的现值和债券的购买成本之间是完全相等的，即将债券的投资者所可能获得未来收益进行折现的现值(债券的内在价值)与投资者购买债券的成本(债券的内在价值)进行比较，得出的差额称为净现值，对债券投资者来说，债券发行时按照债券的内在价值购买债券投资时的净现值是为零的。此时的投资者对持有债券可能获得的未来收益是按照对债券的必要收益率水平来要求的，对债券投资者来说，尽管其投资的净现值为零，但却获得了一项期望收益率等于必要收益率水平的投资。

同样的原因，投资者在资本市场购买债券，由于债券的未来收益的期限以及金额投资者是已知的，在一个充分有效的市场里，投资者对于该债券的市场价格的判断决定了投资者的可能获得收益率的水平。如果市场上债券的定价高于投资者的判断，使得该价格水平下的债券收益率水平过低，投资者此时选择放弃购买债券，市场的力量将会促使债券的价格下降。同样，如果市场债券的定价低于投资者的判断，致该价格水平下的债务可能获得的收益率水平较高，则更多的投资者此时会选择购买投资债券，市场的力量促使债券的价格上涨。市场的力量使得在市场上购买债券时，投资者所购买债券的价格就是债券按照必要收益率对未来收益折现的现值，此时，投资者也是获得一个与必要收益率相等的期望收益率。假设利息在每年支付一次，债券持满到期收益率可通过求解持有债券的净现值等于零的折现率水平来确定，即式(5-3)中的 r_b 。

$$NPV=I\times(P/A,\ r_b,\ n)+M\times(P/F,\ r_b,\ n)-V_0=0 \tag{5-3}$$

换句话说，如果已知股票的当前市场价值 V_0、年利息 I、票面价值 M 和到期时间 n，就可求得债券的到期收益率。持满到期收益率一般通过试错法或近似法求得。

(一) 试错法

试错法，即我们在货币时间价值一章中求解收益率和期限所用的内插法。该方法是指通过试验几个不同的收益率直至得出有两个利率水平，使得债券的内在价值与购买债券的市场价格接近，在一个相对低的整数利率水平下，投资者进行一项净现值大于零的投资，即债券内在价值高于该购入价格；而在另一个相对高的整数利率水平下，投资者进行一项净现值小于零的投资，即债券内在价值低于该购入价格。则可知债券的到期收益率介于这两个利率之间，并利用内插法可以求解到期收益率。

【例 5-2】 王先生在市场上以 1 078 元价格购入甲企业发行的企业债券，该债券面值为 1 000 元，票面利率为 8%，该债券为按年计付利息，债券还有 6 年到期。当王先生将该债券持满到期时，债券的到期收益率为多少？

按债券给定条件，债券年利息为 80 元，债券面值为 1 000 元，债券期限为 6 年，债券市场为 1 078 元。根据式(5-3)计算可得：

$$NPV=80\times(P/A,\ r_b,\ 6)+M\times(P/F,\ r_b,\ 6)-1\ 078=0$$

根据票面利率与必要收益率相同的情况下，债券内在价值等于面值这一规律，我们知道，当选用 8%的必要收益率水平时，投资的净现值为负 78 元。所以，我们先选用 7%试算，计算结果为：

$$\begin{aligned}NPV&=80\times(P/A,\ 7\%,\ 6)+M\times(P/F,\ 7\%_b,\ 6)-1\ 078\\&=80\times4.766\ 5+1\ 000\times0.666\ 3-1\ 078\\&=-30.38(\text{元})\end{aligned}$$

我们再选用 6%试算，结果为：

$$\begin{aligned}NPV&=80\times(P/A,\ 6\%,\ 6)+M\times(P/F,\ 6\%_b,\ 6)-1\ 078\\&=80\times4.917\ 3+1\ 000\times0.705-1\ 078\\&=20.84(\text{元})\end{aligned}$$

因为净现值 0 介于−30.38 和 20.82 之间。所以，债券到期收益率应该在 6%和 7%之间，我们利用内插法求解持满到期收益率为 6.41%，如下所示：

$$r_b=6\%+\frac{0-20.84}{-30.38-20.84}\times(7\%-6\%)=6.41\%$$

(二) 近似法

债券到期收益率的近似求法，是将市场购入价格与到期收回面值之间的差用债券的期限分摊到每年后，与每年的利息加在一起，成为债券调整后的年利息收益，然后再除以债券购入价格和到期面值的平均值，即可认为是债券近似的收益率，用式(5-4)表示。

$$r_b = \frac{\dfrac{I + (M - B_0)}{n}}{\dfrac{(M + B_0)}{2}} \tag{5-4}$$

根据式(5-4)，我们可以得出[例 5-2]中 r_b 的结果如下：

$$r_b = \frac{\dfrac{80 + (1\ 000 - 1\ 078)}{6}}{\dfrac{(1\ 000 + 1\ 078)}{2}} = 6.45\%$$

这一计算结果与利用试算法得出的结果相差并不大，只有 0.04%。但近似法的计算要简便得多。

五、半年期利率与债券价值

前面我们在对债券估价以及债券的到期收益率进行计算时，我们都是以债券按年计付利息为例来进行的。但实际上，债券利息的计付并非完全是按年计付，也有相当部分是按半年计付利息。在按半年计付利息时，根据我们在货币时间价值一章中的了解，实际利率要高于名义利率。因此，如果债券利息的计付方式发生变动时，债券的价值随之也会发生变动。

对于原债券票面利率为 i、必要收益率为 r、面值为 M、期限为 n 的债券来说，如果计息由按年计息一次，改变为半年计息一次，则一期利息为$\dfrac{M \times i}{2}$，对应计息期的必要收益率为$\dfrac{r}{2}$，计息期数为 $2n$，图 5-4 列示了按半年计付利息债券的现金流量。根据在货币时间价值章的约定，年利息的计付次数即为年复利次数。由此，可以得出半年计息一次的债券内在价值，即年复利两次的债券内在价值计算公式如下：

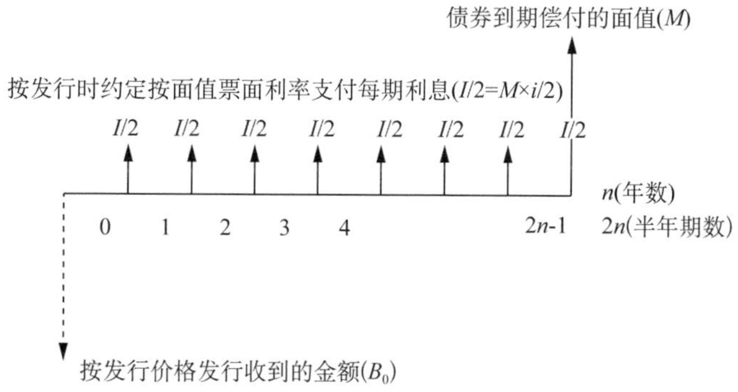

图 5-4　按半年计付利息债券的现金流量

$$B_0=\frac{M\times i}{2}\times\left(P/A,\frac{r}{2},2n\right)+M\times\left(P/F,\frac{r}{2},2n\right) \quad (5-5)$$

【例 5-3】 申能公司拟发行面值 1 000 元企业债券 1 亿元，设定票面利率为 6%，债券按半年计付利息，一年计付利息两次，第一次在年中，第二次在年末，债券期限为 5 年。该债券必要收益率为分别为 8%，该债券的内在价值为多少？

半年利息为 30 元，债券期限为 5 年，共有 10 个计息期，对应计息期的利率（必要收益率）为 4%，根据式(5-5)计算如下：

$$\begin{aligned}B_0&=30\times(P/A,4\%,10)+1\,000\times(P/F,4\%,10)\\&=30\times8.110\,9+1\,000\times0.675\,6\\&=918.9(\text{元})\end{aligned}$$

比较在年付息一次的条件下，债券价值 920.2 元，按半年计付一次利息的价值要低于按年计付利息的价值。

第三节　股票定价原理与方法

任何持有股票的人，其来自股票的收益不外乎两种方式：一是公司发放的股利，公司若经营得当而获利，公司可将部分税后净利润发放给股东，称之为股利(Dividend)；二是股票持有人在结束持有时出售股票的资本利得(Capital gain)，或称为资本损失(Capital loss)。所以，来自股票的投资收益是持有股票的股利所得和出售股票的资本利得(损失)之和。

一、股利和资本利得

股票的投资收益计算公式如下：

投资收益＝股利所得＋资本利得(损失)

【例 5-4】 王先生以 15 万元(15 元×10 000 股)购入申能公司股票 10 000 股，其投资支出为 15 万元。假设持有期间公司每股分派现金股利 0.6 元，王先生持有申能公司 10 000股的股利所得如下：

股利所得＝0.6×10 000＝6 000(元)

王先生在获得公司分派现金股利后，出售所持有申能公司的 10 000 股股票。假设每股出售价格为 16.5 元，由于期末出售的价格较期初购买的价格高，王先生出售 10 000 股的资本利得如下：

资本利得＝(16.5－15)×10 000＝15 000(元)

由于持有股票的收益为股利加上资本利得（损失），王先生投资申能公司股票的报酬如下：

$$6\ 000 + 15\ 000 = 21\ 000(\text{元})$$

根据资本利得(损失)的定义，投资股票报酬的定义可改写为：

投资收益＝股利所得＋资本利得

＝股利所得＋期末出售股票价款－期初投资成本

股利所得加上期末出售股票价款为投资收入，扣掉期初投资成本后就是投资收益。所以，若出售时股价只有14元，则王先生出售10 000股的资本损失如下：

$$\text{资本损失} = (14 - 15) \times 10\ 000 = -10\ 000(\text{元})$$

此时，王先生投资申能公司股票的投资收益变为－4 000元(6 000－10 000)。

若王先生在获得申能公司得的现金股利后，决定继续持有申能公司股票，纵使当初购入的价格和此时股价有所差异，由于价格变动所产生的资本利得(或损失)尚未实现，不应记入投资收益，由于投资收益只记入已实现的现金收益，这和财务管理所强调的只有实际的现金收益才应记入投资的现金流出(或流入)的概念是一致的。

由于投资金额各不相同，为了有相同的比较基础，实践中人们一般用百分比(投资收益率)来衡量投资收益的效率。投资收益率所要传达的信息是本期投资1元而一年后将会有多少收益。为方便起见，我们用 P_{t-1} 表示 t 期期初的股票价格，D_t 为 t 期期末[或 $(t+1)$ 期期初]所收到的现金股利。持有股票的投资收益率亦可分为两个部分。第一部分是以百分率表示的股利获利率(Dividend Yield)其公式如下：

$$\text{股利获利率} = \frac{D_t}{P_{t-1}} \tag{5-6}$$

承接[例5-4]，如果期初股价为15元，该期股利所得为0.6元，则股利获利率如下：

$$\text{股利获利率} = \frac{0.6}{15} \times 100\% = 4\%$$

第二部分则是资本利得(损失)率。它是资本利得(损失)除以期初的价格，其公式如下：

$$\text{资本利得(损失)率} = \frac{P_t - P_{t-1}}{P_{t-1}} \tag{5-7}$$

若期末出售股票的价格 (P_{t+1}) 为16.5元，资本利得率如下：

$$\text{资本利得率} = \frac{16.5 - 15}{15} \times 100\% = 10\%$$

两个部分加总就是持有股票一个经营期的预期投资收益率(以 r_t 简记)如下：

$$r_t = \frac{D_t + P_t - P_{t-1}}{P_{t-1}} \tag{5-8}$$

王先生持有股票一个经营期，如果当期实现的股利为 0.6 元和期末股票的价格为 16.5 元，股票买入价格为 15 元，则王先生实现的投资收益率如下：

$$r=\frac{0.6+16.5-15}{15}\times 100\%=14\%$$

但在决定股票价值时，我们通常关注的并非股票过去已实现的业绩，而是关注股票现时价值，该价值是基于对未来股利和股票价格的估计基础上的。因此，对王先生来说，对现时价值为 15 元的股票，如果在一个经营期后，股票的股利预期为 0.6 元，并且股票期末估价预期在 16.5 元，则王先生预期购买该股票的投资收益率也为 14%，计算方法是完全一样的，但与前例中的已实现投资收益率意义完全不同。

二、股票的估价模型

我们知道资产的价值是由该资产所产生的未来现金流量决定的。由于股票产生的现金流量为企业持续经营中定期支付的现金股利，或股票交易活动中的交易价格。任何持有股票者，有的可能是阶段性持有，有的则可能是持续持有。阶段性持有股票的现金流量包括在持有期间的股利以及出售股票时的股票售价，因此，其股票价值应由持有期间股利和未来出售股票价格的现值来决定。持续持有股票者，其现金流量就是企业支付的股利，所以，股票的价值由持续未来股利现值来决定。对同一企业来说，这两个价值决定方式是否会导致股票价值也不一致呢？其实，这种疑虑是多余的。由于股票在企业存续期内可以不断地被交易，所以，连续地阶段性的持有就是持续性持有。由此，我们以阶段性持有来推出股票定价模型。

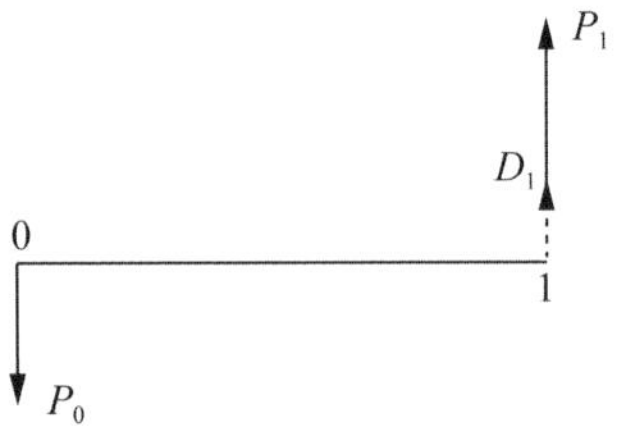

图 5-5　持有股票一个经营期现金流量

我们先以持有股票一个经营期为例，说明股票定价原理，持有期间的现金流量图如图 5-5 所示。如果预期一个经营期后，企业的股利为 D_1，股票的价格为 P_1，则公司股票现时价值 P_0 由 D_1，P_1 的现值来决定，设股票要求的投资收益率为 r，其定价公式如下：

$$P_0=\frac{D_1}{1+r}+\frac{P_1}{1+r} \tag{5-9}$$

式(5-9)表明任何一个投资者为了获得未来一个经营期的现金股利 D_1 和到期的股票价格 P_1，投资者必须支付 P_0 价格获得该公司股票。然而，对于投资者来说，P_1 又如何来获取呢？同样的道理，在下一个经营期，预期的期末股利为 D_2，期末股票价格为 P_2，则公司股票在第一个经营期末的价值 P_1 由股利 D_2，股票的价格 P_2 的现值来决定，P_1 的计算公式如下：

$$P_1=\frac{D_2}{1+r}+\frac{P_2}{1+r} \tag{5-10}$$

把式(5-10)代入式(5-9)，则有：

$$P_0=\frac{D_1}{1+r}+\frac{1}{1+r}\left(\frac{D_2}{1+r}+\frac{P_2}{1+r}\right)$$
$$=\frac{D_1}{1+r}+\frac{D_2}{(1+r)^2}+\frac{P_2}{(1+r)^2} \tag{5-11}$$

在式(5-11)中，P_2 为第二个经营期末的股票价值，它应该由第三经营期期末股利 D_3，期末股票价格 P_3 的现值决定，依此类推，则有：

$$P_0=\frac{D_1}{1+r}+\frac{D_2}{(1+r)^2}+\frac{D_3}{(1+r)^3}+\cdots=\sum_{t=1}^{n}\frac{D_t}{(1+r)^t} \tag{5-12}$$

式(5-12)表述了股票的价值由未来股利的现值决定。这一股票定价思想与方法是1938年威廉姆斯在其博士论文《投资价值理论》中首次提出的。这样，我们就由阶段性持股推出了公司股票价值由持续未来股利现值决定。所以，这两种股票价值定价模型在股票价值决定上是一致的。但不少人反对以式(5-12)来计算股票价值，所持理由就是投资者眼光短浅，不可能会估计所有未来的股利所得。但我们由推导的过程得知，式(5-12)是由持有一个经营期开始一步步增加持有时间推导而得。也就是说，只要我们能正确估算各期现金流入，投资者对持有期间长短的偏好并不影响股票价值的计算。利用股利计算公司股票的价值的问题在于：股利仅仅是公司所产生经营成果的一个部分，而且可能是比较小的部分，利用公司经营成果的一部分对公司的股权定价，可能会使定价存在一定偏差。

第四节　股票估值计算模型

由于股价的估算，涉及各期股利所得的计算，若我们不做简化的假设，式(5-12)的应用性不高。所以在实际应用中，我们一般针对股利作三个常见的简化假设：零股利增长率、固定股利增长率，以及高股利增长率后稳定股利增长率。

一、固定股利模型

固定股利模型假设为零股利增长，零股利增长率即股利维持在某一固定股利水平上。假设各期股利所得均维持在第一经营期期末的股利水平（D_1）的水平，则该公司股票的价值就是以该股利为年金的永续年金现值，用公式表示如下：

$$P_0=\frac{D_1}{(1+r)}+\frac{D_1}{(1+r)^2}+\cdots=\frac{D_1}{r} \tag{5-13}$$

【例 5-5】　申江公司今年预计股利为每股 0.9 元，以后每年股利也维持该水平，即股利零增长，申江公司股票必要收益率为 15%，现时市场上该股票价格为 5.8 元，问该股票是否值得投资？

根据公司股票的预期现金流量，按式(5-13)计算得公司股票的价值为：

$$P_0=\frac{0.9}{15\%}=6(\text{元})$$

因为公司股票现时市场价格为 5.8 元，所以值得购入投资。

二、固定股利增长率模型

固定股利增长率是指假设各期股利以单一固定增长率（g）增加。因此我们进一步假定，公司上一年股利为 D_0，则第一年年末股利为 $D_1=D_0(1+g)$，第二年年末股利 $D_2=D_0(1+g)^2$，按此类推，第 n 年年末股利 $D_n=D_0(1+g)^n$，式(5-13)可写成：

$$P_0=\frac{D_0(1+g)}{1+r}+\frac{D_0(1+g)^2}{(1+r)^2}+\cdots+\frac{D_0(1+g)^n}{(1+r)^n} \tag{5-14}$$

式(5-14)中两边同乘 $\frac{1+r}{1+g}$，因为 $r>g$，所以$\frac{1+r}{1+g}>1$，得：

$$\frac{1+r}{1+g}P_0=D_0+\frac{D_0(1+g)}{1+r}+\cdots+\frac{D_0(1+g)^{n-1}}{(1+r)^{n-1}} \tag{5-15}$$

将式(5-15)减去式(5-14)得：

$$\frac{r-g}{1+g}P_0=D_0-\frac{D_0(1+g)^n}{(1+r)^n}\Rightarrow P_0=\frac{D_0(1+g)}{r-g}\left[1-\frac{(1+g)^n}{(1+r)^n}\right] \tag{5-16}$$

因为 $D_1=D_0(1+g)$，又当 $n\to\infty$ 时，因为 $r>g$，所以$\frac{(1+g)^n}{(1+r)^n}\to 0$，由此，式(5-16)可进一步简化为：

$$P_0=\frac{D_1}{r-g} \tag{5-17}$$

式(5-17)为固定股利增长率股票定价模型，股票价值与股票第一年年末股利成正比，股利越多，股票价值越大，与股票必要收益率和股利增长率之差成反比，该差额越大，股票价值越小，该差额越小，股票价值越大。

该模型是 1962 年美国财务学家戈登教授利用威廉姆斯的股利折现模型，在假设股息按固定增长率连续增长的基础上，推导出的固定股利增长率的公司股票价值模型，即在财务上被广为熟知的戈登模型。

【例 5-6】 申江公司今年预计股利为每股 0.9 元，以后每年股利维持以 5% 的年增长率增长，申江公司股票必要收益率为 15%，在此条件下，问该股票的价值为多少？

根据式(5-17)计算得：

$$P_0=\frac{0.9}{15\%-5\%}=9(\text{元})$$

根据计算，公司股票价值为每股 9 元，较零股利增长率的每股 6 元要高出 3 元，这 3 元即为股利增长的现值。

假设公司股利年增长率不是 5%，而是以 10%的年增长率增长，则该公司的股票价值又是多少？

当 $g=10\%$ 时，根据式(5-17)计算得：

$$P_0=\frac{0.9}{15\%-10\%}=18(\text{元})$$

由上述计算可以得出，当股利增长率由 5%上升为 10%，股价由 9 元增长到 18 元，增长了一倍。由于股价深受股利成长率的影响，所以，评估股票价值时不宜对股利增长率估计值过分乐观。

三、股利二阶段增长模型

该模型假设股利增长按增长率不同分为两个阶段，前一阶段股利增长率为高增长率(g_1)，第二阶段进入低成长率(g_2)即稳定增长阶段，且 $g_1>g_2$。第一阶段为第 1 期到第 T 期，股利以高增长率增长，而在第 T 期后的第二阶段股利增长率降为 g_2。第一阶段股利现值为一个有限期间的股利现值，第二阶段为一个持续的固定股利增长率的现值，即是一个戈登模型。依此设定，则各期股利所得的现值如下：

$$P_0=\sum_{t=1}^{T}\frac{D_0(1+g_1)^t}{(1+r)^t}+\frac{1}{(1+r)^T}\frac{D_T(1+g_2)}{r-g_2} \tag{5-18}$$

若 $r>g_1>g_2$，将式(5-18)进一步简化后得：

$$P_0=\frac{D_1}{r-g_1}\left[1-\frac{(1+g_1)^T}{(1+r)^T}\right]+\frac{1}{(1+r)^T}\frac{D_T(1+g_2)}{r-g_2} \tag{5-19}$$

【例 5-7】 申能公司正在规划一项投资计划，该计划实施后，在接下来的 5 年里，该投资将给公司股票带来每年 40%的股利增长率，5 年后转入正常增长，每年股利增长率为 6%，上年公司每股股利为 0.5 元。申能公司股票的必要收益率(r)为 15%。请问申能公司股票每股价值多少？

根据已知的资料，我们可以求解高成长阶段的每年股利数，如表 5-1 所示：

表 5-1　每年股利

期间	0	1	2	3	4	5
股利(元)	0.5	0.7	0.98	1.37	1.92	2.69

根据式(5-18)计算得：

$$P_0=\frac{0.7}{1.15}+\frac{0.98}{1.15^2}+\frac{1.37}{1.15^3}+\frac{1.92}{1.15^4}+\frac{2.69}{1.15^5}+\frac{1}{1.15^5}\frac{2.69\times1.06}{0.15-0.06}=20.44(\text{元})$$

通过计算我们可以知道申能公司股票每股价值为 20.44 元。

本章小结

1. 有价证券是一种具有一定票面金额，证明持券人有权按期取得一定收入，并可自由转让和买卖的所有权或债权证书，通常简称为证券。主要形式有股票和债券两大类。

2. 有价证券具有产权性、收益性、流通性和风险性等特征。有价证券作为资本运动的载体，具有筹资和配置资本两项功能。

3. 有价证券上标有票面金额，证明持券人有权按期取得一定收入并可自由转让和买卖的所有权或债权凭证，这类证券本身没有价值，但由于它代表着一定量的财产权利，持有者可凭其直接取得一定量的商品、货币，或是取得利息、股息等收入，因而可以在证券市场上买卖和流通，客观上具有了交易价格。影响有价证券价格的因素很多，主要是预期收入和市场利率，因此，有价证券价格实际上是资本化了的收入。

4. 债券发行者为了筹集资金，向债权人发行，按约定定期支付利息，到期偿还债券面值的一种有价证券。其定价模型是由债券存续期内未来现金流量的现值，未来现金流量包括定期的利息及到期的债券面值。

5. 债券的价值与债券面值的差异是由债券必要收益率(折现率)与债券票面利率差异所引起。当折现率大于票面利率时，债券价值小于面值，即债券折价；当折现率小于票面利率时，债券价值大于面值，即债券溢价；当折现率等于票面利率时，债券价值等于面值。

6. 债券到期收益率是债券未来现金流量的现值等于某一给定价格时的贴现率。可以用试错法求解，也可用简便法求解。

7. 债券的计息次数发生变动时，其价值计算也要相应地进行调整。当利息为半年计付时，债券价值计算模型中的利息应用半年的利息，利率用年利率减半，计息期数增加一倍。

8. 股票定价模型既可以视为持续不断的未来股利的现值，也可认为是在一段时间内持有股票的股利现值和未来出售股票收益现值之和。

9. 为了便于股票定价模型的应用，对股利进行了规律化的假设，假定存在固定股利、固定股利增长率和分阶段股利增长三种类型，相应地股票价值也有固定股利模型、固定股利增长率模型和分阶段股利增长模型。

思考题

1. 请简述有价证券的含义以及基本特征。
2. 谈谈你是如何理解有价证券基本功能的?
3. 谈谈你是如何理解有价证券的收益与定价原理的。
4. 请简述债券的现金流量与定价方法。
5. 债券为什么会折价和溢价? 你如何理解债券的折价与溢价?

6. 请谈谈债券的持满到期收益率的含义以及你是如何理解这一收益率？
7. 请简述股票的收益方式以及定价方法。
8. 股票的估值模型有哪些？它们各自适用什么情形？

练习题

一、单选题

1. 债券是政府、金融机构、企业等机构直接向社会借债筹措资金时，向投资者发行，并且承诺按规定利率支付利息并按约定条件偿还面值的(　　)。
A. 债权凭证　B. 债务凭证　C. 股权凭证　D. 信用凭证
2. 黄先生在资本市场上以 108 元购买了 WY 公司发行的面值为 100 元，票面利率为 6%，还有 4 年到期，每年定期支付利息的公司债券，则黄先生的收益率是(　　)。
A. 7.85%　B. 3.85%　C. 5.58%　D. 8.58%
3. 当债券的票面利率高于市场利率时，此时债券的内在价值将(　　)。
A. 高于面值　B. 低于面值　C. 折价　D. 平价
4. 股票持有人出售股票的收益称为(　　)。
A. 资本损失　B. 股利收益　C. 获利收益　D. 资本利得
5. 戈登模型是(　　)。
A. 固定股利模型　B. 固定股利增长率模型
C. 股利二阶段增长模型　D. 股利分阶段增长模型

二、多选题

1. 有价证券的基本特征包括(　　)。
A. 产权性　B. 继承性　C. 收益性　D. 风险性
2. 有价证券作为资本运动的载体，它具有(　　)。
A. 筹资功能　B. 投资功能
C. 分配功能　D. 配置资本功能
3. 债券的基本要素包括(　　)。
A. 债券面值　B. 票面利率　C. 偿还期限　D. 付息期间
4. 投资者来自股票的收益有(　　)。
A. 公司的每股收益　B. 公司发行的股利
C. 资本损失　D. 资本利得
5. 根据股利存在的状况，股票的估值计算模型有(　　)。
A. 固定股利模型　B. 固定股利增长率模型
C. 股利二阶段增长模型　D. 分阶段增长模型
6. 债券持满到期收益率的计算方法有(　　)。
A. 试错法　B. 分步法　C. 近似法　D. 经验法

三、判断题

1. 由于债券的利息通常是事先确定的，所以，债券又被称为固定利息证券。 (　　)
2. 债券是政府、金融机构、工商企业等机构直接向社会借债筹措资金时，想向投资者发行，并且承诺按一定利率支付利息并按约定条件偿还本金的所有权凭证。 (　　)
3. 有价证券的配置资本功能是指通过有价证券的发行与交易，按价值最大化的原则对资本进行分配。 (　　)
4. 根据所在环境不同，债券不一定只能按照面值发行。 (　　)
5. 债券的到期时间对债券的价值没有影响。 (　　)
6. 来自股票的投资收益是持有股票的股利所得和出售股票的资本利得(损失)之和。 (　　)

四、计算与分析题

1. 某债券面值为 1 000 元，票面利率为 13%，期限为 5 年，A 公司对此债券进行投资，要求获得 15%的报酬率，则该债券价格为多少时才能进行投资？
2. 有一面值为 1 000 元的债券，票面利率为 7%，每年支付一次利息，2018 年 5 月 1 日发行，2023 年 4 月 30 日到期。现在是 2021 年 5 月 1 日，假设投资的必要报酬率为 10%。请问：

   (1) 此时债券的内在价值是多少？

   (2) 如果一年支付利息二次，则债券的内在价值是多少？

   (3) 假设现在票面利率为 8%，如果投资者在市场以 900 元的价格购买该债券，则该投资者的持满到期收益率为多少？
3. 股票市场预期 XYZ 公司的股票股利将在未来三年内高速增长，增长率达 15%，以后转为正常增长，增长率为 10%，已知 A 公司最近支付的股利为每股 3 元，投资者要求的最低报酬率为 12%。

   要求：计算该公司股票目前的内在价值。

本章案例：我国首只公司债券的发行

一、背景与公司简介

在我国企业融资实践中，大部分公司发展所需的中长期资金主要依赖于金融机构的信贷资金，企业融资过度依赖金融机构贷款会使金融机构和国家承担大量债务风险；而且，公司融资渠道单一，不利于降低资本成本。

为改变这一局面，中国证监会于 2007 年 8 月 14 日颁布了《公司债券发行试点办法》，正式启动了我国公司债券发行工作。一个月内，我国首只公司债券——长江电力公司债正式面世了。

中国长江电力股份有限公司(股票代码为“600900”，以下简称“长电”)是国内大型水力发电国有企业。长电作为中国当时最大的水电上市公司，业绩逐年持续增长，并树立了良好的资本市场形象。截至 2007 年 6 月底，长电资产负债率仅 41.97%，净资产为 356 亿余元，至发债时长电近3年的每年经营性现金流均超过50亿元，资产负债率较低，具备较强的债务融资能力。长电符合《公司债券发行试点办法》中的要求，在完成充分准备后，一个月内就成功发行了公司债券。

二、长江电力公司债券的发行

长电此次公司债券的发行规模不超过人民币80亿元，债券存续期限为5～10年，采取分期发行的方式。第一期于2007年9月发行，共发行人民币40亿元，面值为100元，询价区间为5.05%～5.35%，最后确定票面利率为5.35%；第二期发行不超过40亿元，已于2009年7月发行，规模确定为35亿元，面值100元，询价区间为4.40%～4.78%，最后确定票面利率为4.78%。其第一期具体发行办法见表5-2，相关时间进程见表5-3。

表5-2　长江电力第一期公司债券发行办法

存续期限	10年
面值	100元
票面利率	年利率5.35%，由公司和保荐人(主承销商)华泰证券通过市场询价协商确定； 固定利率，按年单利付息，到期一次还本；发行日起计息
发行价格	100元，平价发行
可否上市	发行完毕后，长电向上海证券交易所申请公司债券上市交易
发行对象	网上公开发行(10%)＋网下协议发行(90%)
回售条款	债券持有人有权在债券存续期间第7年付息日将其持有的债券全部或部分按面值回售给公司，之前5～10个交易日内连续发布回售公告至少3次，之后3个交易日内公布回售结果
担保方式	中国建设银行股份有限公司提供全额无条件、不可撤销的连带责任保证担保
资金用途	扣除发行费用后，35亿元用于偿还借款，剩余用于补充公司流动资金(均已如期履行)

表5-3　长江电力公司债券发行进程

2007年8月22日	董事会通过不超过80亿元(含80亿元)债券的发行方案
2007年9月7日	临时股东大会通过不超过80亿元(含80亿元)债券的发行方案
2007年9月7日	董事会通过第一期40亿元债券的发行方案
2007年9月18日	证监会发审委通过长江电力不超过80亿元及第一期40亿元债券的发行方案
2007年9月19日	证监会核准长江电力不超过80亿元及第一期40亿元债券的发行方案
2007年9月20、21日	询价确定利率，询价区间：5.05%～5.35%
2007年9月24日	网上申购，开始计息
2007年9月24～26日	网下申购，24日开始计息
2007年10月12日	在上海证券交易所上市，简称07长电债(122 000)
2009年7月	第二期10年期债券发行，规模35亿元，询价区间：4.40%～4.78%，上海证券交易所上市

资料来源：上海证券交易所公告，笔者自行整理。

案例思考题

为何发行利率确定在询价区间的上限5.35%？以上限确定利率表明询价区间可能较低，但如果利率水平较低，那么投资者为何还会申购本期债券？

分析思路

为了判定此次债券利率水平的高低，可以定期存款利率（五年期）和相应国债（“07国债10”）利率水平与之进行比较分析；并结合公司债券的流动性、2007年我国利率水平以及变动趋势，分析本期债券发行成功的原因。

专题三

投资与经营

第六章　项目投资决策

学习要点

- □ 项目投资的分类
- □ 投资项目的决策程序
- □ 投资项目现金流量含义
- □ 投资项目现金流量的计算
- □ 项目投资决策的非贴现方法
- □ 项目投资决策的贴现方法
- □ 经营杠杆

企业财务管理的目标是为股东创造价值,并且使这种价值创造的能力达到最大化。那么,企业如何才能实现这一财务管理目标呢?企业要从市场中获取收益,则必须有可获取收益的物品和服务,企业要提供物品和服务,则需要有固定的厂房、特定的设备、技术员工以及相应的各类生产条件。形成这些生产条件的过程,就是企业项目投资决策的主要内容。对于一家企业来说,项目投资决策在所有财务管理问题中处于核心的地位,发挥主导的作用。只有有了明确的项目投资意向以后,企业才有可能根据投资项目的要求进行资金来源的安排,也就是筹资管理;为了使项目投资得以顺利、有效地运行,企业需要根据项目的产品特性、工艺特点等设立对生产过程中流动资产及流动负债的安排,这就形成了对财务管理中的营运资本的管理;为了使提供企业资金者获得恰当的回报,企业管理者需要根据项目筹资时的承诺和未来的经营可能,对项目实施所带来的收益进行分配管理,以满足企业未来发展对资金的需要以及投资者对提供资本的投资回报的要求。

本章旨在介绍项目投资决策的方法,全章共分四节,第一节项目投资决策概述,介绍投资项目的分类以及项目投资决策的一般程序;第二节投资项目的现金流量,分别介绍了投资项目的现金流量概念、投资项目的现金流量计算方法以及投资项目的现金流量与项目利润等;第三节项目投资决策方法,分别介绍了两类不同的投资项目决策方法以及实际的应用问题;第四节经营杠杆,介绍经营杠杆及经营杠杆系数。

第一节　项目投资决策概述

企业开展经营活动都会有具体的产品和服务，这些产品的生产与服务的提供均需要通过相应的项目投资来具体实现。项目投资是指企业为了获得未来收益，通过从事一定的生产经营活动，将企业前期经营活动所获得的收益或者将筹集到资金投入某一经营活动的经济行为。由于项目投资以形成与企业生产经营目标一致的一系列固定资产为目标，所以，项目投资决策也被称为固定资产投资决策，而形成固定资产投资支出的为资本性支出，有时将项目投资决策称为资本预算。

一、投资项目分类

(一) 按投资项目的属性分类

企业在生产经营活动过程中，根据自身所处环境和发展需要，作出对企业未来的经营活动相适应的决策，为此，企业需要通过相应的项目投资来实施。企业可能会作出在原有基础上进一步扩张的经营决策、在原来基础上进行改进的重置投资决策等，根据所投资项目的性质，我们可以将投资项目分为以下四类。

1. 扩张性项目

扩张性项目是指为扩大经营业务范围而购置新的机械设备，一般有以下两种目的：①扩展现有产品或市场，这类支出主要用于提高现有产品的产量；②开发新产品或开拓新市场，这类投资用于生产新产品或扩张进入一个新的、目前尚未服务的地理区域，项目一般涉及那些有可能改变公司业务实质的战略决策，而且它们通常需要巨额的支出，而获得回报则需要延迟一段时间。

2. 重置性项目

重置性项目是指对现有设备进行更新改造，一般又可分为以下两类：①为维持业务而产生的资本性支出，主要是用于替换那些在生产营利性产品的过程中报废或受损的设备；②为降低成本而产生的资本性支出，主要用于替换那些仍可使用，但已陈旧过时的设备，其目的是降低劳动成本、材料成本以及其他投入的成本，如生产耗电等。

3. 强制性项目

强制性项目是指法律要求的项目，包括为确保工作现场安全、消费者安全和保护环保而实施的项目。这种项目通常不产生经营性现金流入，但会使企业在履行社会责任方面形象得到改善。这些项目的实施也有可能减少未来的现金流出。

4. 研究与开发类项目

对于许多公司而言，研发支出是资本支出中非常重要的一部分。这部分支出通常不直接产生经营性现金流入，但研发的实施却为企业带来了后续的选择权。所以，选择权的价值是研发支出的重要评价指标。

（二）按投资项目之间的关系分类

根据投资项目对投资决策过程的影响及项目之间的关系，我们可以将其分为以下三类。

1. 独立项目

假如一个项目的接受或拒绝并不影响另一个项目的现金流量，反之亦然，则称该两个项目在经济上是独立的。例如，两条生产不同产品的生产流水线项目是相互独立的。在这种情况下，项目间不能相互取代，某一项目投资的收益和成本不会因其他项目的采纳与否而受到影响。对于相互独立的项目决策而言，若无资金总量的限制，只需评价其经济上是否可行便可决定取舍，则项目可全部或部分入选。若一定时期内资金总量不足，则也存在项目选择的最优次序，但这不影响最后各项目的采纳。

2. 互斥项目

如果某一个项目的未来收益由于另一个项目的接受而完全丧失，反之亦然，则称该两个项目是相互排斥的。例如，企业为生产某产品可以购置设备，也可以租赁设备，这样两个投资方案是相互排斥的。显然，当评估多个相互排斥的投资项目时，即使每个项目本身从经济上评价都可行，也不能同时入选，只能取较优者。

3. 依存项目

如果某投资项目的现金流量受另一个项目接受或拒绝的影响，则称第一个项目在经济上依存于第二个项目。对于相互依存项目，又可分为两种情况：①如果一个项目的接受会提高另一个项目的获利能力，则称它们为“互补项目”。例如，计算机软件研制项目的采纳会增加计算机生产容量扩展项目的销售量，所以，这两个项目是互补项目。②如果一个项目的接受会降低另一个项目的获利能力，则称它们为“替代项目”。例如，某企业同时开发两种功能相同，仅款式有差异的产品，一种产品进入市场，显然会降低另一种产品的销售量，所以这两个开发项目属于替代项目。

二、项目投资管理

（一）项目投资可行性研究

企业的项目投资是通过购建新的固定资产，或是对现有固定资产进行技术改造来实现的。企业购建数额较大、对生产经营有重大影响的固定资产，或者进行重大技术改造，均属重大固定资产投资决策，应当经过可行性研究，对投资项目在技术上和经济上是否可行，进行科学的分析和论证。企业应围绕国家产业政策、法律限制、市场供需状况、企业发展战略、投资回报、资金筹集、技术与管理、财务与经营风险等方面，对投资方案进行分析，得出结论。投资回报与资金筹集是可行性研究应重点关注的核心问题。因此，固定资产投资可行性研究，一般由财务部门牵头组织，即使不是财务部门主导，也应当充分听取其意见。

（二）固定资产投资项目决策程序

1. 投资项目的提出

公司的各级领导都可以提出新的投资项目。一般来说，企业高层管理人员提出的项目，多数是投入规模较大和历时较久的战略性投资项目，如兴建厂房、引进成套生产线，一般由生产、市场、财务等各方面的专家组成的专门小组作出投资方案；部门及企业中层管理人员提出的项目，主要是战术性投资项目，如生产部门提出更新设备等，一般由主管部门组织人员拟订其方案。

2. 投资项目的评价

投资项目的评价主要涉及以下几项工作：一是对所提出的各类投资项目进行必要的分类，为分析评价做好准备；二是测算所提出的各项目的预计收入与成本，预测各项目的现金流量；三是运用财务投资评价指标，对所提出的投资项目按可行性的顺序进行排序；四是写出评价报告，报请上级批准。

3. 投资项目的决策

评价投资项目后，公司领导需要在此基础上进行最后的决策。投资金额较小的项目，一般由中层领导进行决策；投资金额较大的项目，一般由企业的最高行政领导决策；而投资金额特别大的项目，则需要企业的董事会甚至股东大会投票表决来决定。不管由哪一层级来对投资项目进行最后决策，一般的结果都可能是以下三种：第一，接受投资方案，可以进行投资；第二，拒绝投资方案，不能实施投资；第三，返还给项目的提出部门，重新编制后，再做处理。

4. 投资项目的执行

决定对某一项目进行投资后，要积极筹措资金，实施投资。资本预算之所以重要，是因为项目投资的实施通常需要大量资金，因此，企业在动用大量资金之前，必须事先做好计划，因为巨额资金的使用会产生大量的成本，更为关键的是，巨额资金的需要并非是唾手可得的。

5. 投资项目的再评价

在投资项目的执行过程中，应当对原来所作出投资项目的合理性、正当性进行必要的跟踪、关注，以判断投资项目的未来价值的可获得性。一旦出现新的情况，使得原来方案实施的关键环境和条件发生根本改变，投资项目的实施失去价值时，则应该根据新的情况，重新审视投资项目的价值，判断是否中断后续投资，以避免更大的损失。

第二节　投资项目的现金流量

对投资项目决策来说，测算投资项目预期的现金流量是首要环节，也是分析投资方案十分重要和困难的步骤。

一、现金流量的含义

(一) 现金流量的概念

现金流量是指在一定时期内，由某一投资项目而产生的预期将会收到或付出的现金数。凡是由于该项投资而预期将增加的现金收入或现金支出节约额都称之为现金流入量；凡是由于该项投资引起的预期现金支出称之为现金流出量；一定时期内的预期现金流入量减去预期现金流出量的差额为净现金流量(Net Cash Flows，NCF)。

(二) 现金流量的作用

在项目投资决策中，项目现金流量起着至关重要的作用。可以这么说，如果我们不清楚了解一个项目的现金流量，我们就无从谈起对这一项目的投资决策。分析和计算项目的现金流量是项目投资决策过程中的核心环节。

在项目投资决策时，我们利用现金流量进行分析，而不是利用会计收益对项目进行评价的原因如下：

第一，在整个投资有效年限内，项目所实现的利润总额与净现金流量的总量是相等的，所以，净现金流量替代利润是可能的。

【例 6-1】 A 公司计划建设一条生产线，原始投资为 600 万元，年初一次性投入，当年建成并投入生产，建成项目有效使用年限为 4 年，假设不考虑固定资产的残值。项目建成后可实现每年销售收入为 600 万元，付现成本为 300 万元，为了该项固定资产的日常运转，于投入当年年初投入流动资金 100 万元，该项流动资金于项目结束时如数收回。企业该项目运行的所得税税率为 20%。则该项目的现金流量(不考虑货币时间价值)和税后净利润如表 6-1 所示。

表 6-1　投资项目净利润和现金流量计算表　　单位:万元

年　份	0	1	2	3	4	合计
投资	−600					−600
销售收入		600	600	600	600	2 400
付现成本		300	300	300	300	1 200
折旧		150	150	150	150	600
所得税		30	30	30	30	120
净利润		120	120	120	120	480
经营净现金流量		270	270	270	270	1 080
垫付流动资金	−100				100	100
净现金流量	−700	270	270	270	370	480

从表 6-1 可以看出，由于不考虑项目的固定资产残值，在直线折旧法下，项目的年折旧费为 150 万元①。将项目的可获年销售收入减去销售成本(变动成本和固定成本之和)，再减去所得税，可得出项目建成后每年可实现的净利润为 120 万元，在 4 年有效使用期限内，项目可共实现 480 万元的净利润。针对项目实现的净利润，企业实现的现金流量为现金收入 600 万元减去现金成本 300 万元，以及所缴纳的所得税 30 万元，每年经营净现金流量为 270 万元，4 年实现的现金流量总量为 1 080 万元，考虑到期初 600 万元的现金投入，整个项目实现的净现金流量为 480 万元，与项目实现的净利润总额 480 万元是一致的。

① 直线折旧法下，年折旧额＝(固定资产原值－预计残值)÷使用年限。

第二,会计利润的核算建立在权责发生制的基础上,因而,利润在各年的分布受折旧方法、存货的计价、费用的摊销等成本计算中人为因素的影响。现金流量建立在现金收付实现基础上,因而,现金流量的分布不受这些人为因素的影响,从而保证对项目评价的客观性。从表 6-2 可以看出,当我们不考虑所得税时,采用直线折旧法时的投资项目每年可实现的净利润均是 150 万元,但当我们采用加速折旧法时(双倍余额递减法),投资项目每年可实现的净利润分别是 0、150 万元、225 万元和 225 万元,尽管投资项目在 4 年中实现的净利润都是 600 万元,但不同的折旧方法下,每年实现的净利润的分布存在很大的差异。在计算投资项目的现金流量时,由于折旧不是付现成本,且不考虑所得税,所以,只要每年的年销售收入相同,付现成本相同,则每年经营活动可实现的净现金流量相同,那么,无论采用何种折旧方法,投资项目每年可实现的净现金流量均为 300 万元。因此,采用净现金流量能够更为客观地评价投资项目。

表 6-2　不同折旧法下投资项目的净利润和现金流量计算表　　单位:万元

年　份	0	1	2	3	4	合计
投资	−600					−600
销售收入		600	600	600	600	2 400
直线法折旧时:						
付现成本		300	300	300	300	1 200
折旧		150	150	150	150	600
所得税		0	0	0	0	0
净利润		150	150	150	150	600
直线折旧法经营净现金流量:		300	300	300	300	1 200
加速折旧时:						
付现成本		300	300	300	300	1 200
折旧		300	150	75	75	600
所得税		0	0	0	0	0
净利润		0	150	225	225	600
加速折旧法经营净现金流量:		300	300	300	300	1 200

第三,采用现金流量有利于科学地体现收付现金发生时点的时间价值差异;而利润的计算是根据权责发生制原则计算的,并不考虑现金收付的时间。在表 6-2 中,我们没有考虑现金流量的货币时间价值,在实际的投资决策中,我们既要考虑现金流入量的货币时间价值,又要考虑现金流出量的货币时间价值。这样使得现金流入量和现金流出量之间真正具有可比性。在项目评估时,一般将现金流入量的现值和现金流出量的现值进行比较,以净现值来判断备选方案的优劣。

第四,在投资决策分析中,现金流量的状况比企业盈亏的状况更为重要。有利润的年份不一定能够产生多余的现金用于进行其他项目的再投资。一个项目能否维持下去,不取决于一定期间是否盈利,而取决于企业是否有现金流量用于各种支付。现金一旦支付,不管是否消耗都不能用于别的目的,只有将现金收回以后才能用于进行再投资。因此,在投资决策时,要特别重视现金流量的分析。

(三) 现金流量的内容

一项正常经营的项目包括建设、建成使用和到期报废处置三个阶段,与此相应,现金流量也由与此相对应的三个阶段的现金流量组成,具体如下:

(1) 初始现金流量是指项目开始投资时的现金流量,这时期的现金流量一般是现金流出量。

(2) 营业现金流量是指项目建成投入使用后,在其使用期限内,由于生产经营活动所带来的现金流入量和现金流出量,一般将现金流入量减去现金流出量,称为经营净现金流量。

(3) 终结现金流量,是指项目到期报废时发生的现金流量。

(四) 预计现金流量时应注意的问题

由于现金流量在项目评价中的重要作用,所以正确地判断和确定项目现金流量是保证项目评价质量的先决条件。一个错误估计的现金流量不可能带来正确的项目评价结论。因而,保证对项目现金流量的正确判断与计算,是进行资本预算的基础。为此,在预计资本预算的现金流量时,需要概念清晰、考虑周全。以下几点是应该予以关注的。

第一,区分相关成本和非相关成本,重视沉没成本。

相关成本是指与特定项目投资决策有关的、在分析评价项目时必须加以考虑的成本,如差额成本、重置成本、机会成本等都是相关成本。与此相反,与特定项目投资决策无关的、在项目分析评价时不必加以考虑的成本是非相关成本,如沉没成本、账面成本等。

沉没成本是指过去已经发生,无法由现在或将来的任何决策所能改变的成本。在投资决策中,沉没成本属于决策无关成本。例如,某投资项目前期工程已投资 80 万元,因各种原因项目投资被耽搁下来。现欲重新启动该项目,经过分析,要使工程全部完工,需追加 300 万元,工程完工后的预期收益现值为 360 万元,如果是这样,那么就应该追加投资,完成这一项目。因为公司面临的不是投资 380 万元收回 360 万元的问题,而是投资 300 万元收回 360 万元的投资。此时,工程前期已发生的 80 万元投资是与追加投资 300 万元决策无关的沉没成本。因为,无论追加的 300 万元是否实施,都不能改变 80 万元已经支出的现实。如果决策者将沉没成本纳入投资成本总额中,则会使一个有利的项目变得无利可图,从而造成决策失误。一般来说,大多数沉没成本是在研究开发及投资决策前进行市场调查有关的成本。

第二,全面考虑机会成本。

机会成本是指在投资方案选择时,如果选择了一个投资方案,则必须放弃投资于其他途径的机会。其他投资机会可能取得的收益是实行本方案的一种代价,这一代价称之为投资方案的机会成本。例如,某公司的投资项目需占用一块土地,该公司刚好拥有一块土地,这块土地的市场价格是 100 万元,如果将这块土地用于项目投资,公司将损失 100 万元出售土地的收入,这部分丧失的收入就是投资项目的机会成本。虽然机会成本并未发生现金实体的交割或转让行为，但作为一种潜在的成本，必须加以认真对待，以便为既定资源寻求最佳使用途径。

在投资决策时，有些机会成本会被忽视。例如，某企业有一闲置的厂房，现正在规划某投资项目，企业打算把该房产无偿拨付给该项目使用，对该投资项目来说，不花一分钱取得的资产，是否可以在项目投资决策时不予考虑呢？在项目评价时，是不允许这样考虑的。对投资项目来说，即便是无偿取得的资产，也必须视同为通过市场交易取得，考虑资产的使用成本和代价，即资产的机会成本。因为该房产尽管现在闲置，但仍是可以出售转让获取收益的。

第三，考虑所得税的影响，所有现金流量都是税后现金流量。

所得税是一项现金流出，减少企业的净现金流量，在计算项目的净现金流量时必须要将所得税考虑进去。对于一项成本来说，由于其可以减少企业的利润，从而可以减少企业的所得税支出，因此其实际支付额并非企业的真实成本，而应将减少的所得税考虑进去，扣除了所得税以后的费用净额，称为税后成本。税后成本的计算公式如下：

$$\text{税后成本}=\text{实际支出}\times(1-\text{所得税税率}) \tag{6-1}$$

与税后成本相对应的是税后收入。对于一项收入来说，由于其可以增加企业的利润，从而可以增加企业的所得税支出，因此其实际收入额并非企业的真实收入，而应将增加的所得税考虑进去，扣除了所得税以后的收入净额，称为税后收入。税后收入的计算公式如下：

$$\text{税后收入}=\text{应税收入}\times(1-\text{所得税税率}) \tag{6-2}$$

这里的“应税收入”是指根据税法规定需要纳税的收入，而不包括项目结束时收回所垫付流动资金等现金流入量。

在计算现金流量时，由于折旧不是付现成本，所以可以不予考虑折旧。但由于折旧可以减少企业的利润，从而可以减少企业的所得税，因此，企业折旧的计提可以间接减少企业的现金流出量，也就是说，折旧具有减少税负的作用，称为折旧抵税。折旧抵税额的计算公式如下：

$$\text{折旧抵税额}=\text{折旧额}\times\text{所得税税率} \tag{6-3}$$

在允许企业加速折旧的情况下，企业选用不同的折旧方法，由于每年税前列支的折旧费用不同，因此，在不同的折旧方法下，由于折旧抵税的数额不同，现金流量的分布因此会稍有差异。尽管对一个项目而言，不可能减少税款的缴纳，但完全可以通过折旧方法的选择实现延期纳税的好处。

根据[例 6-1]的情况，我们可以考虑不同折旧方法的影响。在直线法折旧的情况下，企业每年实现净利润 120 万元，总计净利润 480 万元，每年纳税 30 万元，共纳税 120 万元，经营净现金流量每年 270 万元。如果改用加速折旧法（双倍余额递减法）①，企业第一年净利润为 0，第二年净利润为 120 万元，后两年每年实现净利润为 180 万元，净利润总额也是 480 万元，缴纳所得税额也是 120 万元，但是主要是在后两年缴纳，每年各缴纳所得税额 45 万元，

---

① 双倍余额递减法计提折旧公式：年折旧率＝2÷使用年限×100%，年折旧额＝固定资产期初折余价值×年折旧率。最后两年，每年折旧额＝（固定资产原值－累计折旧－残值）÷2。

第二年缴纳所得税额 30 万元。由于考虑不同折旧方法，各年的经营净现金流量也有差异。直线折旧法下，每年实现的经营净现金流量为 270 万元，项目总净现金流量也是 480 万元，与项目的净利润数是相同的。在加速折旧法下，每年实现的经营净现金流量稍有不同，第一年的经营净现金流量为 300 万元，第二年为 270 万元，第三、四年各为 255 万元，项目的净现金流量的总数也是 480 万元。在加速折旧法下，因为前期的折旧额比较高，所以，折旧抵税的数额就较大，因而，经营净现金流量就会高一些。在平均折旧法下，每年的折旧额 150 万元的抵税额是 30 万元，加上税后收入减去税后成本的 240 万元现金流量，总共是 270 万元的现金流量，但加速折旧法下的第一年折旧额为 300 万元，折旧抵税额为 60 万元，加上税后现金流量 240 万元，经营净现金流量为 300 万元。计算结果如表 6-3 所示。

表 6-3　投资项目现金流量和利润计算表(考虑所得税)　　单位:万元

年　份	0	1	2	3	4	合计
投资	−600					−600
销售收入		600	600	600	600	2 400
直线法折旧时:						
付现成本		300	300	300	300	1 200
折旧		150	150	150	150	600
所得税		30	30	30	30	120
净利润		120	120	120	120	480
直线折旧法经营净现金流量:		270	270	270	270	1 080
垫付流动资金	−100				100	100
净现金流量	−700	270	270	270	370	480
加速折旧时:						
付现成本		300	300	300	300	1 200
折旧		300	150	75	75	600
所得税		0	30	45	45	120
净利润		0	120	180	180	480
加速折旧法经营净现金流量:		300	270	255	255	1 080
垫付流动资金	−100				100	100
净现金流量	−700	300	270	255	355	480

第四，考虑预期项目实施后的副作用。

在估计项目现金流量时，要以投资对公司所有经营活动产生的整体效果为基础进行分析，而不是孤立地考察某一项目。例如，某公司决定开发一款新型手机，预计该手机上市后，销售收入为8 000万元，但会冲击旧款的手机，使其销售收入减少1 200万元。因此，在投资分析时，新款手机预期增量现金流入量应为6 800万元，而不是8 000万元。

需要注意的是，这种销售损失必须是由该公司生产新款手机引起的。如果由于其他竞争对手生产和销售这种新款手机而挤占了该公司旧款手机的市场份额，则不应该从该公司生产和销售新款手机的现金流量中扣除，因为无论公司是否生产和销售新款手机，这些损失都会发生，它们属于与项目决策无关的项目内容。

第五，不考虑资本的利息支出。

项目的利润计算与一般的独立企业有所不同：由于假定投资的资金来源为全权益资本，可以认为无负债资本的利息支出。作为独立核算的企业，如有负债资本的利息支出，当然要将其纳入成本。但作为一个投资项目，不管项目的投入资本通过什么方式获得，估算其利润和经营现金流量时都不考虑投入资本的利息支出。因为资本的费用，我们在计算净现值时已经考虑了折现率，如果在计算现金流量时也考虑资本的利息，则是重复考虑了。

第六，通货膨胀的影响。

通货膨胀是影响当今经济社会一个非常重要的因素，在投资项目评估中，通货膨胀可能会同时影响到项目的现金流量和投资必要收益率（折现率），从而使项目的净现值有可能保持不变。估计通货膨胀对项目的影响应遵循一致性的原则，即如果预测的现金流量包括对了通货膨胀的影响，则折现率也应包括这一因素的影响；反之亦然。但是，在计算通货膨胀变化对各种现金流量，如销售价格、原材料成本、工资费用的影响时，应注意不同现金流量受通货膨胀的影响程度是各不相同的，不能简单地用一个统一的通货膨胀率来修正所有的现金流量。

二、现金流量的计算

一项正常经营的项目包括建设、建成使用和到期报废处置三个阶段，相应地，现金流量也由与此相对应的三个阶段的现金流量组成，分为项目投资建设期的初始现金流量、项目建成投产使用期的经营现金流量和项目到期报废处置期的终结现金流量三部分。

（一）初始现金流量

初始现金流量是投资开始时（主要指项目建设过程中）发生的现金流量，主要包括以下几部分：

(1) 固定资产投资支出，如设备购置费、运输费、安装费等。

(2) 垫支的营运资本，是指项目建成投产后分次或一次投放于流动资产上的资本增加额。营运资本增加额的公式如下：

$$某年营运资本增加额=本年流动资本需要额-上年流动资本 \quad (6-4)$$

(3) 其他费用，是指不属于以上各项的投资费用，如投资项目的筹建费、职工培训费等。

（4）原有固定资产的变价收入，是指固定资产重置、旧设备出售的净现金流量。

（5）所得税效应，是指固定资产重置时变价收入的税赋损益。按规定出售资产（如旧设备）时，如果出售价高于原价或账面净值，应缴纳所得税，多缴的所得税构成现金流出量；出售资产时发生的损失（出售价低于账面净值）可以抵减当年所得税支出，少缴的所得税为节约的现金流出量，视同现金流入量。诸如此类由投资引起的税赋变化，应在计算项目现金流量时加以考虑。

【例 6-2】 甲企业有一在用的旧设备，原值为 300 万元，已经使用 2 年，已提折旧 200 万元，现企业考虑对旧设备进行更新改造，旧设备可按 140 万元出售，此时，企业可获得现金收入是多少呢？（企业按 25%的所得税率计缴所得税。）

按此情形，企业旧设备的账面净值为 100 万元，由于企业可以以 140 万元的价格出售旧设备，企业可因旧设备的出售而获利 40 万元。

企业出售旧设备的 140 万元款项并不能全部成为企业的现金流入，因为，出售获利的 40 万元需作为应纳税所得额计征所得税，所以，企业因为出售旧设备需计征 10 万元的所得税。企业在出售旧设备时，如果旧设备的售价高于设备的账面净值，应该将旧设备出售收入在扣除了计征的所得税后，才成为企业出售旧设备的现金流入。为此，该企业出售旧设备的现金流入为 130 万元，是出售收入 140 万元减去增加的所得税 10 万元，而非全部价款 140 万元。

同样的情况，如果旧设备的出售价格不是 140 万元，而是 80 万元，那企业出售旧设备的现金流入又是多少呢？

如果企业旧设备的出售价格低于设备的账面净值，那么，企业处置旧设备就发生了净损失，净损失可以减少当期的应纳税所得额，可以减少所得税的缴纳，为此，低价出售的旧设备的现金流入，应该将旧设备出售收入加上由此所减少的所得税额。企业 100 万元账面价值的设备，按照 80 万元的市价出售，账面损失 20 万元，由此，减少当期的应纳税所得额 20 万元，减少所得税 5 万元，因此，企业出售旧设备的现金流入不是出售价格 80 万元，而是 85 万元，是出售价格 80 万元加上减少的所得税额 5 万元。

如果企业旧设备按照账面价值 100 万元出售，由于出售过程中，没有发生损益，所以不涉及所得税的增减，出售价格就是出售现金流入。

（二）经营现金流量

经营现金流量是指项目建成后投入生产经营过程中所发生的现金流量，这种现金流量一般是按年计算的。经营现金流量主要包括以下几点：

（1）增量税后现金流入量，是指投资项目投产后增加的税后现金收入（或成本费用节约额）。

（2）增量税后现金流出量，是指与投资项目有关的以现金支付的各种税后成本费用（即不包括固定资产折旧费以及无形资产摊销费等，也称经营成本）以及各种税金支出。

（3）经营净现金流量的确认可根据有关利润表的资料分析得出。其基本计算公式如下：

$$\text{经营净现金流量} = \text{现销销售收入} - \text{经营付现成本} - \text{所得税额} \qquad (6\text{-}5)$$

式(6-5)中的所得税额在某种程度上依赖于折旧的增量变动。为反映折旧变化对现金流量的影响，式(6-5)可变为：

经营净现金流量＝现销销售收入－经营付现成本费用－所得税额－折旧＋折旧

因此可得到：

$$经营净现金流量＝税后净利润＋折旧 \tag{6-6}$$

式(6-5)中的所得税额可以用[(销售收入－经营付现成本－折旧)×所得税税率]替代，所以，式(6-5)可以改写为：

$$经营净现金流量＝销售收入×(1－所得税税率)－经营付现成本×(1－所得税税率)＋折旧×所得税税率 \tag{6-7}$$

综合式(6-1)、式(6-2)和式(6-3)，公式(6-7)可写为：

$$经营净现金流量＝税后收入－税后成本＋折旧抵税$$

(三) 终结现金流量

终结现金流量主要包括以下两项内容：

(1) 固定资产残值变价收入以及出售时的税赋损益。处理方法与初始现金流量相同。如果预计固定资产报废时残值收入大于税法规定的数额，就应计缴所得税，形成一项现金流出量；反之，则可抵减所得税，形成现金流入量。

(2) 垫支营运资本的回收。这部分资本不受税收因素影响，税法把它视为资本的内部转移，就如把应收账款换成现金一样。因此，回收的营运资本仅仅是终结期现金的增加。

三、现金流量计算实例

(一) 新建项目现金流量的计算

【例6-3】 长江机械公司现正进行某一项目的投资可行性分析。该项目的初始固定资产投资额为600万元，假设建设期为零，固定资产建成后，为了使之能够运转，需垫付流动资金200万元，该项目建成后能够有效使用6年，按直线法计提折旧，期满残值为60万元，预计项目到期设备出售60万元。项目建成投入使用后，每年可增加销售收入480万元，同时付现成本增加310万元，企业所得税税率为25%。初始垫付的流动资金在项目终结时全部收回。请分析该项目现金流量情况。

根据上述资料，项目现金流量的计算分析如下。

(1) 项目初始投资阶段的初始现金流量。

对公司而言，项目的初始投资阶段现金流量主要是两项内容，一是固定资产的设备成本600万元；二是垫付的流动资金200万元，总计为800万元，为现金净流出。现金流出量用负号表示，下标“0”表示决策点，初始净现金流量为：

$$NCF_0=-600-200=-800(\text{万元})$$

(2) 项目建成经营阶段的经营现金流量。

考虑项目固定资产的成本为600万元，期满残值60万元，使用6年，直线法折旧，固定资产年折旧额$=\frac{600-60}{6}=90$(万元)

企业年营业利润＝480－310－90＝80(万元)
企业计缴所得税＝80×25%＝20(万元)
企业实现年净利润＝80－20＝60(万元)

企业经营期的净现金流量＝净利润＋非付现成本，则第1年至第6年的经营净现金流量均为：

$$NCF_{1\text{-}6}=60+90=150(\text{万元})$$

(3) 项目终结处置阶段的终结现金流量。

项目终结现金流量包括：初始阶段垫付的200万元流动资金的回收，以及到期固定资产的预计出售收入60万元，总计260万元现金流入。

$$NCF_6=200+60=260(\text{万元})$$

根据公司的资料，投资项目现金流量预测计算表如表6-4所示。

表6-4　投资项目现金流量预测计算表　　　单位：万元

项　目	0	1	2	3	4	5	6
固定资产投资	－600						
垫付流动资产	－200						
销售收入		480	480	480	480	480	480
经营付现成本		310	310	310	310	310	310
折旧		90	90	90	90	90	90
税前利润		80	80	80	80	80	80
所得税(税率为25%)		20	20	20	20	20	20
税后利润		60	60	60	60	60	60
经营净现金流量		150	150	150	150	150	150
回收垫付流动资金							200
固定资产出售收入							60
净现金流量	－800	150	150	150	150	150	410

根据前面的结论，项目的净利润总额与项目的净现金流量总额是相等的。依据该项目的计算结果，项目的6年可实现的净利润总额为360万元，加总项目各年的净现金流量总额

也为360万元。

(二) 更新项目现金流量的计算

【例6-4】 长江机械公司为了提高设备的使用效率、降低设备运行成本，现准备购置一台新设备替代原有旧设备。旧设备原值300万元，已计提折旧50万元，估计还可用5年，5年后的残值为零。旧设备如果现在出售，可得价款210万元。新设备的买价、运费和安装费计300万元，可用5年，残值为20万元，估计第5年末该设备可售28万元。用新设备代替旧设备后，每年销售收入可增加100万元，增加付现成本66万元。企业所得税率为25%。新旧设备均按直线法折旧。请分析投资项目的现金流量。

在[例6-4]中，可以认为存在两个备选方案：一是仍然使用旧设备；二是出售旧设备，购置新设备。我们以出售旧设备购置新设备(以下简称“更新项目”)为选择方案来考察项目的现金流量，根据我们设定的分析问题的立场，更新项目方案三个阶段的现金流量计算如下：

(1) 项目初始阶段追加投资额。

在初始投资阶段的现金流量的分析中，需要考虑旧设备出售可获得的现金净收入，用以抵减购置新设备的成本，以确定以新换旧方案所需追加的投资额。

旧设备的原值300万元，已计提折旧50万元，旧设备的账面净值为250万元。该旧设备如果在市场上销售的价格为210万元，由于售价低于账面净值，将发生出售损失40万元，这40万元可抵减所得税10万元，因此，出售旧设备的现金净收入为220万元。由于新设备的成本为300万元，现出售旧设备可获220万元现金收入，因此，用新设备代替旧设备只需追加80万元投资。

(2) 建成经营阶段增加的净现金流量。

根据上述资料，年折旧额的计算如下：

$$\text{新设备的年折旧额}=\frac{300-20}{5}=56(\text{万元})$$

$$\text{旧设备的年折旧额}=\frac{300-50}{5}=50(\text{万元})$$

使用新设备代替旧设备，每年追加的折旧费为6万元。根据新设备代替旧设备增加的收入和付现成本，我们可以计算出增加的税前利润为28万元，增加所得税额为7万元，增加净利润为21万元，根据经营净现金流量等于折旧加净利润，营业期每年增加净现金流量为27万元。

(3) 项目终结处置阶段回收现金。

项目终结处置阶段回收的现金流量，主要是设备出售的残值收入和收回垫付流动资金，因为本例没有垫付流动资金，所以，只涉及新设备的残值，因为旧设备不考虑残值。新设备使用期满时的账面残值为20万元，由于可以按28万元的价格出售，增加了当期的应税所得额，增加所得税额为2万元，考虑到这2万元的所得税额为处理新设备到期的支出，所以，处理新设备的残值净收入为26万元。更新项目的现金流量如表6-5所示。

表 6-5　更新项目增量现金流量计算表　　单位:万元

项　目	0年投资期	1～5年经营期	第5年年末
1. 初始投资Δ			
新设备的成本	−300		
旧设备的变现收入	210		
旧设备变现损失	40		
旧设备变现损失减税	10		
2. 经营现金流量Δ			
(1) 销售收入Δ		100	
(2) 付现成本Δ		66	
(3) 折旧费Δ		6	
(4) 税前利润Δ		28	
(5) 所得税Δ		7	
(6) 净利润Δ		21	
3. 终结现金流量Δ			26
4. 净现金流量Δ	−80	27	26

第三节　项目投资决策方法

一、非贴现法

(一) 投资回收期法

投资回收期(Payback Period)是根据预期现金流量来计算的收回初始投资额所需的年数。投资回收期法是指根据收回投资期限的长短来进行投资决策的方法。一般来说,回收期越短越好。回收期法的一般规则是:将投资方案的回收期与投资者的目标回收期进行比较,如果投资方案的回收期短于目标回收期,则可以接受该投资方案;如果投资方案的回收期长于目标回收期,则不能接受该投资方案。

投资回收期的计算方法有两种,分别是公式法和列表法。

1. 公式法

利用公式法计算投资回收期时,要求评价项目的每年经营净现金流量相同,且经营净现金流量之和须大于初始投资额。

在原始投资一次性支出,经营期年净现金流量相等时,其公式如下:

$$\text{不包括建设期的回收期}=\frac{\text{初始投资额}}{\text{年现金净流量}} \tag{6-8}$$

$$包括建设期的回收期=建设期+\frac{初始投资额}{年现金净流量} \tag{6-9}$$

根据[例 6-3]的资料，因为经营期的年净现金流量为 150 万元，初始投资额为 800 万元，所以按照式(6-3)可以计算出回收期如下：

$$不包括建设期的回收期=\frac{初始投资额}{年现金净流量}=\frac{800}{150}=5.33(年)$$

2. 列表法

如果每年现金流入量不等，则按照列表法来计算投资回收期。列表法有以下三个步骤：第一，计算各年累计的净现金流量；第二，在累计净现金流量表上找到最后一个为负的累计净现金流量，该年份对应的年限为投资回收期的整数年限；第三，计算投资项目的投资回收期。

【例 6-5】 现有一投资项目，初始投资额为 3 000 万元，使用期限为 6 年，每年的经营净现金流量如表 6-6 所示。

表 6-6 项目净现金流量及投资回收期计算表 单位：万元

年份	0	1	2	3	4	5	6
每年净现金流量	−3 000	700	900	1 000	800	700	600
累计净现金流量	−3 000	−2 300	−1 400	−400			

根据项目净现金流量的分布情况，以及计算的每年累计的净现金流量数，项目的投资回收期的整数年限为 3 年，因为到第三年时，项目还有 400 万元的投资未被回收，小于第四年的净现金流量 800 万元，收回 400 万元投资额，需要第四年净现金流量 800 万元中的一半，从时间来说，即 0.5 年，收益项目投资回收期为 3.5 年，即：

$$不包括建设期的回收期=3+\frac{400}{800}=3.5(年)$$

如果项目的建设期不是为零，而是存在建设期，假如项目的建设期为 1 年，投资额为第一年年初投入 2 000 万元，第二年年初投入 1 000 万元，第二年建成并投入生产，建成后可以使用 6 年，每年净现金流量如表 6-7 所示。

表 6-7 项目净现金流量及投资回收期计算表 单位：万元

年份	0	1	2	3	4	5	6	7
每年净现金流量	−2 000	−1 000	700	900	1 000	800	700	600
累计净现金流量	−2 000	−3 000	−2 300	−1 400	−400			

因为项目的建设期为 1 年，所以，项目的投资回收期为 4.5 年，是在此基础上加上不包括建设期的投资回收期 3.5 年。

$$包括建设期的回收期=1+3.5=4.5(年)$$

投资回收期的优点在于简便易行，该方法也是企业投资决策时经常使用的方法。但该方法也存在一些不足之处，一是忽略了货币的时间价值，二是对于回收期以后的收益情况未能反映。

(二) 平均会计报酬率法

平均会计报酬率(Average Accounting Return，ARR)是平均会计利润与平均账面价值的比率。ARR 有很多不同定义，其常用计算公式如下：

$$ARR=\frac{平均净利润}{平均账面价值} \tag{6-10}$$

按定义，[例 6-1]的平均会计报酬率为：

$$ARR=\{120\div[(600+0)\div 2]\}\times 100\%=40\%$$

平均会计报酬率的一般规则是：若某个项目的平均会计报酬率超过了目标会计报酬率，则项目可以接受。平均会计报酬率的主要优点是比较简单，它使用已有的会计信息。这种方法的主要缺点是没有考虑货币的时间价值。另外，ARR 是一个不具有任何经济意义的指标，无法与金融市场提供的报酬率相比较。

二、贴现法

(一) 净现值法

净现值(Net Present Value，NPV)是指特定投资方案预期经营期及终结期净现金流量和投资期初始投资额按预定贴现率贴现为现值后的差额。预定贴现率也就是企业所要求的最低投资收益率。净现值是该投资方案给企业增加的净价值。其计算公式如下：

$$NPV=\sum_{i=1}^{n}\frac{NCF_i}{(1+r)^i}-I \tag{6-11}$$

式(6-11)中：NCF_i 为第 i 年年末净现金流量，第 n 年净现金流量包括终结期残值收益；r 为投资项目必要收益率；I 为初始投资额。

净现值法是根据某一投资方案的净现值是正数还是负数来确定该方案是否可行的决策分析方法。净现值法的一般规则是：①如果净现值为正数，表明该投资方案的现金流入量现值大于现金流出量现值，该投资方案的投资报酬率大于预定贴现率，该方案可行；②如果净现值为负数，表明该投资方案的现金流入量现值小于现金流出量现值，该投资方案的投资报酬率小于预定贴现率，该方案不可行；③对相同投资额的不同项目，净现值大的方案优于净现值小的方案。

根据式(6-11)，我们可以计算[例 6-3]的净现值，假定企业投资要求的必要收益率为 15%，则其净现值为：

$$\begin{aligned}NPV&=150\times(P/A,15\%,6)+260\times(P/F,15\%,6)-800\\&=150\times 3.7845+260\times 0.4323-800=-119.927(万元)\end{aligned}$$

同样，对[例 6-4]，企业投资要求的必要收益率也为 15%，则该项目的净现值为：

$$NPV = 27 \times (P/A,\ 15\%,\ 5) + 26 \times (P/F,\ 15\%,\ 5) - 80$$
$$= 27 \times 3.3522 + 26 \times 0.4972 - 80 = 23.44(\text{万元})$$

由上述计算结果可知道：因为[例 6-3]项目的净现值小于零，所以，长江机械公司的该项目不应该进行投资，应该放弃投资。而[例 6-4]项目的净现值由于大于零，所以，该项目是可接受项目。

净现值法的优点是：考虑了货币的时间价值，能够反映各种投资方案的净收益，因而是一种较好的方法，具有广泛的适用性。净现值法应用的主要问题是如何确定贴现率，第一种方法是根据资金成本来确定，第二种方法是根据企业要求的最低资金利润率来确定。第一种方法，由于计算资金成本比较困难，故限制了其应用范围；第二种方法根据资金的机会成本，即一般情况下可以获得的报酬来确定，比较容易解决。对净现值法来说，对于不同投资额的项目，尽管净现值均大于零，但却无法比较不同项目的优劣。为此，我们希望建立相对值的指标来进行分析判断，这就是现值指数法。

(二) 现值指数法

现值指数也称获利指数(Profitability Index, PI)，是指特定投资方案预期经营期及终结期净现金流量的现值与投资期初始投资额的比率。

现值指数法是根据某一投资方案的获利指数是否大于 1 来确定该方案是否可行的决策分析方法。现值指数法的一般规则是：①如果现值指数大于 1，该投资方案则可行；②如果现值指数小于 1，该投资方案不可行；③现值指数大的方案优于现值指数小的方案。

现值指数（PI）的计算公式如下：

$$PI = \frac{\sum_{i=1}^{n} \frac{NCF_i}{(1+r)^i}}{I} = \frac{NPV + I}{I} = \frac{NPV}{I} + 1 \qquad (6\text{-}12)$$

根据[例 6-3]的资料，利用公式(6-12)可计算出该方案的获利指数如下：

$$PI = \frac{-119.93 + 800}{800} = 0.85$$

[例 6-4]资料计算的获利指数如下：

$$PI = \frac{23.44}{80} + 1 = 1.29$$

由上述计算结果可知道：因为[例 6-3]项目的现值指数小于 1，所以，长江机械公司的该项目不应该进行投资，应该放弃投资。而[例 6-4]项目的现值指数由于大于零，所以，该项目是可接受项目。

从以上的分析可以看出，现值指数法具有如下优点：①现值指数法可以用于对独立投资机会获利能力的评价；②现值指数法可以用于投资规模不同的方案之间的比较，净现值法则不能用于投资规模不同的方案之间的比较。由此可见，现值指数是一个相对数指标，反映投资的效率；而净现值指标是绝对数指标，反映投资的效益。

（三）内部报酬率法

内部报酬率（Internal Rate of Return，IRR），有时也称为内含报酬率，是使投资项目净现值为零的贴现率。由于净现值法必须先要确定折现率的大小，这样就对净现值法的应用带来了一些限制，对于一个项目来说，一旦项目净现金流量的大小以及分布均确定以后，项目净现值的大小就是由一系列不同大小的值所构成的一条曲线，该曲线与净现值零线有个交点，即净现值为零时所对应的折现率。净现值与折现率之间的关系如图 6-1 所示。

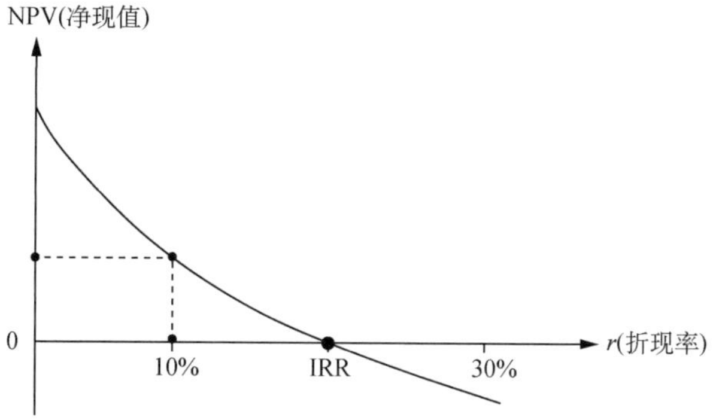

图 6-1 净现值与折现率之间的关系

内部报酬率法是根据投资方案本身的内部报酬率来评价方案优劣的一种方法。内部报酬率法应用的一般规则是：①如果备选方案的内部报酬率高于预定的贴现率，则方案可行；②如果备选方案的内部报酬率低于预定的贴现率，则方案不可行；③内部报酬率高的方案比内部报酬率低的方案要好。

内部报酬率（IRR）的计算公式如下：

$$\sum_{i=1}^{n} \frac{NCF_i}{(1+IRR)^i} - I = 0 \tag{6-13}$$

为了计算项目的内部报酬率，我们可以利用试错的方法，找到与净现值为零最为接近的两个折现率，一个折现率使得净现值小于零，而另一个折现率则使净现值大于零，于是内部报酬率就可以通过内插法求出。

下面我们计算[例 6-3]项目的内部报酬率。根据式（6-11），计算[例 6-3]的净现值，假定企业投资要求的必要收益率为 11%，则其净现值 NPV_1 为：

$$\begin{aligned} NPV_1 &= 150\times(P/A,\ 11\%,\ 6)+260\times(P/F,\ 11\%,\ 6)-800 \\ &= 150\times4.230\,5+260\times0.534\,6-800=-26.43(\text{万元}) \end{aligned}$$

假定企业投资要求的必要收益率为 10%，则其净现值 NPV_2 为：

$$\begin{aligned} NPV_2 &= 150\times(P/A,\ 10\%,\ 6)+260\times(P/F,\ 10\%,\ 6)-800 \\ &= 150\times4.355\,3+260\times0.564\,5-800=0.065(\text{万元}) \end{aligned}$$

依据计算的结果，当项目折现率为10%时，项目净现值为0.065万元，大于零，且与零值非常接近；当项目折现率11%时，项目净现值为−26.43万元，小于零，也与零值非常接近。根据内插法，使得项目净现值为零的内部报酬率的值应该在10%和11%之间。那么，具体的数值是多少呢？应用内插法，内部报酬率的数值 *IRR* 为：

$$\frac{IRR-10\%}{11\%-10\%}=\frac{0-0.065}{-26.43-0.65}$$

得
$$IRR=10\%+\frac{0-0.065}{-26.43-0.065}\times(11\%-10\%)=10.00\%$$

计算出各个备选的投资方案后，可以根据企业的资本成本或所要求的最低投资收益率决定投资方案的取舍。假设投资者所要求的最低投资收益率为15%，由于项目的内部报酬率仅为10.00%，所以，项目不可行。

由以上分析可知，内部报酬率法考虑了货币时间价值，反映了投资项目自身达到的投资回报率水平，概念也易于理解。但这种方法的计算过程比较复杂，特别是每期现金流入量不相等的投资项目，一般要经过多次测算才能求得。而且这一方法假定企业能够按照投资项目的内部报酬率将项目所产生的现金净流量再投资，这与企业在财务投资决策时的假设不一致，而会造成复利率的问题。

内部报酬率法和现值指数法有相似之处，都是根据相对比率来评价方案，而不像净现值法那样使用绝对数来评价方案。当然，两者也有区别。在计算内部报酬率时，不必事先选择贴现率，根据内部报酬率就可以排定独立投资的优先次序，只是最后需要一个切合实际的资金成本或最低报酬率来判断方案是否可行。现值指数法需要一个适合的贴现率，以便将现金流量折为现值，贴现率的高低将会影响方案的优先次序。

第四节　经 营 杠 杆

一、经营风险

经营风险是企业在没有债务筹资的情况下，未来经营利润或者税息前收益的不确定性。从理论上讲，经营风险是企业在经营过程中的内在风险。经营风险受到行业、企业和时间等因素的影响。首先，不同的行业经营风险不同，一般来说，在成熟的行业比在新兴行业经营风险要小，如在制鞋业进行经营比在生物制药行业进行经营，经营风险要小；其次，处于同一行业的不同企业也是不同的，一般来说，大企业的经营风险比小企业要小一些；最后，即使是同一家企业，在不同的时点上，它的经营风险也可能不同。影响企业的经营风险的因素有很多，既有企业外部因素，也有企业内部因素，较为重要的因素如下。

1. 需求的波动性

假定其他因素不变，企业产品的需求波动性越小，该企业的经营风险就越小；反之，亦然。

2. 销售价格的波动性

假定其他因素不变,企业产品在市场上价格波动性越小,企业的经营风险越小;反之亦然。

3. 投入成本的波动性

假定其他因素不变,企业投入成本的波动性越小,企业的经营风险越小;反之亦然。

4. 随着投入成本变动调整产品价格的能力

如果企业随着投入成本变动调整产品价格的能力强,当投入成本高时,产品能够比较方便地在市场上提高销售价格以弥补投入成本提高带来的损失。假定其他因素不变,随着投入成本变动调整价格的能力越强,企业的经营风险就越小;反之亦然。

5. 及时高效地开发新产品的能力

这主要体现在高科技行业,如计算机行业。企业的产品更新速度越快,企业的经营风险越大。

6. 固定成本的比重

企业的固定成本并不会随着产品需求的下降而下降。如果企业总成本中固定成本的比重较大,当产品的需求出现下降时,企业的销售收入降低,但是固定成本并没有随之下降,这会导致企业的营业利润出现较大幅度的下降,企业就会面临较大的经营风险。这一因素被称为是经营杠杆。

二、经营杠杆

从上面的分析可以看出,影响经营风险的因素有很多,经营杠杆只是其中的一种因素。也就是说,经营风险只是部分地取决于企业在经营过程中固定成本的比重。但是在这几种因素中,经营杠杆对企业经营风险的影响最为综合。因此,我们用经营杠杆来对企业的经营风险进行刻画。需要着重指出的是,这里所说的固定成本比重大的行业,通常出现在高自动化、高资本密集度的行业,但如果企业聘请了高级工人,这些高级工人的工资相对比较固定且高昂,也是固定成本的一个重要来源。这种现象在产品开发投入较大的企业较为常见。

经营杠杆是一个项目或公司负担的固定成本的水平。相较于高经营杠杆的公司,拥有低经营杠杆的公司的固定成本较低。一般来说,在厂房和设备上投资较大的项目,将具有相对较高的经营杠杆程度,属于资本密集型项目。任何时候,当考虑一项新的投资时,通常会有多种不同的生产或者销售该产品的方法。例如,企业可以选择购买需要的设备制造产品,也可以将一部分工作外包给其他公司,第一种方式需要在厂房和设备中投入更多资金,有着更高的固定成本和折旧,从而其经营杠杆程度会更高。

经营杠杆对公司项目评估具有重要意义。当固定成本比重较大时,销售量或者销售收入较小的变动,会导致营业利润、经营现金流量和净现值的较大变动,经营杠杆的程度越高,预测风险的潜在危险就越大。也就是说,经营杠杆所起的作用实际上是一把双刃剑,既可以放大企业的利润,也可以放大企业的损失。

接下来,我们举例说明经营杠杆的放大效应。

【例 6-6】 假设 ABC 企业生产并且销售某一种产品，目前企业的固定成本为 100 万元，变动成本率为 70%，企业每年的销售收入为 350 万元。

当企业销售收入为 350 万元时，它的息税前利润为：

$$EBIT = 350 \times (1 - 70\%) - 100 = 5(\text{万元})$$

当企业的年销售收入从目前的 350 万元增加 20%时，它的息税前利润为：

$$EBIT = 350 \times (1 + 20\%) \times (1 - 70\%) - 100 = 26(\text{万元})$$

因此，企业的息税前利润增长率为：

$$\frac{\Delta EBIT}{EBIT} = \frac{26 - 5}{5} \times 100\% = 420\%$$

计算结果可以看出，当企业的销售收入上升 20%时，企业的息税前利润随之上升了 420%，这就是经营杠杆给企业带来的利益。

同时，如果企业的销售收入从目前的 350 万元下降 20%的话，其息税前利润减少为：

$$EBIT = 350 \times (1 - 20\%) \times (1 - 70\%) - 100 = -16(\text{万元})$$

企业利润增长率为：

$$\frac{\Delta EBIT}{EBIT} = \frac{-16 - 5}{5} \times 100\% = -420\%$$

从上述计算结果可以看出，当企业的销售收入下降 20%的话，其息税前利润随之下降了 420%，这就是经营杠杆给企业经营带来的负作用。

从上述两个例子可以看出，由于固定成本的存在，使得企业息税前利润的上升或者下降的幅度要远大于收入上升或者下降的幅度。因此企业必须在经营杠杆可以带来的收益和风险之间进行选择。

三、经营杠杆系数

在前面的内容中，我们解释了经营杠杆以及经营杠杆的放大作用。那么经营杠杆的放大作用的程度要如何衡量？正如前文的例子中所得到的结果，当收入为 350 万元时，企业的销售收入增加 20%，息税前利润就增加了 420%，于是我们可以用息税前利润变动率与收入变动率的比值作为经营杠杆方法作用的衡量指标，我们将其称为经营杠杆系数。于是可以得到，当企业的销售收入为 350 万元时，企业的经营杠杆系数为 21。如果用公式来进行表示的话，经营杠杆系数的计算公式可以表示为：

$$DOL = \frac{\dfrac{\Delta EBIT}{EBIT}}{\dfrac{\Delta S}{S}} \tag{6-14}$$

其中，DOL 表示经营杠杆系数；$\frac{\Delta EBIT}{EBIT}$ 表示息税前收益增长率；而$\frac{\Delta S}{S}$ 为销售收入增长率。

在这里我们假设产品的销售单价不变，因此，$\frac{\Delta S}{S}$ 可以化简为$\frac{\Delta Q}{Q}$。于是 DOL 的计算公式可以变形为：

$$DOL=\frac{\frac{\Delta EBIT}{EBIT}}{\frac{\Delta Q}{Q}} \tag{6-15}$$

式(6-14)对经营杠杆系数的计量给出了一个标准的定义和计算公式。但在实际运用过程中，由于式(6-14)需要计算 $EBIT$ 的变化，这给该式的运用带来了不便之处，因此需要对式(6-14)进行必要的化简。

假设企业的固定成本为 F，单位产品的变动成本率为 v，产品销售单价为 P，产品销售量为 Q，于是由 $EBIT$ 的定义可得：

$$EBIT=P\times Q-P\times v\times Q-F=PQ(1-v)-F$$

由于 P、v 和 F 都不变化，则：

$$\Delta EBIT=P(1-v)\Delta Q$$

$$DOL=\frac{\frac{\Delta EBIT}{EBIT}}{\frac{\Delta Q}{Q}}=\frac{\frac{P(1-v)\Delta Q}{PQ(1-v)-F}}{\frac{\Delta Q}{Q}}=\frac{PQ(1-v)}{PQ(1-v)-F}$$

$$=1+\frac{F}{PQ(1-v)-F}=1+\frac{F}{EBIT}$$

于是，我们可以得到一个计算 DOL 的简便可行的公式：

$$DOL=\frac{\frac{\Delta EBIT}{EBIT}}{\frac{\Delta Q}{Q}}=1+\frac{F}{EBIT} \tag{6-16}$$

对企业而言，在一段时间内，固定成本 F 一般是不变的，由式(6-16)可以看出，当 $EBIT$ 趋近于 0 时，DOL 为无穷大；当 $EBIT$ 为正且逐渐增加时，DOL 会随着 $EBIT$ 的增加而逐渐递减。当 $EBIT$ 为负且逐渐增加(即绝对值逐渐减少)时，DOL 会随着 $EBIT$ 的增加而逐渐递减。而在 $EBIT$ 相同的情况下，F 的值越大，则 DOL 的值也相应地越大。

另一种情况是，如果企业的 $EBIT$ 相同时，F 的值越大，则 DOL 的值也越大。也就是说，如果企业的固定成本的比重比较高，那么销售收入即使下降很少也会导致企业的收益出现大幅度的下降。因此,在其他条件保持不变的情况下,企业的固定成本的比重越大,企业的经营风险越大。

接下来,我们举例说明如何计算经营杠杆系数。

【例 6-7】 ABC 企业产销某一种产品,目前固定成本为 50 万元,该产品的单位售价为 3 000 元,单位变动成本率为 0.7。要求:若该产品的单价保持不变,当销售量为 1 000 件时计算企业的经营杠杆系数。

解: 当销售量为 1 000 件时,企业的息税前收益为:

$$EBIT = 3\,000 \times 1\,000 \times (1-0.7) - 500\,000 = 400\,000(\text{元})$$

于是,由式(6-15)可得:

$$DOL = 1 + \frac{500\,000}{400\,000} = 2.25$$

另外,从式(6-16)可以看出,影响经营杠杆的因素是固定成本和息税前收益。而息税前收益又取决于销售量、单位价格、单位变动成本和固定成本。因此,影响企业经营杠杆的因素有四个:销售量、单位价格、单位变动成本和固定成本。当然,这四个因素对经营杠杆的影响是不同的,销售量越高或者价格越高,企业的经营杠杆就越小,单位变动成本越大或者固定成本额越大,经营杠杆就越大。

企业究竟在多大程度上控制着他们的经营杠杆?在较大的程度上,经营杠杆是由技术所决定的。电力企业、航空企业、钢铁企业以及化工企业通常必须在固定资产上进行巨额投资,这就会导致较高的固定成本,从而造成较高的经营杠杆。类似地,制药行业、汽车行业、计算机行业以及其他行业的企业必须花费大量的投资用于新产品的开发,这些产品的开发成本也会增加经营杠杆程度。日用品商店通常有较低的固定成本,因此经营杠杆程度较低。尽管行业因素对经营杠杆有重要的影响,但所有的企业都对其经营杠杆有一定的控制能力。

需要指出的是,我们对经营杠杆进行全部分析的假设条件是:当销售数量变化时,收入和成本不变或成线性变化。然而在现实世界中,当我们试图拓宽产品市场时,面临的可能是价格疲软,或者当销售额的扩大超过了最佳生产规模时,可能会面临过度的成本消耗,这些关系不像我们假设的那样固定不变。尽管如此,我们所作的研究框架对大多数企业来说,在一定的经营范围内是合理有效的,只有在极限状态下,线性假设才会彻底失败。

本章小结

1. 项目投资是指企业为了获得未来收益,通过从事一定的生产经营活动,将企业前期经营活动所获得的收益或者将筹集到资金投入某一经营活动的经济行为。由于项目投资是以形成与企业生产经营目标一致的一系列固定资产为目标,所以,项目投资决策也被称为固定资产投资决策,而形成固定资产投资支出为资本性支出,有时将项目投资决策称为资本预算。

2. 根据所投资项目的性质,我们可以将投资项目分为扩张性项目、重置性项目、强制性项目和研究与开发类项目。按项目之间的关系，则项目可分为独立项目、互斥项目以及依存项目。

3. 项目的实施均要通过项目的可行性研究进行评价。项目投资决策程序为投资项目的提出、投资项目的评价、投资项目的决策、投资项目的执行以及投资项目的再评价。

4. 对投资项目决策来说，预测投资项目预期的现金流量是首要环节，也是分析投资方案重要和困难的步骤。现金流量是指在一定时期内，由某一投资项目而产生的预期将会收到或付出的现金数。凡是由于该项投资而预期将增加的现金收入或现金支出节约额都称之为现金流入量；凡是由于该项投资引起的预期现金支出称之为现金流出量；一定时期内的预期现金流入量减去预期现金流出量的差额为净现金流量。

5. 资本预算时应用现金流量而不是会计利润，主要是因为利润在各年的分布受折旧方法成本计算中人为因素的影响，而现金流量不受此影响。

6. 预计现金流量时要注意，所有现金流量都是税后现金流量，要考虑机会成本存在，正确判断相关成本。

7. 现金流量由三个阶段的现金流量组成，分为项目投资建设期的初始现金流量、项目建成投产使用期的经营现金流量和项目到期报废处置期的终结现金流量三个部分。

8. 资本预算方法包括回收期法、平均报酬率法、净现值法、内部报酬率法和现值指数法。

9. 回收期是根据预期现金流量来计算的收回初始投资额所需的年数。回收期法是指根据收回投资期限的长短来进行投资决策的方法。一般来说，回收期越短越好。

10. 平均会计报酬率是平均净利润与平均账面价值的比率。根据平均会计报酬率和目标会计报酬率比较的情况，来决定项目的取舍。

11. 净现值是指特定投资方案预期经营期及终结期净现金流量和投资期初始投资额按预定贴现率贴现为现值后的差额。净现值法是根据项目的净现值是正数还是负数来确定项目是否可行。选择净现值大于零的方案。

12. 内部报酬率是使投资项目净现值为零的贴现率。内部报酬率法是根据投资方案本身的内部报酬率来评价方案优劣的一种方法，一般根据内部报酬率高于预定的贴现率来确定可行方案。

13. 现值指数是指特定投资方案预期经营期及终结期净现金流量的现值与投资期初始投资额的比率。现值指数法根据项目的现值指数大于 1 来确定可行项目。

14. 经营杠杆是由于固定成本的存在而引起的。固定成本在一段时间内不会发生变动，这会导致企业的营业利润出现较大幅度的变动。经营杠杆的大小用经营杠杆系数来进行描述，它是息税前利润变动率与销售收入变动率的比值。经营杠杆系数的大小取决于固定成本和息税前收益，并最终取决于销售量、单位价格、单位变动成本和固定成本。

思考题

1. 为什么在项目资本预算时利用的是项目产生的预期现金流量而不是项目预期利润？

2. 简述现金流量有哪几个组成部分并说明如何计算。
3. 简述净现值的定义,并说明怎么计算。
4. 净现值法与内部报酬率法的差异表现在哪些方面?
5. 内部报酬率法的优缺点是什么?
6. 什么是经营杠杆?如何衡量经营杠杆的程度?

练习题

一、单选题

1. 项目投资管理也被称为固定资产投资管理,而形成固定资产投资支出为资本性支出,有时将项目投资管理称为(　　)。

A. 资本支出　　B. 资本管理
C. 资本投资　　D. 资本预算

2. 项目在坚持使用期限内,由于生产经营活动所带来的现金流入和流出的数量,一般将现金流入量减去现金流出量,称为(　　)。

A. 投资现金净流量　　B. 经营净现金流量
C. 筹资现金净流量　　D. 现金净流量

3. 在计算现金流量时,由于折旧可以减少企业的利润,从而可以减少企业的所得税,因此,企业折旧的计提可以间接减少企业的现金流出量,也就是说,折旧具有减少税负的作用,我们将之称为(　　)。

A. 折旧费用　　B. 折旧减税
C. 折旧抵税　　D. 折旧方法

4. A项目按17%的折现率计算的净现值小于零,按16%的折现率计算的净现值大于零,那么该项目的内部报酬率肯定(　　)。

A. 小于16%　　B. 大于17%
C. 无法判断　　D. 大于16%,小于17%之间

5. B公司进行新产品开发,已投入100万元,但研发失败,之后又投入100万元,还是研发失败,如果再继续投入50万元,并且有成功的把握,则需要考虑的相关成本为(　　)万元。

A. 50　　B. 150　　C. 250　　D. 100

6. 关于内部报酬率,下列说法正确的是(　　)。

A. 内部报酬率就是银行贷款利率
B. 内部报酬率就是行业基准利率
C. 内部报酬率就是能够使未来现金净流入等于未来现金净流出现值的贴现率。
D. 内部报酬率就是项目的最高回报率

7. XYZ企业产销某一种产品,目前固定成本为50万元,该产品的单位售价为2 500元,单

位变动成本率为0.6。若该产品的单价保持不变，当销售量为1 000件时，企业的经营杠杆系数为（ ）。

A. 2.5　B. 1.5　C. 2　D. 2.25

二、多选题

1. 根据所投资项目的性质，我们可以将投资项目分为（ ）。
   A. 扩张性项目　B. 重置性项目
   C. 独立项目　D. 研究与开发性项目
2. 根据投资项目对投资决策过程的影响及项目之间的关系，我们可以将投资项目分为（ ）。
   A. 互斥项目　B. 扩张性项目
   C. 独立项目　D. 依存项目
3. 在整个投资有效年限内，项目所实现的（ ）是相等的，所以，净现金流量替代利润是可能的。
   A. 利润总额　B. 投资总额
   C. 筹资总额　D. 净现金流量总量
4. 任何一项正常经营的项目，项目的现金流量由（ ）组成。
   A. 终结现金流量　B. 初始现金流量
   C. 营业现金流量　D. 现金净流量
5. 相关成本是指与特定项目投资决策有关的、在分析评价项目时必须加以考虑的成本，包括（ ）。
   A. 差额成本　B. 机会成本
   C. 沉没成本　D. 重置成本

三、判断题

1. 重置性项目是指对现有设备进行更新改造，包括为维持业务而产生的资本性支出，主要是用于替换那些在生产营利性产品的过程中报废或受损的设备。（ ）
2. 现金流量是指在一定时期内，由某一投资项目而实际将会收到或付出的现金数。（ ）
3. 投资项目的利润和经营现金流量的计算时，如果投资项目的资金来源有债务资金，就应该考虑债务的利息费用。（ ）
4. 在更新改造项目的初始现金流量计算时，我们只需考虑新设备的成本和旧设备的卖价，而不必考虑所得税的影响。（ ）

四、计算与分析题

1. Y公司有一旧设备，原值为200万元，已计提折旧60万元，现Y公司打算用一新设备代替旧设备，新设备的成本为250万元，旧设备的出售价格按现行市价为100万元，公司所得税率为25%，试问，Y公司用新设备代替旧设备需增加多少现金支出？
2. Z公司需投资一项目，该项目的初始投资额为400万元，没有建设期，当年出售收益，项目有效使用期为6年，项目建成后，6年产生的现金净流量分布为80万元、100万元、120万元、120万元、110万元、100万元。Z公司对项目要求的回报率为15%。试问：
   (1) 项目的净现值是多少？

(2) 项目的内部报酬率是多少?

(3) 项目的现值指数是多少?

(4) 项目的投资回收期是多少?

(5) 项目的平均会计报酬率是多少?

3. ABC公司现正进行某一项目的投资可行性分析。该项目的初始固定资产投资额为400万元,假设建设期为零,固定资产建成后,为了使之能够运转,需垫付流动资金100万元,该项目建成后能够有效使用6年,按直线法计提折旧,期满残值与预计出售收入均为40万元。项目建成投入使用后,每年可增加销售收入360万元,同时付现成本增加200万元,企业所得税税率为25%。初始垫付的流动资金在项目终结时全部收回。企业项目投资的必要收益率为10%。

要求:通过计算说明ABC公司是否应投资该项目?

4. D公司原有设备一套,购置成本为300万元,预计使用6年,已使用1年,残值率为10%,公司用直线法提取折旧。现盛大公司拟购买新设备替换原设备,以提高生产率,降低成本。新设备购置成本为400万元,使用年限5年,同样用直线法计提折旧,预计残值为购置成本的10%。使用新设备后公司每年的销售额可以从1 000万元上升到1 200万元。每年付现成本将从800万元上升到900万元。公司如购置新设备,旧设备出售可得收入215万元。新设备使用期满后估计出售可获收入50万元,旧设备的残值估计收入为30万元。假设该企业的所得税税率为25%,资金成本为10%。

要求:通过计算说明该设备应否更新。

5. XYZ公司是一家生产小型家用电器的生产厂家,主要生产家用榨汁机等。目前公司研究开发出一种多功能便捷式榨汁机,其销售市场前景看好。公司就该产品的生产进行评估。有关预测资料如下:该产品的生产设备购置费(原始价值加运费、安装费等)为110 000元,使用年限5年,税法规定设备残值10 000元,按直线法计提折旧,每年折旧费20 000元;预计5年后不再生产该榨汁机可将设备出售,其售价为30 000元。公司现有一处厂房闲置,可以作为榨汁机的生产用房,该厂房当前市场价格为50 000元。预计该家用榨汁机各年的销售量(台)依次为:1 000台、1 600台、2 400台、2 000台、1 200台。预计第一年榨汁机的销售价格为每台105元,由于通货膨胀和竞争因素,售价每年将以2%的幅度增长。第一年榨汁机的付现成本为60元,以后随着原材料价格的大幅度上升,单位成本每年将以10%的比率增长。生产榨汁机需要垫支的营运资本;第1年年初投入10 500元,以后随着生产经营需要不断进行调整,假设按销售收入10%估计营运资本需要量。假定公司的所得税税率为30%,企业投资要求的必要收益率为10%。

要求:XYZ公司是否要进行该项投资?

本章案例: 华菱湘钢高炉煤气发电项目

钢铁企业生产所消耗的能源有三分之一可转换为副产煤气(高炉、转炉、焦炉煤气),若不对二次能源副产煤气加以利用，不仅无益于降低钢铁行业的能耗和减少碳排放，不能实现二次能源再利用，还会对钢铁企业的成本产生不利的影响。国家及地方政府对钢铁生产企业二次能源的回收利用制订了一系列政策，以鼓励和帮助钢铁生产企业充分利用二次能源，为实现节能减排目标和提高钢铁生产企业的经济效益作出贡献。华菱湘钢高炉煤气发电项目正是在我国主要能源再利用政策的背景下，探索解决企业在生产过程中产生高炉、转炉及焦炉煤气等二次能源利用项目的政策条件及投资项目决策问题。

一、项目基本情况及基础数据

根据华菱湘钢高炉煤气发电项目可研报告，该项目采用超高压高温发电机组，有初始投资低、运行维护费用低、故障率低、燃料要求低、机组的可靠性高等优点，但能耗水平相对较高。项目总投资为 56 640 万元（含 500 万流动资金），其中，固定资产投资为 56 140 万元，垫支流动资金为 500 万元，建设期 1 年，经营期 20 年，年最高发电量可达 10.8 亿度，扣除项目本身电耗，可向外供电 10.13 亿度，最高可利用换算后的高炉煤气 3 220 928 000 Nm^3，折合标煤为 36.8175 万吨/年，按国家发展改革委确定的湖南省火电上网电价为 0.5014 元/千瓦时计算，华菱湘钢高炉煤气发电项目建成后最高年电力上网收入可达 50 794 万元，年耗高炉煤气按高炉煤气价 10 元/GJ 计算，年煤气（主要原材料）成本 10 790 万元，其他材料及动力年成本 3 829 万元，按项目生产工艺、人员安排等需要，预计人工费、修理费、排污费、财务费用、管理费用合计每年 7 766 万元，合计年经营成本（不包含原材料费用）为 11 595 万元，高炉煤气的价格维持不变，根据华菱湘钢高炉煤气发电项目可研报告提供的设计数据，得到项目年经营成本，该项目的基本情况如表 6-8 和表 6-9 所示。

根据华菱湘钢近年发布的公开信息综合来看，其年综合生产能力达 1 000 万吨钢水平，预计由于全国产能过剩，华菱湘钢的实际生产能力利用率估计会长期维持在 65%～80%，计算中取平均值 72.5%的产能利用率。由于高炉煤气发电项目所需要主要原材料由华菱湘钢本身的生产所产生，因而其发电量要受到华菱湘钢生产的限制，发电项目平均能上网的电力为 10.1304 亿度的 72.5%。

二、项目财务指标的计算与分析

根据表 6-8 可计算出华菱湘钢高炉煤气发电项目投资决策指标：未取得所得税优惠情况下不包含建设期的静态 *PP* 为 8.0 年，*IRR* 为 10.88%；取得所得税优惠情况下不包含建设期的静态 *PP* 为 4.75 年，*IRR* 为 16.63%。

按长期投资单一项目是否可行的评价标准，不包含建设期的静态投资回收期为项目期的一半以内时，该项目的财务风险在可接受范围内，*IRR* 大于项目贷款利率，且大于该行业或相近行业的平均利润水平，则单纯从财务可行性的角度看，项目是可行的。本项目不包含建设期的静态投资回收期为 4.65 年，显著小于项目经营期一半即 10 年，*IRR* 为 16.63%，该数据明显大于火电行业 2012 年平均销售利润率 9%，不考虑其他因素，华菱湘钢高炉煤气发电项目在财务上具有可行性。

表 6-8　华菱湘钢高炉煤气发电项目现金流量及现值计算表(单位:万元)

序号	项目	总计	建设期	经营期																			
1	现金流入:		0	1	2	3	4	5	6	7	8	9	10	11	12	13	14	15	16	17	18	19	20
2	销售收入		0	36 826	36 826	36 826	36 826	36 826	36 826	36 826	36 826	36 826	36 826	36 826	36 826	36 826	36 826	36 826	36 826	36 826	36 826	36 826	36 826
3	回收固定资产余值	2 246																					2 246
4	回收无形资产余值	0																					0
5	回收流动资金	500																					500
6	流入小计:	1 099 586	0	36 826	36 826	36 826	36 826	36 826	36 826	36 826	36 826	36 826	36 826	36 826	36 826	36 826	36 826	36 826	36 826	36 826	36 826	36 826	39 572
7	现金流出																						
8	固定资产投资	55 057	56 140																				
9	流动资金	500		500	0																		
10	经营成本			22 385	22 385	22 385	22 385	22 385	22 385	22 385	22 385	22 385	22 385	22 385	22 385	22 385	22 385	22 385	22 385	22 385	22 385	22 385	22 385
11	销售税金及附加	17 420		585	585	585	585	585	585	585	585	585	585	585	585	585	585	585	585	585	585	585	585
12	所得税	115 627		6 660	6 660	6 660	6 684	6 774	6 862	6 929	6 997	7 065	7 065	7 065	7 065	7 065	7 065	7 065	7 065	7 065	7 065	7 065	7 065
13	流出小计	630 584	56 140	30 130	29 630	29 630	29 654	29 744	29 832	29 899	29 967	30 035	30 035	30 035	30 035	30 035	30 035	30 035	30 035	30 035	30 035	30 035	30 035
14	净现金流量	469 002	−56 140	6 696	7 196	7 196	7 172	7 082	6 994	6 927	6 859	6 791	6 791	6 791	6 791	6 791	6 791	6 791	6 791	6 791	6 791	6 791	9 537
15	累计净现金流量	84 220	−56 140	−49 444	−42 248	−35 052	−27 880	−20 798	−13 804	−6 877	−18	6 773	13 564	20 355	27 146	33 937	40 728	47 519	54 310	61 101	67 892	74 683	84 220
16	所得税前净现金流量	224 309	−56 140	13 356	13 856	13 856	13 856	13 856	13 856	13 856	13 856	13 856	13 856	13 856	13 856	13 856	13 856	13 856	13 856	13 856	13 856	13 856	16 602
17	所得税前累计净现金流量	224 309	−56 140	−42 784	−28 928	−15 072	−1 216	12 640	26 496	40 352	54 208	68 064	81 920	95 776	109 632	123 488	137 344	151 200	165 056	178 912	192 768	206 624	223 226
18	现值系数(i=16%)		1.000	0.862	0.743	0.640	0.552	0.476	0.410	0.353	0.305	0.262	0.226	0.195	0.168	0.145	0.125	0.107	0.093	0.080	0.069	0.059	0.051
19	净现值	2 549.0	−56 140.0	5 772.0	5 346.6	4 605.4	3 958.9	3 371.0	2 867.5	2 445.2	2 092.0	1 779.2	1 534.8	1 324.2	1 140.9	984.7	848.9	726.6	631.6	543.3	468.6	400.7	486.4
20	累计净现值	2 549	−56 140	−50 368	−45 021	−40 416	−36 457	−33 086	−30 218	−27 773	−25 681	−23 902	−22 367	−21 043	−19 902	−18 917	−18 069	−17 342	−16 710	−16 167	−15 698	−15 298	−14 811
21	所得税前净现值	62 726.0	−56 140.0	11 512.9	10 295.0	8 867.8	7 648.5	6 595.5	5 681.0	4 891.2	4 226.1	3 630.3	3 131.5	2 701.9	2 327.8	2 009.1	1 732.0	1 482.6	1 288.6	1 108.5	956.1	817.5	846.7
22	所得税前累计净现值	62 726.0	−56 140.0	−36 879.8	−21 493.5	−9 646.1	−671.2	6 016.6															

注:经测算,i=18%时,累计净现值为−2 109 万元,基本数据源自该项目可行性研究报告。

表 6-9　所得税优惠政策是否取得对现金流量的影响测算表(单位:万元)

贴现率	优惠否	累计值	1	2	3	4	5	6	7	8	9	10	11	12	13	14	15	16	17	18	19	20
6%	不优惠	$\sum NPF$	−49 444	−42 248	−35 052	−27 880	−20 798	−13 804	−6 877	−18	6 773	13 564	20 355	27 146	33 937	40 728	47 519	54 310	61 101	67 892	74 683	84 220
		$\sum NPV$	−49 826	−43 428	−37 391	−31 711	−26 241	−21 497	−16 890	−12 590	−8 576	−4 787	−1 215	2 154	5 332	8 333	11 165	13 834	16 354	18 730	20 971	23 937
	免 2 减 3	$\sum NPF$	−42 784	−28 928	−18 402	−7 888	2 581	9 575	16 502	23 361	30 152	36 943	43 734	50 525	57 316	64 107	70 898	77 689	84 480	91 271	98 062	107 599
		$\sum NPV$	−43 545	−31 227	−22 396	−14 069	−6 249	−1 325	3 282	7 582	11 596	15 385	18 957	22 326	25 504	28 505	31 337	34 006	36 526	38 902	41 143	44 109
8%	不优惠	$\sum NPF$	−49 444	−42 248	−35 052	−27 880	−20 798	−13 804	−6 877	−18	6 773	13 564	20 355	27 146	33 937	40 728	47 519	54 310	61 101	67 892	74 683	84 220
		$\sum NPV$	−49 946	−43 779	−38 073	−32 801	−27 986	−23 579	−19 541	−15 837	−12 442	−9 297	−6 391	−3 695	−1 202	1 106	3 246	5 222	7 055	8 753	10 322	12 363
	免 2 减 3	$\sum NPF$	−42 784	−28 928	−18 402	−7 888	2 581	9 575	16 502	23 361	30 152	36 943	43 734	50 525	57 316	64 107	70 898	77 689	84 480	91 271	98 062	107 599
		$\sum NPV$	−43 786	−31 911	−23 564	−15 836	−8 717	−4 311	−273	3 431	6 827	9 971	12 878	15 574	18 066	20 375	22 514	24 490	26 324	28 021	29 590	31 631
10%	不优惠	$\sum NPF$	−49 444	−42 248	−35 052	−27 880	−20 798	−13 804	−6 877	−18	6 773	13 564	20 355	27 146	33 937	40 728	47 519	54 310	61 101	67 892	74 683	84 220
		$\sum NPV$	−50 053	−44 109	−38 705	−33 807	−29 416	−25 471	−21 918	−18 721	−15 842	−13 228	−10 851	−8 691	−6 729	−4 943	−3 319	−1 846	−508	708	1 815	3 226
	免 2 减 3	$\sum NPF$	−42 784	−28 928	−18 402	−7 888	2 581	9 575	16 502	23 361	30 152	36 943	43 734	50 525	57 316	64 107	70 898	77 689	84 480	91 271	98 062	107 599
		$\sum NPV$	−43 999	−32 554	−24 649	−17 468	−10 977	−7 033	−3 479	−283	2 596	5 211	7 588	9 747	11 710	13 496	15 119	16 593	17 930	19 146	20 253	21 664
12%	不优惠	$\sum NPF$	−49 444	−42 248	−35 052	−27 880	−20 798	−13 804	−6 877	−18	6 773	13 564	20 355	27 146	33 937	40 728	47 519	54 310	61 101	67 892	74 683	84 220
		$\sum NPV$	−50 167	−44 432	−39 316	−34 761	−30 746	−27 207	−24 706	−21 312	−18 867	−16 687	−14 738	−13 000	−11 444	−10 059	−8 823	−7 716	−6 731	−5 849	−5 061	−4 079
	免 2 减 3	$\sum NPF$	−42 784	−28 928	−18 402	−7 888	2 581	9 575	16 502	23 361	30 152	36 943	43 734	50 525	57 316	64 107	70 898	77 689	84 480	91 271	98 062	107 599
		$\sum NPV$	−43 999	−33 183	−25 699	−19 023	−13 087	−9 548	−6 417	−3 653	−1 208	972	2 921	4 659	6 215	7 600	8 836	9 943	10 928	11 810	12 598	13 580
16%	免 2 减 3	$\sum NPF$	−42 784	−28 928	−18 402	−7 888	2 581	9 575	16 502	23 361	30 152	36 943	43 734	50 525	57 316	64 107	70 898	77 689	84 480	91 271	98 062	107 599
		$\sum NPV$	−44 627	−34 332	−27 595	−21 792	−16 809	−13 941	−11 496	−9 404	−7 625	−6 090	−4 765	−3 625	−2 640	−1 791	−1 064	−433	110	579	980	1 466
18%	免 2 减 3	$\sum NPF$	−42 784	−28 928	−18 402	−7 888	2 581	9 575	16 502	23 361	30 152	36 943	43 734	50 525	57 316	64 107	70 898	77 689	84 480	91 271	98 062	107 599
		$\sum NPV$	−44 827	−34 879	−28 479	−23 064	−18 489	−15 902	−13 733	−11 909	−10 381	−9 084	−7 991	−7 060	−6 272	−5 607	−5 043	−4 568	−4 167	−3 828	−3 536	−3 192

三、我国主要的二次能源再利用政策

钢铁企业二次能源的利用，符合《中华人民共和国循环经济促进法》，是生产过程中的资源化活动，符合促进循环经济的要求。对并网发电项目，电网企业应当按照国家规定，与综合利用资源发电的企业签订并网协议，提供上网服务，并全额收购并网发电项目的上网电量。同时，国务院和省、自治区、直辖市人民政府及其有关部门应当将循环经济重大科技攻关项目的自主创新研究、应用示范和产业化发展列入国家或者省级科技发展规划和高技术产业发展规划，并安排财政性资金予以支持。国家对促进循环经济发展的产业活动给予税收优惠，金融机构应当给予优先贷款等信贷支持，并积极提供配套金融服务。

根据企业所得税法及其实施条例规定，经国务院批准，财政部、税务总局、国家发展改革委公布了《资源综合利用企业所得税优惠目录》(以下简称《目录》)，企业应以《目录》规定的资源作为主要原材料，生产国家非限制和禁止并符合国家和行业相关标准的产品取得的收入，在计算应纳税所得额时，减按90%计入当年收入总额。可以以转炉煤气、高炉煤气、火炬气以及除焦炉煤气外的工业炉气，工业过程中的余热、余压为原料生产电力、热力。企业在原设计规定的产品以外，综合利用该企业生产过程中产生的，在《目录》内的资源作主要原料生产的产品的所得，自生产经营之日起，免征所得税5年；为处理利用其他企业废弃的，在《目录》内的资源而兴办的企业，经主管税务机关批准，可减征或免征所得税1年。

国家在二次能源回收利用的项目还有项目征地优先、减免投资调节税和进口技术设备关税，项目贷款给予无息或贴息贷款，与此同时允许钢铁企业二次能源回收利用项目采用加速折旧的办法回收投资等优惠政策，这些政策在进行投资决策时都应加以考虑。

四、项目的社会经济与政策影响分析

项目建成后，年运行耗能量折标煤为36.8175万吨，年用水量241万 m^3，本项目是利用富余的高炉煤气发电，每年为湘潭市新增供电量10.13亿度，相当于12.45万吨标准煤。因此，本项目相当于减少了湘潭市能源消费的12.45万吨标准煤。本项目总投资56 640万元(含5 000万元流动资金)，占2011年湘潭市GDP总量1 246亿元的0.45%，因此对于湘潭市而言本项目以极低的能源消费量支撑了较大的产值增长，显然本项目的建设和运行对于湘潭市和华菱湘钢完成我国“十二五”节能减排目标具有积极的推动作用，能够帮助当地更好更快地完成节能目标。由于高炉煤气若不加以利用则只能向空气中放散排放，本项目对于湘潭市节能的减排目标的完成，以及湘潭市的环境改善将产生较大的正面影响。

项目运行后，如果不能取得所得税政策优惠，不含建设期的静态投资回收期为8年，内部收益率为10.88%。从目前的电力生产利润率水平、银行贷款利率水平、电力上网价格水平和电力生产成本变化趋势看，8年的静态投资回收期虽然没有超过经营期一半，但回收期绝对数还是太长，所以经营风险是比较大的。目前火电利润水平接近10%，社会实际利率水平高于12%，项目收益水平相对不高，而由于煤价已经进入长期下降通道，上网电价近年呈下降趋势，电力生产成本中人工费用呈快速上升状态，导致平均成本呈上升趋势，这些因素的综合影响将导致项目未来可能的收益水平总体呈向下趋势，这些因素一旦波动，项目的财务可行性基础将不复存在。如果取得所得税政策优惠，不含建设期的静态投资回收期为

4.65年，内部收益率为16.63%，政策的支持对项目有较大的影响，对于项目抗风险能力、收益水平的提高将产生较大的直接影响。如果对项目建设资金进行财政贴息，同时在贷款利率和偿还时间上给予一定优先，在投资调节税和进口设备等方面给予税收优惠，在土地政策上给予照顾，二次能源利用项目的生存能力将大大增强，这对于我国单位GDP能耗的降低和污染物排放的减少具有重要的意义。

资料来源：刘爱东，朱恒孚.二次能源利用项目投资决策的影响因素分析——以华菱湘钢高炉煤气发电项目为例[J].财务与金融，2014(02)：20-24.

案例思考题

1. 对于本案例中的二次能源利用项目，采用哪些投资决策方法更合适？

2. 根据表6-8计算出华菱湘钢高炉煤气发电项目投资决策指标，并据此判断该项目是否可行(考虑是否取得所得税优惠的两种情况)。

分析思路

1. 对于本案例中的二次能源利用项目，采用哪些投资决策方法更合适？

分析思路：二次能源利用项目投资决策作为长期投资决策，应该选择考虑了货币时间价值的投资决策指标。

2. 根据表6-8计算出华菱湘钢高炉煤气发电项目投资决策指标，并据此判断该项目是否可行(考虑是否取得所得税优惠的两种情况)。

分析思路：分为考虑所得税优惠与不考虑所得税优惠两种情况分别计算，结合问题一所选择的指标，计算出指标数额，并根据该方法的判断准则来进行综合判断，最终得到是否可行的结论。

第七章　流动资产管理

学习要点

□ 现金管理
□ 应收账款管理
□ 存货控制

一个企业要维持正常的经营运转，就必须要拥有一定的流动资产。据调查，公司财务经理约有 60%的时间用于流动资产管理。因此，企业必须解决好流动资产管理问题，即如何管理现金、应收账款、存货等重要资源，以不断地提高流动资产的管理效率。

第七章是流动资产管理，分为三节介绍主要内容。第一节介绍企业的现金管理，主要包括企业持有现金的动机、现金管理的相关成本以及现金管理的几种分析模型；第二节为企业的应收账款管理，主要包括企业应收账款的形成原因、应收账款的相关成本以及应收账款的管理策略；第三节为企业的存货控制，主要包括企业持有存货的原因、存货成本的构成以及存货控制的方法。

第一节　现 金 管 理

一、现金的概念与持有动机

(一) 现金的相关概念

现金的概念有多种解释，经济意义上的现金包括库存现金、商业银行中的支票、账户存款和未存入银行的支票等。然而，财务人员经常将 3 个月到期的短期有价证券也认定为现金。短期有价证券常被认为是现金等价物，它包括短期国库券、大额可转让存单和回购协议。

现金是企业流动性最强的一项资产，通常被比喻为企业的血液。“现金为王”，企业在持续不断的经营活动中，只有拥有充足而合理的现金流，才能得以生存与发展。虽然企业置存现金是需要承担经营成本和费用的，但现金的持续流动又能为企业带来相应的利润。

(二) 新加坡航空公司案例

新加坡航空公司的资产负债表列示出该公司在 1998 年 3 月拥有的总资产为 100 亿美

元,仅凭这一点新加坡航空公司可算得上世界上最大的运输公司之一。并且,新加坡航空公司持有高达 6 640 万美元的现金,这里的现金包括库存现金、商业银行中的最低存款要求额,以及未存入银行的支票等。

既然现金无法获得利息收入,新加坡航空公司为何又要持有如此之多的现金呢?新加坡航空公司将其现金投资到有价证券(如短期国债)上,以获得一些投资收益似乎更明智些。当然,新加坡航空公司持有现金的一个理由是支付其所购买的货物或接受的服务。也许新加坡航空公司更愿意用短期国库券支付员工工资,但短期国库券的最小面值是 1 万美元!由于现金较之短期国库券更具有可分割性,因此,企业就必须使用现金。

(三) 持有现金的动机

企业持有现金的动机有三个。

一是为满足"交易动机"而必须持有现金。与交易相关的需要来自企业的正常性收支活动。现金的收入则源于企业经营过程中的销售、资产的出售和新的融资活动等。而现金的支出包括支付工资、偿还债务、缴纳税款和派发股利等。现金的流入(回收)和现金的流出(支付)并不是完全同步的,持有一定数额的现金来做缓冲是很有必要的,如果企业持有的现金余额过小,就可能出现现金耗尽的现象。在这种情况下,企业只好出售有价证券或是通过借贷来满足现金需要,而出售有价证券和借贷则会带来"交易成本"。

二是出于应付意外事件的"预防动机",如为了应付自然灾害、生产事故、意外发生的财务困难等原因而持有的现金。公司的现金流量受市场情况和公司的自身的经营状况影响较大,一般很难被准确地预测,因此,公司必须在正常的现金需要量基础上,追加一定数量的现金以防不测。持有一定数量的预防性现金,可以减少公司的财务风险。

三是出于投机获利需要的"投机动机"。如在证券市场价格剧烈波动时,进行证券投机所需要的现金、为了能随时购买到偶然出现的廉价原材料或资产而准备的现金等。投机是为了获利,同时也会承担较大的风险,所以公司应当在正常的现金需要量基础上,追加一定数量的投机性现金余额,不能用公司正常的交易活动所需的现金进行投机活动。投机性现金的持有量主要取决于公司对待投机的态度以及公司在市场上的投机机会大小。

二、目标现金余额的确定

(一) 目标现金持有量图

目标现金余额(Target Cash Balance)的确定要求企业在持有过多现金产生的机会成本与持有过少现金而带来的交易成本之间进行权衡,如图 7-1 所示。一个试图保持过低现金量的企业发现,比起持有较高的现金余额,它将更频繁地出售有价证券(并且可能为了替代售出的证券而在以后又购入其他有价证券)。也就是说,随着现金余额的增加,交易成本将随之下降。相反,随着现金持有量的增加,持有现金的机会成本也将随之提高。图 7-1 的 C^* 点,是由三种成本之和所绘出的总成本曲线的最低点。这就是目标现金余额或是最佳现金余额。

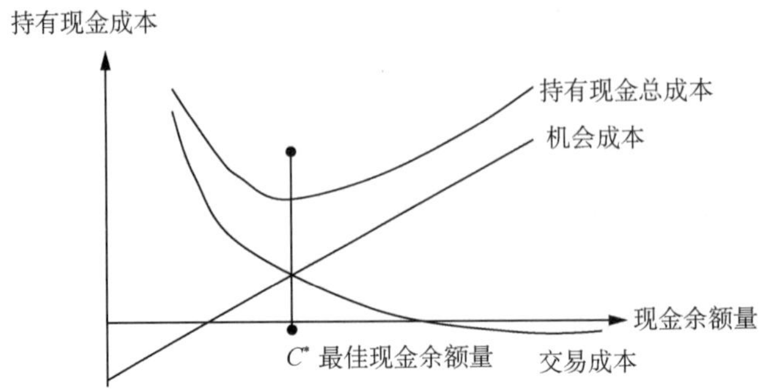

图 7-1 持有现金的成本

注:在一定的现金持有量范围内,管理成本是一种固定成本。当企业出售有价证券来建立现金余额时,交易成本也随之上升。当因现金余额的存在而无法获得现金收益时,机会成本也随之上升。

(二) 现金管理的几种分析模型

1. 成本分析模型

成本分析模型是先分别计算出各种方案的机会成本、管理成本以及交易成本之和,再从中选出总成本之和最低的现金持有量,即最佳现金持有量。

【例 7-1】 A 企业有四种现金持有方案,它们各自的机会成本、管理成本和交易成本如表 7-1 所示。

表 7-1 现金持有方案 单位:元

项 目	甲方案	乙方案	丙方案	丁方案
现金持有量	25 000	50 000	75 000	100 000
机会成本	3 000	6 000	9 000	12 000
管理成本	20 000	20 000	20 000	20 000
交易成本	12 000	6 750	2 500	0

注:机会成本率即该企业的资本收益率为 12%。

这四种方案的总成本计算结果如表 7-2 所示。

表 7-2 现金持有总成本 单位:元

项 目	甲方案	乙方案	丙方案	丁方案
机会成本	3 000	6 000	9 000	12 000
管理成本	20 000	20 000	20 000	20 000
交易成本	12 000	6 750	2 500	0
总成本	35 000	32 750	31 500	32 000

将以上各方案的总成本加以比较可知,丙方案的总成本最低,也就是说 A 企业持有

75 000 元现金时，各方面的总代价最低，对企业最合算，故 75 000 元是该企业的最佳现金持有量。

2. 威廉·鲍莫尔模型

威廉·鲍莫尔第一次将机会成本与交易成本结合在一起，提出了现金管理的正式模型。鲍莫尔模型可以用来确定目标现金余额。

假设上大公司在第 0 周的现金余额(C)为 120 万元，且每周的现金流出量比现金流入量多 60 万元。该公司的现金余额在第二周末将降为零，即在这两周内其平均现金余额为 60 万元。在第二周末，上大公司就必须出售有价证券或是通过借贷来补充现金了。图 7-2 说明了这一情况。

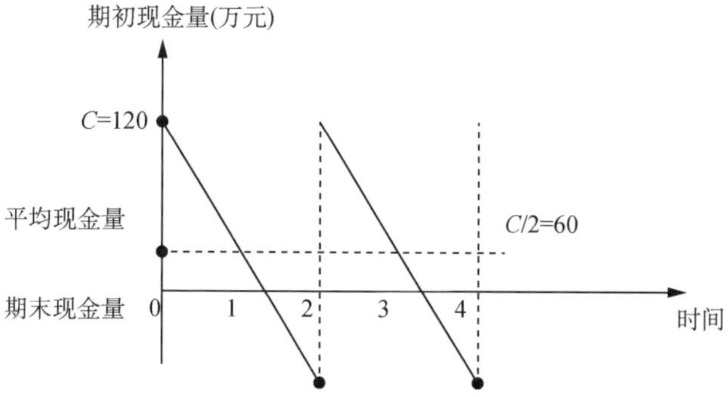

图 7-2　上大公司的现金余额量

如果把 C 设得更高一些，如设为 240 万元，这样企业需要出售有价证券之前，现金可以维持 4 周，但是企业的平均现金余额也随之从 60 万元提高到 120 万元；如果把 C 设为 60 万元，那么现金在一周内就将耗尽，而企业也必须更频繁地补充现金，虽然这样，企业的平均现金余额却从 60 万元降至 30 万元。

由于补充现金时必然发生交易成本(如出售有价证券时需支付的经纪费用)，因此建立大量的初始现金余额将降低与现金管理有关的交易成本。然而，平均现金余额越大，机会成本(本可以通过售出有价证券得到的收益)也就越大。

为了解决这一问题，上大公司必须明确以下三点：

(1) 售出证券以补充现金的固定成本(F)。

(2) 在相关的计划周期(如一年)内交易的现金总需要量(T)。

(3) 持有现金的机会成本(即有价证券的利率)(K)。

在此基础上，上大公司就可以确定任一特定现金余额政策的总成本(假如不考虑管理成本)，并随之确定最佳的现金余额政策了。

(1) 机会成本。其等于现金余额乘以利率，计算公式如下：

$$\text{机会成本}=\frac{C}{2}\times K \tag{7-1}$$

表 7-3 列示了几种不同选择的机会成本计算情况。

表 7-3　机会成本计算表　　单位：元

初始现金余额	平均现金余额	机会成本(K=0.10)
C	$C/2$	$(C/2)\times K$
4 800 000	2 400 000	240 000
2 400 000	1 200 000	120 000
1 200 000	600 000	60 000
600 000	300 000	30 000
300 000	150 000	15 000

(2) 交易成本。上大公司的交易成本可以通过计算该年起出售有价证券的次数而确定。该年的现金支出总额为：

$$60\text{万元/周}\times 52\text{周}=3\ 120(\text{万元})$$

如果将初始现金余额设为 120 万元，那么上大公司每两周就必须出售 120 万元有价证券。这样，我们可以得到交易成本为：

$$\frac{3\ 120}{120}\times F=26F$$

其计算公式为：

$$\text{交易成本}=\frac{T}{C}\times F \tag{7-2}$$

可选择方案的交易成本如表 7-4 所示。

表 7-4　交易成本计算表　　单位：元

相关周期内的总支出额 (T)	初始现金余额(C)	交易成本(F = 1 000) $(T/C)\times F$
31 200 000	4 800 000	650
31 200 000	2 400 000	1 300
31 200 000	1 200 000	2 600
31 200 000	600 000	5 200
31 200 000	300 000	10 400

(3) 总成本。现金余额的总成本是由机会成本加上交易成本构成，总成本计算表如表 7-5 所示，其计算公式如下：

$$\text{总成本}=\text{机会成本}+\text{交易成本}$$
$$TC=\frac{C}{2}\times K+\frac{T}{C}\times F \tag{7-3}$$

表 7-5 总成本计算表

单位:元

初始现金余额	总成本	机会成本	交易成本
4 800 000	246 500	240 000	650
2 400 000	133 000	120 000	1 300
1 200 000	86 000	60 000	2 600
600 000	82 000	30 000	5 200
300 000	119 000	15 000	10 400

(4) 解决方法。我们从表 7-5 中可以看到,现金余额为 60 万元时,对应的总成本的最低值为 82 000 元。但是,当现金余额分别为 700 万元、500 万元时,或是其他可能值时,总成本又是多少呢? 为了精确地确定最低总成本,上大公司就必须令随着现金余额上升而产生的交易成本的边际减少额等于随着余额上升的机会成本的边际增加额。目标现金余额即为互为消长的两者的相遇点:

$$TC=\frac{C}{2}\times K+\frac{T}{C}\times F$$

如果我们将总成本对应于现金余额求导数,并令其等于零,就可以得到:

$$\frac{\mathrm{d}TC}{\mathrm{d}C}=\frac{K}{2}-\frac{TF}{C^2}=0$$

$$\frac{K}{2}=\frac{TF}{C^2} \tag{7-4}$$

$$C=\sqrt{\frac{2FT}{K}}$$

如果 $F=1\ 000$ 元,$T=3\ 120$ 万元,且 $K=10\%$,那么 $C=78.99$ 万元。

(5) 局限性。鲍莫尔模型是对现金管理的一大贡献,但这一模型也具有以下局限性:

第一,该模型假设企业的支出率不变。但实际中,由于到期日的不同及无法对成本进行准确预测,而只能对开支进行部分管理。

第二,该模型假设计划期内未发生现金收入。事实上,绝大多数企业在每一个工作日内都将既发生现金流入也发生现金流出。

第三,未考虑安全现金库存。为了降低现金短缺或耗尽的可能性,企业极有可能拥有一个安全现金库存。但是,如果企业可以实现在几小时内售出有价证券或进行借贷,安全现金库存量就可以达到最小。

鲍莫尔模型可能是最简单、最直观的确定最佳现金量的模型,但其最大的不足是假定现金量是离散的、确定的。

3. 因素分析模型

因素分析模型是根据上年现金实际占用额以及本年有关因素的变动情况,对不合理的现金占用进行调整，从而确定目标现金持有量的一种方法。这种方法在实际工作中具有较强的实用性，而且比较简便易行。一般来说，现金持有量与公司的销售收入呈正比关系，销售收入增加，公司的现金需要量就会随之增加。因此，因素分析模型可用以下计算公式表示：

目标现金余额＝(上年现金平均占用额－不合理占用额)×(1±预计销售收入变动的百分比) (7-5)

【例 7-2】 A 公司 2×20 年的现金实际平均占用额为 1 000 万元，经分析其中不合理的现金占用额为 50 万元。2×21 年预计销售收入可比上年增长 12%。要求采用因素分析模型确定该公司 2×21 年的目标现金持有量。

根据因素分析模型，该公司 2×21 年的目标现金持有量为：

(1 000－50)×(1＋12%)＝1 064(万元)

4. 现金周转模型

现金周转模型是根据现金周转期来确定最佳现金持有量的方法。现金周转期是指从现金投入生产经营活动开始，经过生产经营过程，最终又转化为现金所需要的时间。在公司的全年现金需求总量一定的情况下，如果现金周转期越短，则公司的现金持有量就越小。

现金周转期如图 7-3 所示。

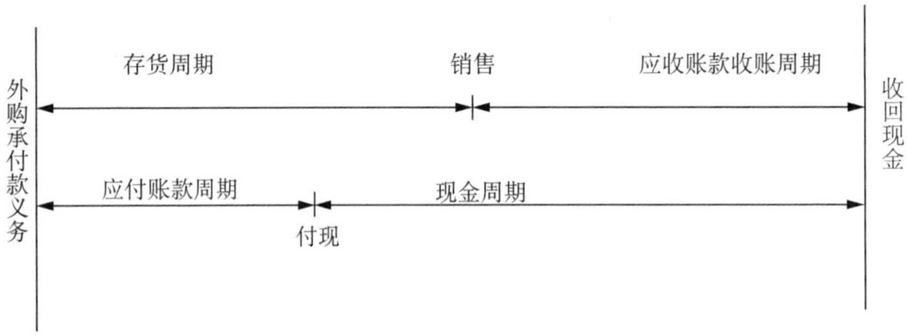

图 7-3 现金周转期

现金周转期的计算公式为：

现金周转期＝应收账款周转期－应付账款周转期＋存货周转期 (7-6)

现金周转期就是现金周转一次所需要的天数。根据现金周转期可以计算出现金周转率，即在一年中现金周转的次数。其计算公式为：

现金周转率＝360÷现金周转期 (7-7)

现金周转率越高，说明公司现金周转的速度越快，在全年现金需求总量一定的情况下，公司所需的现金持有量就越小。

在公司全年的现金需求总量确定后，可以根据现金周转期或者现金周转率来计算最佳现金持有量，其计算公式为：

目标现金持有量＝年现金需求总量÷现金周转率 (7-8)

或者：

$$目标现金持有量=(年现金需求总量÷360)×现金周转期 \tag{7-9}$$

【例 7-3】 上大公司的材料采购和产品销售都采用赊销方式，其应收账款的周转期为 60 天，应付账款的周转期为 50 天，存货的周转期为 40 天。预计该公司 2021 年的现金需求总量为 1 800 万元。要求：采用现金周转模型确定该公司 2021 年的目标现金持有量。

现金周转期 =60－50＋40=50(天)

现金周转率 =360÷50=7.2(次)

目标现金持有量 =1 800÷7.2=250(万元)

现金周转模型确定目标现金持有量具有简单明了的优点。但是，其应用条件要求公司的生产经营活动应当始终保持稳定，即公司保持比较稳定的生产和销售，并且信用政策也要保持长期稳定。否则，计算出的目标现金持有量就不准确。

三、关于现金管理

(一) 现金的总体管理

公司的现金管理，主要从以下几个方面入手：

(1) 编制现金预算。现金预算是现金管理的一个重要方法，公司应当在合理预计现金流量的基础上，编制现金预算，提高现金的利用效率。

(2) 确定最佳现金持有量。在理论上，现金存在一个最佳持有量，公司为了充分利用现金，降低现金的成本，应当根据自身情况，确定一个目标现金持有量。

(3) 当公司实际现金余额与理想现金余额不一致时，可采用短期融资策略或有价证券投资策略。具体如图 7-4 所示。

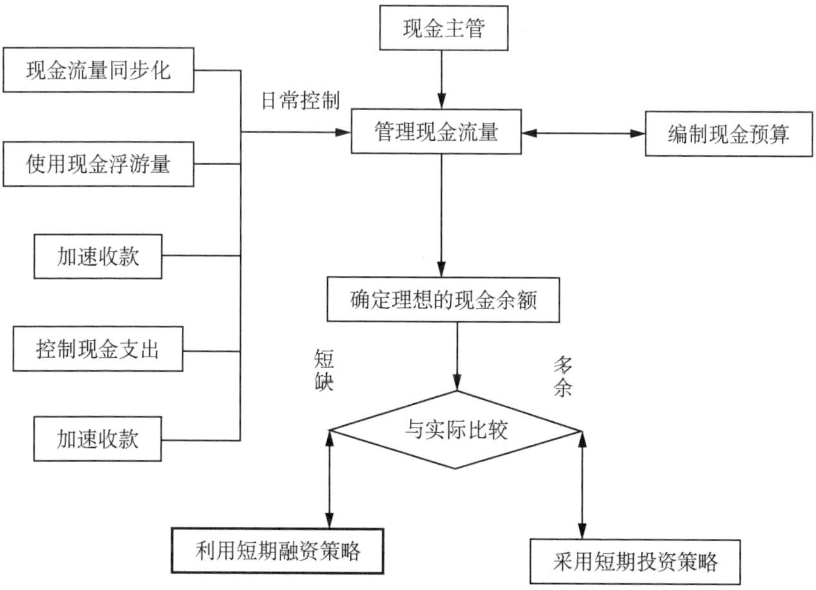

图 7-4　现金管理内容

(二) 现金的日常控制

现金的日常管理也就是现金的日常收支控制，其目的是提高现金的使用效率。在日常经营活动中，企业要尽可能快地收回应收款项，增加现金流入量；同时，在合理的情况下，尽可能使用各种信用工具延迟现金流出。现金收支控制除了按照国家现行管理制度进行控制，主要是力争现金流量的同步。公司如果能尽量通过计划安排好日常的现金收支，使其现金流入和现金流出发生的时间、金额大体一致，那么就可以使公司所持有的交易性现金余额降到最低水平。这便是现金流量的同步化。

1. 现金收入管理可以运用以下策略

(1) 加速现金收款。该策略主要指缩短应收账款的时间，应收账款会增加公司的资金占用，由于它可以扩大销售，所以又是必要的。加强应收账款的管理，要做到既利用应收账款吸引顾客，又能缩短收账时间。如何在两者之间找均衡点，企业需要实施妥善的收账政策。

为加快收款速度，尽早地使客户的日常付款转化为企业可使用的现金，现金收款管理必须满足如下要求：一是减少顾客付款后的邮寄时间；二是缩短企业收到顾客开来支票与支票兑现之间的时间；三是加速资金存入自己往来银行的过程。具体策略还包括缩短收款浮游期间、早寄发票、采用银行存款箱制度、授信转拨等。

(2) 采用集中银行制度。为了加速收款，公司往往会在销售当地设立多个收款中心，这些中心的存款都有一定的余额，公司可以将这些余额的部分或全部转移到总部设立的单一银行，这一过程就是现金集中。通过集中银行，可以增强公司对现金收入和支出的控制，减少闲置现金余额(不超过交易需求量)和进行有效的集中性投资。

(3) 锁箱系统。锁箱系统是指企业可以在各主要城市租用专门的邮政信箱，并开立分行存款户，授权当地银行每日开启信箱，在取得客户支票后立即予以结算，并通过电汇将货款拨给企业所在地银行。具体做法如下：

第一，在业务比较集中的地区租用当地加锁的专用邮政信箱，并开立分行存款户。

第二，通知顾客把付款邮寄到指定的邮政信箱。

第三，授权公司邮政信箱所在地的开户行，每天收取邮政信箱的汇款并存入公司账户，然后将扣除补偿余额以后的现金及一切附带资料定期送往公司总部。这就免除了公司办理收账、货款存入银行的一切手续。

(4) 其他程序。除以上几种方法外，还有一些加速收现的方法。例如，对于金额较大的货款可采用电汇或直接派人前往收取支票并送存银行的方法加速收款；公司对于各银行之间以及公司内部各单位之间的现金往来也要严加控制，以防有过多的现金闲置在各部门之间；减少不必要的银行账户等方法加快现金回收。

2. 现金支出管理可以运用以下策略

(1) 使用现金浮游量。所谓现金浮游量是指企业账户上存款余额与银行账户上所示的存款余额之间的差额。从付款人开出支票，收款人收到支票并存入银行，到银行将款项划出付款公司账户，中间需要一段时间。在这段时间里，尽管付款公司已经开出了支票，却仍可动用在活期存款账户上这笔款项。因此，公司应尽量缩短客户交来的支票的处理时间，尽量延缓其所开出支票的兑付时间。如可选用一个能使支票流通在外时间最长的银行来支付货款,并同银行保持良好的关系,充分利用银行账户上与公司账面上不相一致的浮游量,并且尽量做到不至于透支。

(2) 推迟应付账款的支付。这是指公司在不影响自己信誉的前提下,尽可能地推迟应付款的支付期。如可充分利用供货方所提供的信用优惠,甚至在公司急需现金时,放弃这种优惠,但在信用期的最后一天支付款项。这一政策也可以运用在工资、税金和股利等的支付上。

(3) 推行电子商务。值得一提的是,电子商务已经对公司的现金日常控制带来了前所未有的影响。电子商务是指以电子(非纸质)形式进行商业信息交流的系统。它主要通过电子信箱和电子数据交换(EDI)系统来完成公司之间款项的收付。这种方式大大提高了交易效率,使资金能够瞬间在不同地区甚至不同国家的公司之间进行转移,减少了现金收支的时滞,并能使公司更加有效地进行现金的预测和合理筹划。

第二节　应收账款管理

一、应收账款的形成原因

每个企业的财务人员都应该想方设法加快应收账款的回收,以提高应收账款的管理效率,这是十分重要的。公司由于赊销而产生应收账款,其形成的主要原因如下。

(一) 结算原因

由于公司之间的距离和结算过程,导致商品交易在销货和收款时间上不一致,从而形成应收账款。而这种原因发生的应收账款不是由于购销双方根据信用协议规定而产生的,从本质上讲,这是真正的应收账款,它由结算过程的时间差引起,不应称为商业信用。

(二) 商业竞争

商业竞争是促使公司大量形成的主要原因。正是竞争迫使公司以各种手段来扩大销售,包括产品质量、价格、服务、广告和赊销等。对于差异性不是很大的产品,采用赊销的销售额可能大于现销的销售额。对买方来说,获得的商业信用相当于获得了一笔短期贷款,而且手续简单;对卖方来说,给予商业信用相当于进行了一项投资,收益率可能高于其他短期投资方式。

(三) 减少存货

赊销促进了产品销售,自然就减少了公司库存产品的数量,加快了公司存货的周转速度。而且,公司的应收账款所发生的管理费用相对于存货要低。因此,公司通过赊销的方式,将产品销售出去,资产由存货形态转化为应收账款形态,节约了公司的费用支出。

(四) 传递有用信息

公司愿意将货物赊销给买方,就相当于是一份质量保证书,向外界传递关于产品质量的正面信号。一般而言,产品质量合格,买方就会按期付款;产品质量不合要求,买方就可以拒绝付款并退货。与附送产品质量书来对产品作担保相比较，省却了发现质量问题却又退款的麻烦。

二、应收账款的相关成本

在现代经济中，赊销已被认为是一种通用的交易方式。但是持有应收账款也是要付出代价的，这些代价就是应收账款的成本，这些成本包括以下几种。

（一）机会成本

应收账款的机会成本是指公司的资金因占用在应收账款上而丧失的其他投资收益，如投资于有价证券的利息收益等。机会成本的大小与公司应收账款占用资金的数量密切相关，占用的资金数量越大，机会成本就越高。这种机会成本一般按照有价证券的利息率来计算。其计算公式为：

应收账款机会成本＝应收账款占用资金×资金成本　　(7-10)

应收账款占用资金＝应收账款平均余额×变动成本率　　(7-11)

应收账款平均余额＝(赊销收入净额÷360)×应收账款周转期　　(7-12)

公式中，一年按360天计算，应收账款占用资金也就是应收账款的投资额，是指维持赊销业务所需资金，应收账款周转期又可以称为应收账款的平均收账期，变动成本率是指变动成本与销售收入的比率。

（二）管理成本

应收账款的管理成本是指公司对应收账款进行管理所发生的费用支出，主要包括：①对客户的资信调查费用；②收集各种信息的费用；③应收账款账簿记录费用；④催收账款发生的费用；⑤其他用于应收账款的管理费用。

（三）坏账成本

应收账款的坏账成本是指由于应收账款无法收回而给公司造成的经济损失。商业信用难免会产生坏账损失。这种成本的大小一般与公司的信用政策有关，并且与应收账款的数量成正比。一般来说，严格的信用政策产生坏账的概率比较小，过于宽松的信用政策比较容易产生坏账。

（四）短缺成本

短缺成本是指公司没有向一些信用好的客户提供信用，从而使这些客户转向其他公司而引起的销售收入的下降。这种潜在的销售收入下降，其实也是一种成本。

因此，公司应收账款的管理目标就是通过合理的信用政策，在增加收益和发生成本之间进行权衡。当收益大于成本时，才实施赊销。

三、应收账款信用政策的制定

应收账款信用政策，是公司在采用赊销方式时，根据客户的资信情况，对应收账款进行规划和控制所确定的基本原则和规范，主要依托信用标准、信用期间、现金折扣政策和收账政策等四部分内容，其中最重要的是信用标准的确定。

(一) 应收账款信用政策的确定

1. 信用标准

信用标准是指顾客获得企业的交易信用所应具备的条件。如果顾客达不到信用标准，便不能享受企业的信用或只能享受较低的信用优惠。

(1) 信用分析。企业在设定某一顾客的信用标准时，往往先要评估其赖账的可能性。信用分析的信息来源主要是对信用风险的判断，要做出客观、准确的判断，关键在于能否及时掌握客户的各种信用资料。一为财务报表，即企业对预期的"准信用"客户索取或查询近期的资产负债表和利润表等报表，企业可据此对赊销对象的资产流动性、支付能力以及经营业绩诸方面进行详尽分析并作出判断；二为银行证明，由客户的开户银行出具一些有关其信用状况的证明材料，如客户在银行的平均现金余额、贷款的历史信用信息等；三为企业间证明，一般而言，企业的每一客户对外会同时拥有许多供货单位，所以企业可以通过与同一客户有关的各供货企业交换信用资料，可为企业对客户信用状况作出评价奠定良好的基础；四为信用评级和信用报告，公司可以从各种商业信用评级机构获取企业的信用评级资料。

(2) 信用标准的制定。通过收集、整理客户的信用资料，企业在对客户信用状况进行定性分析的基础上，还有必要采用多项判断法等方法对客户的信用风险进行定量分析。其具体步骤有：第一，设立信用标准。查阅客户以前若干年的信用资料，找出具有代表性、能说明偿债能力和财务状况的比率，作为评判信用风险的指标，并根据最近几年内"信用好"和"信用差"两个客户相同比率的平均值，作为评价该客户的信用标准。第二，计算客户的风险系数。利用各客户的财务报表，计算这些指标，并与标准值进行比较。其方法是：若某客户的某项指标等于或低于最坏信用标准，则客户的风险系数增加10%；若某项指标介于好的信用标准与差的信用标准之间，则客户的风险系数增加5%；若某客户的某项指标等于或高于好的信用标准，则客户的风险系数为0，即无信用风险。各项指标比较后，即可累计客户的风险系数。第三，风险排序。企业按上述方法分别计算出各客户的累计风险系数，即可按风险系数的大小进行排序，系数小的排在前面，系数大的排在后面，由此便可根据风险程度由小到大选择客户。

2. 信用期间

信用期间是企业允许顾客从购货到付款之间的时间，或者说是企业给予顾客的付款期间。例如，某企业允许顾客在购货后的50天内付款，则信用期间为50天。信用期过短，不足以吸引顾客，在竞争中会使销售额下降；信用期放长，对销售额增加固然有利，但只顾及销售增长而盲目放宽信用期间，所得的收益有时会被增长的费用抵销，甚至造成利润减少。因此，企业必须慎重研究，制定出恰当的信用期。

3. 现金折扣政策

现金折扣是企业对顾客在商品价格上所做的扣减。向顾客提供这种价格上的优惠，主要目的在于吸引顾客为享受优惠而提前付款，缩短企业的平均收款期。另外，现金折扣也能招揽一些视折扣为减价出售的顾客前来购货，借此扩大销售额。

信用期限、折扣期限及现金折扣三个要素的付款要求构成了信用条件。企业采用什么程度的现金折扣，要与信用期间结合起来考虑。不论是信用期间还是现金折扣，都能给企业带来收益,但也会增加成本。当企业给予顾客某种现金折扣时,应当考虑折扣所能带来的收益与成本孰高孰低,权衡利弊,择优决断。

4. 收账政策

企业对不同过期账款的收款方式,包括准备为此付出的代价,就是它的收账政策。例如,对过期较短的顾客,不予过多地打扰,以免将来失去这一客户;对过期稍长的顾客,可能措辞委婉地写信催款;对过期较长的顾客,频繁地写信催款并电话催询;对过期很长的顾客,可在催款时措辞严厉,必要时提请有关部门仲裁或提请诉讼,等等。

催收账款要发生费用,某些催款方式的费用还会很高(如诉讼费)。一般说来,收款的花费越大,收账措施越有力,可收回的账款就越多,坏账损失就越少。因此制定收账政策,要在收账费用和所减少的坏账损失之间作出权衡。制定有效、得当的收账政策很大程度上靠有关人员的经验。从财务管理的角度讲,也有一些量化的方法可予参照,根据应收账款总成本最小化的道理,可以通过各收账方案成本的大小进行比较来其加以选择。

(二) 应收账款信用政策的应用与举例

由于应收账款具有很大的成本与风险,因此,企业在赊销的信用问题上要认真分析、慎重决策。应收账款决策是企业财务决策的重要内容之一,通常是由总经理、负责营销的副总经理、总会计师等企业高管人员,在认真分析、达成共识的基础上,作出相应的决策。

紧紧围绕着企业提供不提供赊销、对什么样的客户提供赊销、提供多少赊销、赊销期限为多少等决策问题展开,这些直接关系到应收账款赊销效果的好坏。

1. 提供不提供赊销

这是应收账款决策的首要问题,如果企业决策不提供赊销,那么以后的问题都不存在了。是否提供赊销首先要看本企业产品在市场的定位和产品本身性质。在对整个社会信用水平评估的基础上,企业必须认真地分析赊销所增加的利润与应收账款所带来的成本损失,孰大孰小、权衡利弊、确定信用标准,即决定顾客获得公司的交易信用所应具备的条件。

如果客户不符合公司信用标准,那么客户就必须在较为苛刻的条件下向公司购货,或只能享受较低的信用优惠。信用标准通常用预计的坏账损失率来衡量。

公司在设定某位客户的信用标准时,一般通过“5C”系统来实施。所谓“5C”系统是指评估客户信用品质的五个方面,即品质(Character)、能力(Capacity)、资本(Capital)、抵押品(Collateral)和条件(Condition)。

(1) 品质是指顾客的信誉,即履行偿债义务的可能性。公司可以通过客户过去的往来资料、客户与其他供货商的关系等情况予以分析评价。

(2) 能力是指顾客的偿债能力。公司可以通过客户提供的经过审计的会计资料分析其短期偿债能力。

(3) 资本是指客户的整体财务能力和财务状况。公司可分析客户的整体资本构成情况、投资规模和可能偿还债务的前景等来判断其资本。

(4) 抵押品是指客户为获得交易信用所提供给公司作为担保的资产。

(5) 条件是指可能影响顾客付款能力的经济环境。

2. 提供何种信用条件的赊销

信用标准对是否给予客户提供商业信用进行了选择。但是，一旦给客户提供了商业信用，就要考虑客户支付赊销款项的具体条件，主要包括信用期限、折扣期限和现金折扣。如果信用条件的表示方法是："1/10，n/30"，该信用条件是：30 天为信用期限，10 天为折扣期限，1%为现金折扣。

(1) 赊销期限应为多长。信用期限是指公司提供给客户从购买货物到支付货款的限定时间。客户必须在信用期限内支付货款，超过信用期限就属于违约。信用期限是公司信用政策的一项重要内容，对公司的产品销售量及应收账款的资金占用额都会产生影响。如果延长信用期限，可以在一定程度上扩大产品销售量，但是，也会相应地延长应收账款的平均收账期，增加应收账款的资金占用额，引起应收账款成本的增加；反之，如果缩短信用期限，虽然可以加快应收账款的回收速度，减少应收账款的资金占用，但是，也会在一定程度上引起产品销售收入的下降。因此，公司必须权衡利弊，确定合理的信用期限。一般来说，如果公司延长信用期限所增加的边际收入大于增加的边际成本，就可以采用延长信用期限的信用条件，否则，就不应当延长信用期限。

【例 7-4】 上大公司销售甲产品，原来信用期为 30 天，按发票金额收款，现拟将信用期放宽到 60 天，也按发票金额收款，不给现金折扣，该公司投资的最低收益率为 10%，其他有关资料见表 7-6。

表 7-6 信用期决策 单位：元

项目	30 天	60 天
销售量(kg)	50 000	60 000
销售收入(单价 10 元/kg)	500 000	600 000
销售成本	350 000	400 000
变动成本(单价 5 元/kg)	250 000	300 000
固定成本	100 000	100 000
营业利润	150 000	200 000
预计收账费用	7 000	15 000
预计坏账损失	5 000	13 000

要做出是否要放宽信用的决定，必须计算放宽信用后的收益与成本相比是否值得。

计算放宽信用后收益的增加额：

$$\begin{aligned}\text{增加的收益} &= \text{增加的销售量} \times \text{单位边际贡献} \\ &= (60\,000 - 50\,000) \times (10 - 5) \\ &= 50\,000(\text{元})\end{aligned}$$

计算放宽信用后机会成本的增加额：

占用在应收账款上资金的应计利息＝应收账款占用资金×资金成本

应收账款占用资金＝应收账款平均余额×变动成本率

应收账款平均余额＝(赊销收入净额÷360)×应收账款周转期

$$30\text{天信用期的机会成本}=\frac{500\ 000}{360}\times 30\times\frac{250\ 000}{500\ 000}\times 10\%=2\ 083.33(\text{元})$$

$$60\text{天信用期的机会成本}=\frac{600\ 000}{360}\times 60\times\frac{300\ 000}{600\ 000}\times 10\%=5\ 000(\text{元})$$

增加的机会成本＝5 000－2 083.33＝2 916.67(元)

增加的收账费用＝15 000－7 000＝8 000(元)

增加的坏账损失＝13 000－5 000＝8 000(元)

改变信用后的净收益＝50 000－(2 916.67＋8 000＋8 000)

＝31 083.33(元)

由于收益的增加大于成本的增加，所以应采用60天的信用期。

(2) 为回笼资金对客户应采取哪些折扣优惠。公司为了尽快收回货款，加速资金周转，减少应收账款成本，可以在信用期限内规定一个优惠期限，如果客户在优惠期限内支付货款，可以享受一定比率的折扣，这种折扣就是现金折扣，优惠期限就是折扣期限。采用现金折扣的目的是鼓励客户尽快支付货款。这种措施可以大大地缩短应收账款的平均收账期，减少应收账款成本，提高资金周转速度。但是，现金折扣减少了产品的实际销售收入。因此，公司是否给提供客户现金折扣以及提供现金折扣的比率是多少，直接关系到公司的收益。提供的现金折扣的比率越大，就越能促进产品销售，就越能加快应收账款的收款速度，但是，付出的现金折扣成本也越高。公司在确定现金折扣时，应当比较提供现金折扣的成本与加速收款带来的收益。

【例7-5】 某公司的销售利润率为20%，变动成本率为70%，同期有价证券的利息率为年利率12%。假定在信用标准一定的情况下，现有两种信用条件可供选择，两种信用条件的有关资料如表7-7所示。

表7-7 两种信用条件下的收入成本 单位:元

项目	信用条件A	信用条件B
信用条件	40天内付清，无现金折扣	1/10, n/30
销售收入	400 000	500 000
平均收账期(天)	60	30
需要支付现金折扣的收入占总销售收入的比例	0	50%
应收账款的管理成本	3 000	2 000

根据表7-7的资料，分别计算两种信用条件的销售利润和有关应收账款的成本，见表7-8。

表 7-8　两种信用条件下的利润　　单位:元

	信用条件 A	信用条件 B
销售利润	400 000×20%=80 000	500 000×20%=100 000
应收账款机会成本	400 000/360×60×70%×12%=5 600	500 000/360×30×70%×12%=3 500
现金折扣成本	0	500 000×50%×1%=2 500
应收账款管理成本	3 000	2 000
应收账款成本总额	8 600	8 000
不同信用条件的净收益	71 400	92 000

从表 7-8 可知，采用信用条件 B，可实现净收益 92 000 元，而采用信用条件 A 只实现净收益 71 400 元，因此，选择信用条件 B 更加有利。

【例 7-6】 上大公司目前的赊销收入为 2 400 万元，变动成本率为 50%，资金成本率为 10%，目前的信用条件为 n/30，坏账损失率为 10%。该公司为增强竞争能力，又提出了 A、B 两个较为宽松的信用条件方案：A 方案将信用条件改为“1/10, n/60”，预计赊销收入将增加到 2 800 万元，估计赊销收入的 40%会享受现金折扣，坏账损失率将下降到 8%；B 方案将信用条件改为“2/10, n/60”，预计赊销收入将增加到 3 000 万元，估计赊销收入的 80%会享受现金折扣，坏账损失率将下降到 7%。通过计算说明变更信用条件是否可行？

分析步骤如下：

先计算应收账款的机会成本：

原方案：10%×50%×30×2 400÷360=10(万元)

A 方案：10%×50%×(40%×10+60%×60)×2 800÷360=15.56(万元)

B 方案：10%×50%×(80%×10+20%×60)×3 000÷360=8.33(万元)

再计算各方案的净收益：

原方案净收益=2 400×(1−50%)−10−240=950(万元)

A 方案净收益=2 800×(1−50%)−2 800×(1%×40%)−15.56−224=1 149.24(万元)

B 方案净收益=3 000×(1−50%)−3 000×(2%×80%)−8.33−210=1 233.67(万元)

因此，应选择 B 信用条件方案。

3. 如何合理地制定收账政策

在公司决定向客户提供商业信用时，实际上就已经承担了客户违反信用条件、拖欠货款的风险。因此，公司在制定信用政策时，就应当考虑到客户违反规定的信用条件、拖欠货款时的收账方针。

对于拖欠的应收账款，无论公司采用何种收账方式进行催收，都要付出一定的代价，如收账发生的邮电通信费用、收账人员的差旅费、法律诉讼费等。公司如果采取比较积极的收账政策，可能会减少应收账款的资金占用，减少坏账损失，但是要增加收账成本；如果采取比较消极的收账政策，就会增加应收账款的资金占用，增加坏账损失，但是发生的收账成本也较低。因此，在确定收账政策时，必须比较增加的收账成本与减少的应收账款成本的大小。

一般来说，收账成本支出越多，坏账损失就越少，但两者并不是呈线性关系。图 7-5 可以说明收账成本与坏账损失之间的关系，开始时收款支出降低的坏账损失很有限，随着收账成本的增加，坏账损失将显著减少，直到某一点后它所能够减少的坏账损失越来越少。

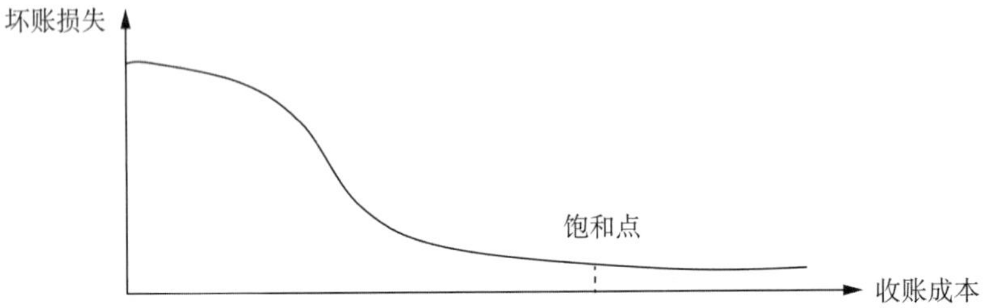

图 7-5　收账成本与应收账款坏账损失关系

客户违反信用条件，拖欠货款的情况主要有两种：一是客户本身的信用品质较差，没有偿还能力；二是客户具有良好的信用品质，但是，发生临时的财务困难而拖欠货款。第一种情况往往是公司在提供商业信用时，对客户调查不周、审查不严所致。如果发生这种情况，公司应当采取积极的收账政策，努力追回货款，在必要时可以向人民法院起诉。对于第二种情况，公司可以采取双方协商的方法解决，可以适当地延长客户的信用期限，彼此达成谅解，稳定与客户的业务关系。如果公司采取过于严厉的收款政策，可能会影响与客户之间良好的业务关系，不利于以后的销售。无论是何种原因，只要客户违反了信用条件，发生拖欠货款情况，公司都应当对客户的信用品质进行重新调查与评估，信用品质较差的客户应当从公司的信用名单中排除。

无论哪种原因引起违约，公司都应该履行一般的收账程序，这些程序遵循这样一个顺序：电话催收、信函催收、人员拜访、机构催款、法律行动，同时公司还应遵循相应的收账原则，即收账顺序上的经济原则（越往后，收账费用越高），收款措辞上的先礼后宾、掌握分寸的原则等。

四、应收账款日常管理

应收账款管理难度较大，重在预防。公司在制定了信用政策后，为客户提供了商业信用，就会产生大量的应收账款，必须加强对应收账款的日常管理，包括对客户的信用调查和信用评估，以控制应收账款的投资额；应收账款的监控和催收等，尽以可能减少坏账损失。

（一）如何加强应收账款投资的控制

公司对应收账款进行投资，涉及是否投资和投资多少两个问题。前者可通过信用调查和信用评估来决定，是确定信用标准的问题；后者则可通过分析信用期和相应的优惠条件以及对公司收益的影响来确定。这两个问题虽然是信用政策问题，但也必须纳入日常管理，以形成良好循环。

1. 对什么样的客户提供赊销——信用调查和信用评估

信用调查是指收集和整理反映客户信用状况有关资料的工作。它是公司应收账款管理的基础，是正确评价顾客信用的前提条件。公司可通过直接和间接的方法来收集客户的信用情报。这些方法包括：①与客户直接接触，通过当面采访、询问、观察、记录等方式获取客户的信用资料。②以客户或者其他单位保存的有关客户的各种原始记录和核算资料为基础，通过加工整理获得客户信用资料的方法。这些资料包括客户的财务报表；信用评估机构的资料；与客户往来的银行及供应商等方面的信用资料；公司的上级主管部门、工商管理部门、税务机构、消费者协会等提供的有关资料信息。

一旦收集好了客户的信用资料后，就需要对这些资料进行分析，并对客户的信用状况进行评估。评估方法主要有两种：定性判断法和定量评分法，前者以“5C”为代表，这里介绍后者。

定量评分法是对一系列财务变量进行加权平均，得出顾客综合信用分数，并进行信用评估的一种方法。假设有四个财务变量：X_1、X_2、X_3、X_4 分别代表净营运资本/销售额的比率、资产负债率、资产/销售额的比率、销售利润率。W_i 代表四个变量的权重。X_1、X_3、X_4 的正系数(权重)越高，则分数越高，X_2 的负系数(权重)表明资产负债率越高，分数越低，其综合分评价模型为：

$$S=W_1X_1+W_2X_2+W_3X_3+W_4X_4 \tag{7-13}$$

这种方法建立在对众多老客户付款记录的基础上，而且还要时刻更新数据，如果这些记录不足以建立起在统计上可靠的模型，则其使用的局限性就较大。

2. 提供多少赊销——应收账款投资额的确定

应收账款要占用大量的资金，要付出代价，因此，公司必须要将应收账款投资额控制在合理的范围内。应收账款的投资额主要取决于两个因素：公司的赊销数额、应收账款的平均收账期。应收账款投资额可以用如下公式计算：

$$\text{应收账款投资额}=\text{每日平均赊销数额}\times\text{应收账款平均收账期} \tag{7-14}$$

应收账款投资额就是前面已经介绍的应收账款平均余额。公司的赊销数额取决于公司的销售能力和信用政策，应收账款的平均收账期则主要取决于公司的信用政策。因此，公司的信用政策对应收账款的投资额产生举足轻重的影响。那么，什么才是最佳信用政策呢？应收账款投资额应该控制在什么水平才是最合理的呢？这取决于公司自身的经营状况。一般来说，当公司的生产能力已经得到充分利用，没有剩余生产能力，公司的边际利润已经很低时，就应当适当地限制信用销售，将应收账款控制在较低水平；当公司还有过剩的生产能力，通过扩大销售依然可以获得边际贡献时，就可以考虑采用比较宽松的信用政策，增加应收账款投资额，以扩大销售量，增加公司的利润。

(二) 如何加强应收账款的监控

公司发生应收账款的时间不一样，有的尚未超过信用期间，有的则已经超过信用期间。已经超过信用期间的账龄也有长短，一般而言，拖欠时间越长，形成坏账的可能性就越大。因此公司必须对应收账款进行分析，并采用相应的方法进行监控，或修改信用政策，以减少坏账损失的发生。

对应收账款进行监控的方法有账龄分析法和ABC分析法。

1. 账龄分析法

账龄分析法是通过编制账龄分析表来显示应收账款账龄长短的方法。上大公司的账龄分析情况如表 7-9 所示。

通过账龄分析表,公司管理部门可以掌握如下信息:一是有多少欠款尚在信用期内;二是有多少欠款超过了信用期;三是有多少应收账款拖欠太久,可能会成为坏账。

公司应当经常进行账龄分析,及时了解公司应收账款的回收情况和发展趋势。如果账龄分析表显示公司应收账款的账龄开始延长或者过期账户所占比例逐渐增加,那么,就必须及时采取措施,调整公司信用政策。

表 7-9　上大公司账龄分析表(2020 年 12 月 31 日)

应收账款账龄(天)	客户数量(户)	金额(万元)	占应收账款总额的比例
信用期内	85	1 350	45%
超过信用期 1～30	50	750	25%
超过信用期 31～45	26	360	12%
超过信用期 46～60	21	300	10%
超过信用期 60～365	12	150	5%
超过 1 年	3	90	3%
合　计	197	3 000	100%

2. ABC 分析法

ABC 分析法又称重点管理法。它将公司的所有欠款客户按其金额的多少进行分类排队,再按照欠款时间的长短进行排序,分别采用不同的收账政策。这种方法既能保证重点,加快货款的回收,又能使收账费用与预期收益相联系。

第三节　存货控制

一、存货控制的重要性

存货是指企业日常活动持有的以备出售的产品或商品、处在生产过程中的在产品、在生产过程或提供劳务过程中耗用的材料、物料等。企业的存货通常包括原材料、在产品、半成品、商品和周转材料等。存货作为一项重要的流动资产,一方面,一定数量的存货有利于保障企业生产经营的顺利进行;另一方面,可以使企业的生产与销售具有较大的机动性,适应市场的突然变化,以免失去商机。

存货的存在势必占用大量的流动资金,一般情况下,存货在资产总额中占有较大比重,其管理利用情况如何,直接关系到企业的资金占用水平以及资产运作效率。对存货收入、发出、结存的确认、计量、记录和报告是否正确,都直接或者间接的关系到企业财务状况和经营成果是否正确,进而还会影响所得税、收益分配和对企业管理当局的业绩评价等各个方面。

通过实施正确的存货管理方法，来降低企业的平均资金占用水平，提高存货的流转速度和总资产周转率，才能最终提高企业的经济效益，因此，企业应当十分重视存货的管理。

二、持有存货的原因与代价

(一) 持有存货的原因

存货在公司资产中占有较大的比例，是公司资产的重要组成部分，公司持有存货基于以下原因。

1. 保证生产正常进行

必要的原材料、在产品、半成品是公司正常生产的前提和保障。原材料一旦短缺，造成公司停产，或各个生产阶段不能衔接，就可能会给公司造成重大的经济损失。为了生产活动的顺利进行，防止停工待料情况的发生，公司必须要储存一定数量的原材料。

2. 满足市场销售需求

在现实经济生活中，经常会出现这种情况，某种商品热销，供不应求，但是由于公司没有一定数量的商品储备，因而影响了销售。所以，公司需要储备必要的存货，以增强公司销售的机动性，更加适应市场的变化。特别是销售季节性很强的商品，更应当储备足够的货源，尽量避免因存货不足而影响公司的销售，错失良机。

3. 保险储备的需要

市场经济存在许多的不确定性增加了公司的经营风险，如原材料供应紧张或持续上涨、通货膨胀等。为了防止意外，公司应当在存货储备上留有余地，建立一定数量的保险储备，以备不时之需。

4. 降低成本的需要

一般来说，货物的批量购买可以获得不同程度的优惠。为了降低采购成本，获得采购的批量折扣优惠，公司往往会一次或分次进行大批量采购，使公司备有一定量的存货。

另外，为了满足季节性需要，公司也会储存一定量的存货。

(二) 持有存货的成本

由于以上原因，公司要储备一定数量的存货，但是，存货过多也会影响公司的收益。因为采购、储存存货要发生各种费用支出，这些费用支出就构成了公司存货的成本。存货成本主要包括以下几方面。

1. 订货成本

订货成本是指公司为组织订购存货而发生各种费用支出，如为订货而发生的差旅费、邮资、通信费、专设采购机构的经费等。订货成本分为变动性订货成本和固定性订货成本。变动性订货成本与订货次数成正比，而与每次订货数量关系不大，订货次数越多，变动性订货越高，如采购人员的差旅费、通信费等；固定性订货成本与订货次数无关，如专设采购机构的经费支出等。如果存货年需要量为 D，每次进货批量为 Q，每次订货成本为 K，订货的固定成本为 F_1，则订货成本的计算公式如下：

$$订货成本=\frac{D}{Q}K+F_1 \tag{7-15}$$

2. 购置成本

购置成本是存货成本的主要组成部分，它是指存货本身的买价和运杂费等。购置成本一般与采购数量成正比变化，它等于采购数量与单位采购成本的乘积。在存货的市价稳定的情况下，如果一定时期的存货总需求量固定，则存货的总采购成本也是固定的，与采购批数及每批的采购量无关。假设存货采购单价为 P，则存货购置成本的计算公式如下：

$$\text{购置成本} = D \times P \tag{7-16}$$

3. 储存成本

储存成本是公司为储存存货而发生的各种费用支出，包括仓储费、保管费、搬运费、保险费、存货占用资金支付的利息费、存货残损和变质损失等。存货的储存成本也分为变动性储存成本和固定性储存成本。变动性储存成本与储存存货的数量成正比，如存货占用资金的利息费、存货的保险费、存货残损和变质损失等；固定性储存成本与存货的储存数量无关，如仓库折旧费、仓库保管人员的固定月工资等。假设单位存货的年储存成本为 C，固定储存成本为 F_2，由于年平均存货数量为 $Q/2$，则储存成本的计算公式如下：

$$\text{储存成本} = \frac{Q}{2}C + F_2 \tag{7-17}$$

4. 缺货成本

缺货成本是由于存货储备不足而给公司造成的损失，如由于原材料储备不足造成的停工损失、由于商品储备不足造成销售中断的损失等。存货的短缺成本与存货的储备数量呈反向变化。缺货成本一般凭管理人员的经验加以估计。假设 S 代表缺货成本，T 代表持有存货的总成本，则存货总成本的计算公式如下：

$$T = \frac{D}{Q}K + F_1 + DP + \frac{Q}{2}C + F_2 + S \tag{7-18}$$

存货管理的目标，就是在保证正常生产经营需要的同时，使存货成本最小。为了达到以上目标，就必须进行存货的规划和决策。

三、存货最佳经济批量的确定

存货规划与决策要解决总存货资金占用额（是什么）、每次订货量（订多少）、订货时间（什么时候订）等问题。

（一）经济批量的基本模型

经济批量，是使公司存货的总成本最低的每批订货数量，也称最佳订货量。经济订货批量基本模型需要建立一些假设，这些假设包括：①公司能够随时补充存货；②每批存货均能集中到达；③没有缺货现象；④全年需求量稳定，且能预测；⑤存货单价不变且无折扣；⑥公司现金充足，不会因为现金短缺而影响进货；⑦市场货源充足。

就像前面所讨论的那样，存货有四种成本，存货的总成本为：

$$T=\frac{D}{Q}K+F_1+DP+\frac{Q}{2}C+F_2 \tag{7-19}$$

当 F_1，F_2，K，D，P，C 为常量时，T 的大小取决于 Q。为求 T 的最小值，对式(7-19)进行求导，可得出下列结果(最优订货批量)：

求得经济订购批量为：

$$Q^*=\sqrt{\frac{2KD}{C}} \tag{7-20}$$

经济订购批次为：

$$N^*=\frac{D}{Q}=\sqrt{\frac{DC}{2K}} \tag{7-21}$$

存货总成本为：

$$T^*=\sqrt{2DKC} \tag{7-22}$$

【例 7-7】 上大公司外购的某种材料年耗用为 100 吨，预计每次订购费用为 15 元，单位储存成本为 2 元。则：

经济批量$(Q^*)=\sqrt{\frac{2KD}{C}}=38.73$(吨)

每年最佳订购次数$(N^*)=\frac{D}{Q}=\frac{100}{38.73}=3$(次)

存货总成本$(T^*)=\sqrt{2DKC}=\sqrt{2\times 100\times 15\times 2}=77.46$(元)

如果每次订货的单价为 1 500 元/吨，那么经济订货量占用资金为：

$$I=\frac{Q}{2}\times P=\frac{38.73}{2}\times 1\,500=29\,047.5(\text{元})$$

(二) 基本模型的扩展

经济订货量基本模型是在前述个假设条件下建立的，但这些假设在现实中几乎不存在。为了使模型更接近实际，需要逐渐放松假设，同时改进模型。

1. 有数量折扣的经济订购批量

销售公司为了鼓励客户更多地购买商品，有时可以给客户不同程度的数量折扣，即当客户的一次采购批量达到一定数量时，可以给予价格上的优惠。在这种情况下，确定存货订货批量，不仅要考虑订货成本和储存成本，还要考虑采购成本。有数量折扣的经济订购批量一般按下列步骤进行决策：

第一，按照存货经济订购批量的基本模型计算无数量折扣情况下的经济订购批量及其存货总成本。

第二，不同数量折扣的不同优惠价格，计算在不同批量下的存货总成本。

第三，比较经济订购批量与不同批量下的存货总成本，总成本最低的批量就是最佳订购批量。

【例 7-8】 上大公司全年需要甲零件 80 000 件，采购价格为每件 50 元，每次订货成本为 400 元，每件年储存成本为 4 元。供应商规定，如果一次订货达 5 000 件，可以得到 1% 的价格折扣。要求确定该公司采购甲零件的经济订购批量。

第一，计算无价格折扣情况下的经济订购批量和存货总成本。

$$经济订购批量(Q)=\sqrt{\frac{2\times 80\ 000\times 400}{4}}=4\ 000(件)$$

$$存货总成本(T)=\frac{4\ 000}{2}\times 4+\frac{800\ 000}{4\ 000}\times 400+80\ 000\times 50=4\ 016\ 000(元)$$

第二，计算有价格折扣情况下的存货总成本 T 为：

$$T=\frac{5\ 000}{2}\times 4+\frac{800\ 000}{5\ 000}\times 400+80\ 000\times 50\times(1-1\%)=3\ 976\ 400(元)$$

所以，每次订购 5 000 件时，存货的总成本最低。因此，经济订购批量是 5 000 件。

2. 提前订货

一般情况下，公司的存货不能做到随时补充，所以不能等存货用光再去订货，而需要在还没有用完时提前订货。在提前订货的情况下，公司再次发出订单时还有些库存量，这个量称为再订货点(R)，它的数量等于交货时间(L)(订货日到到货日的时间)与每日平均需要量(d)的乘积。提前订货对经济批量、订货次数和订货时间的间隔等都没有影响，只是在达到订货点时就必须发出订货通知而已。假如基本模型例题中，公司交货期为 10 天，每日耗用量为 5 千克，那么公司需要在仓库中还有 50 千克材料时就必须发出订货单。如果公司为了应急和应时之需，会多储备一些存货，这些多储备的存货称为保险储备。这时的再订货点，要在上述基础上加上保险储备。如果公司需要保险储备 50 千克，则它必须在仓库还有 100 千克时就发出订货单。公司要提前订货和存在保险储备时的再订货点，如图 7-6 所示。

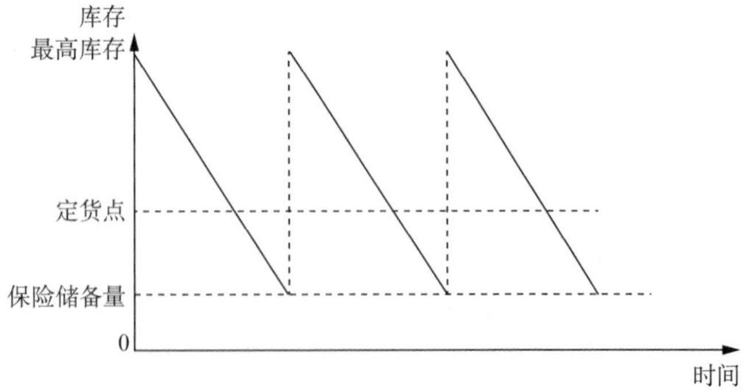

图 7-6　再订货点示意图

如果考虑到缺货带来的损失，还可对这个模型进行修改。

3. 存货陆续供应和使用

公司的各批存货可能陆续入库和陆续耗用，这时就必须对基本模型进行修改。

【例 7-9】 上大公司全年耗用甲自制零部件(D)10 800 件，每天耗用(d)30 件，该零部件的生产能力(g)为 100 件，每件生产成本(p)为 3 元，每次生产准备成本(K)为 20 元，单位储存成本(C)为 2 元，问每次投产多少件时效益最好？

假设投产数为 Q，由于每日生产量为 g，所以该批零部件生产完毕需要 $\frac{Q}{g}$。零部件每日耗用量为 d，则生产期耗用量为 $\frac{Q}{g}d$。于是公司零部件最高库存量为 $Q-\frac{Q}{g}d$，平均库存量为 $\frac{1}{2}\left(Q-\frac{Q}{g}d\right)$。

与批量有关的总成本基本模型可以修正为：

$$T=\frac{D}{Q}K+\frac{1}{2}\left(Q-\frac{Q}{g}d\right)C \tag{7-23}$$

对 Q 求导，并令其等于零，以求最佳 Q 值，得出：

$$Q^*=\sqrt{\frac{2DK}{C}\times\left(\frac{g}{g-d}\right)} \tag{7-24}$$

$$T^*=\sqrt{2DKC\left(1-\frac{d}{g}\right)} \tag{7-25}$$

将[例 7-9]中的数据代入式中，得出：

$$Q^*=\sqrt{\frac{2\times 10\,800\times 20}{2}\times\left(\frac{100}{100-30}\right)}=555(\text{件})$$

$$T^*=\sqrt{2\times 10\,800\times 20\times 2\left(1-\frac{30}{100}\right)}=778(\text{元})$$

四、存货管理

(一) 存货综合管理

1. 更聪明地采购

如何更聪明地采购，高效企业能够从每一个供应商那里拿到最低的价格、最优惠的条款。沃尔玛就是一个例子。因为能够用最低的价格采购到最好的货品，沃尔玛无论在什么样的经济环境下都能获得预定的利润率。企业要经常复核采购成本，对每一样东西都要讨价还价。越低的采购价格就意味着企业有越多的钱存进银行。

2. 存货综合管理方法的运用

综合管理主要包括绩效衡量、针对性训练、信息畅通及专家系统应用等方法。

(1) 绩效衡量。对存货计划者进行明确而又一致的绩效衡量是存货管理过程中的关键组成部分。这些衡量的情况必须能够反映服务水准与存货水平之间的交易代价。例如，如果对计划者的绩效衡量只是集中在存货水平上的话，计划者就会倾向于使存货水平最低，因而有可能对服务水准产生负面影响。绩效衡量说明书必须清楚而又一致地提供目标定义，并让人了解到目标的实现将对个人绩效的评价产生什么影响。

(2) 针对性训练。存货管理是一门非常复杂的学科，因为在存货管理过程中涉及一系列因素，并且它会对企业的其他功能，如生产和采购等产生影响。除此之外，还必须要了解企业存货管理部门与价值链中的其他实体之间的性质和动态变化。为了对这些因素作出反应，有许多厂商既增加训练的数量，又增加训练的复杂性，以期改善存货管理决策。

有两类训练是恰当的。第一，计划者应该了解到诸如服务目标、检查周期、订货批量、安全储备以及存货管理逻辑等存货参数是如何影响企业的运作和绩效的。例如，计划者应该了解检查周期、订货批量和安全储备等是如何进行权衡才能满足服务目标的。第二，计划者应该了解到他们的存货管理决策是如何影响到价值链中的其他成员。例如，当存货管理部门选择建立制成品存货来支持顾客促销时，计划者应该了解该决策将如何影响生产和采购。如果这种存货的建立相当可观，那么生产和采购就没有能力满足需求。同样地，存货计划者还必须考虑需求下降和上涨对价值链其他伙伴资源的影响。

(3) 信息畅通。把企业与渠道伙伴的需求信息(预测值、订货数、营销计划、存货状态和装运状态等)进行综合，可以大大增加存货的效率和绩效，并减少不确定因素。使用全球网络、电子数据交换和卫星通信等现代技术有助于信息交换。例如，共同预测以及对存货可得性的一致衡量可以减少企业系统之间的不确定性，并导致缓冲存货需要量的减少。

(4) 专家系统应用。专家系统是厂商用来提高存货绩效的又一个创新。这些系统利用计算机的基础知识，在整个企业内分享存货管理专家的经验。这种分享专家经验的做法可以执行应知应会训练。专家系统还可以被用于洞察检查周期、存货管理逻辑，以及每一个产品/市场分组所使用的战略。结果表明，专家系统能够大大提高生产率和存货绩效。

(二) 存货日常管理

存货日常管理是指在公司的生产经营活动中，按照存货资金计划的要求，对存货的采购、使用和销售情况进行组织、调节和控制。加强存货的日常管理，对于改善公司生产经营活动，提高资金利用效率具有重要意义。

1. 存货归口分级管理

存货归口分级管理是集中统一领导和分级管理相结合、专业管理和群众管理相结合、责权利相结合的一种制度。

(1) 归口管理是指在资金统一规划使用的基础上，按照资金由谁使用就由谁管理的原则，将存货按类别归口到有关部门进行管理。

(2) 分级管理是指在归口管理的基础上，按照资金管理与实物管理相结合的原则，将存货资金管理的指标层层分解到责任单位和个人。在明确管理责任和权力的同时，按规定的考核指标进行奖惩，以调动资金和实物管理的积极性。

财务部门应对公司的存货资金实行集中统一管理。由于财务部门可以掌握整个公司存货资金的占用、耗费和周转情况。因此，财务部门的职能决定了它应当集中管理公司的存货资金，促进供产销互相协调，实现公司资金使用的综合平衡，加速资金周转。财务部门在存货归口分级管理中的任务主要是：统一制定并组织执行公司存货管理制度；核定并平衡各项存货资金定额，编制存货资金计划；将各项存货资金计划指标进行分解，并分配落实到各有关职能部门；统筹调度各项资金的使用，实现资金收支平衡，保证生产经营所需要的资金；统一办理公司对外结算，加速公司存货资金周转；对各单位的资金运用情况进行检查和分析，统一考核资金的使用情况。

2. ABC 分类管理

公司的存货品种繁多，有的存货品种数量少，但价值很高，有的存货品种数量繁多，但价值较小。因此，对存货的管理不必事无巨细，面面俱到，应当分清主次，对于价值昂贵，占用资金较多的存货应当重点管理，对于价值较低，占用资金不多的存货，可以不作为重点管理，实行一般控制即可。ABC 分类管理正是基于这一考虑而提出的突出重点的一种管理方法。这种方法是由意大利经济学家巴雷特于 19 世纪首创的，是公司管理中常用的一种方法，广泛用于存货管理、成本管理和生产管理等领域。

存货的 ABC 分类管理就是按照一定的标准，将公司的存货划分为 A、B、C 三类，最重要的存货为 A 类，一般存货为 B 类，不重要的存货为 C 类。通常分类的标准主要有两个：一是金额标准；二是品种数量标准。其中，金额标准是最基本的分类标准，品种数量标准仅作为参考。A 类存货一般是种类少，但资金占用较多的存货；C 类存货通常是种类繁多，但资金占用不多的存货；B 类存货是介于 A 类和 C 类之间的存货。对于 A 类存货要进行重点规划和控制，对于此类存货的需要量和订货量要经常复核调整，采取严格的管理措施；对于 B 类存货作为次重点管理，其经济批量可以每半年或一年调整一次，采取正常的管理措施进行管理；对于 C 类存货只进行一般管理，其采购批量可以粗略计算。

3. 适时存货制

适时存货制(JIT)可以大大减少存货量。适时存货制是随着电子数据交换系统广泛应用而发展起来的。它认为，生产过程中应该在需要原材料的那一时刻才将其及时运到，无需保留不必要的储备。适时存货制要求进行认真细致的规划，而且生产商和供应商在整个生产过程中必须广泛合作。适时存货制的应用可使原材料存货、在产品存货和产成品存货都降低至最低水平。

适时存货制能否成功取决于以下几个因素：

第一，适时存货制要求整个公司能制定出协调统一的计划。存货在生产过程中可以起缓冲作用，而适时存货制通过仔细规划实际上取消了这部分起缓冲作用的存货，从而节约成本。如果一个公司无法达到高度的协调与规划，适时存货制当然就无法运作，公司必须与供货商紧密合作，从而使交货时间、数量、质量都能完全符合规定。

第二，公司与供货商之间还必须保持顺畅的联系，以便及时沟通。

第三，公司进货需得到电子数据交换系统的支持。

第四，公司需要维持生产过程的可靠性，主要包括实现机器的零故障、全面质量控制等。

本章小结

1. 无论是现金还是应收账款与存货，都是企业进行生产经营活动的必备条件，其数额的多少和构成情况，在一定程度上制约着企业的财务状况。因此，企业必须加强流动资产管理，提高流动资产的运用效率。

2. 公司持有现金的动机有三个，即交易性需要、预防性需要和投机性需要。交易性需要主要来自企业的正常性收支活动。预防性需要是为了应付自然灾害、生产事故、意外发生的财务困难等而持有现金。投机性需要是为了能随时购买到偶然出现的廉价原材料或资产等。

3. 现金收支管理的目的在于提高现金使用率，为此，应采取积极的方法加速现金的收回和控制现金的支出。

4. 确定公司最佳现金持有量的方法有成本分析模式、威廉·鲍莫尔模式、因素分析模式、现金周转摸式等。成本分析模型是分别计算出各种方案的机会成本、管理成本、短缺成本之和，再从中选出总成本之和最低的现金持有量。鲍莫尔模式是将机会成本与交易成本结合在一起，提出了现金管理的正式模型。因素分析模型是根据上年现金实际占用额以及本年有关因素的变动情况，对不合理的现金占用进行调整，从而确定目标现金持有量的一种方法。现金周转模型是根据现金周转期来确定最佳现金持有量的方法。

5. 应收账款的成本包括机会成本、管理成本和坏账成本。机会成本是公司的资金因占用在应收账款上而丧失的其他投资收益。管理成本是公司对应收账款进行管理所发生的费用支出。坏账成本是由于应收账款无法收回而给公司造成的经济损失。

6. 应收账款信用政策是指企业关于应收账款管理方面的原则性规定，主要包括信用标准、信用条件和收账政策三部分。信用标准对是否给予客户提供商业信用进行了选择；信用条件是决定顾客获得公司的交易信用所应具备的条件；收账政策是指当公司的信用条件被违反时，公司应采取的收账策略。

7. 存货总成本包括订货成本、购置成本、储存成本和缺货成本。订货成本是公司为组织订购存货而发生各种费用支出。购置成本是存货成本的主要组成部分，主要包括存货本身的买价和运杂费等。储存成本是公司为储存存货而发生的各种费用支出，主要包括仓储费、保管费、搬运费、保险费、存货占用资金支付的利息费、存货残损和变质损失等。缺货成本是由于存货储备不足而给公司造成的损失，如由于原材料储备不足造成的停工损失、由于商品储备不足造成销售中断的损失等。

8. 经济订货批量模型是关于存货的订货批量决策的一个基本模型。经济订货批量模型做了一些简单化的假设，如未来需求是确定的、存货以固定的比率耗用、没有订货时间等。实际上，这些因素并非是能够完全确定的，而是以不确定性存在。因此，在面临不确定性条件下，应该考虑这些因素来实施存货管理。

思考题

1. 公司持有现金的目的是什么？持有现金的成本包括哪些？
2. 加速现金回收的方法有哪些？
3. 控制现金支付的方法有哪些？
4. 如何确定目标现金余额？
5. 简述应收账款的持有目的与成本。
6. 公司的信用政策包括哪些方面？信用条件由几部分构成？
7. 信用政策改变时应分析哪些因素的变化？
8. 持有存货的目的是什么？
9. 与存货持有水平相关的成本有哪些？
10. 公司存货决策的方法有哪些？

练习题

一、单选题

1. 下列各项中，与现金持有量呈反向变动关系的是(　　)。
   A. 机会成本　　B. 交易成本
   C. 管理费用　　D. 储存成本
2. 企业为满足交易动机而持有现金，所需考虑的主要因素是(　　)。
   A. 企业销售水平的高低　　B. 企业临时举债能力的大小
   C. 企业对待风险的态度　　D. 金融市场投机机会的多少
3. 企业的现金持有量大，则(　　)。
   A. 机会成本高，交易成本高　　B. 机会成本低，交易成本低
   C. 机会成本低，交易成本高　　D. 机会成本高，交易成本低
4. 企业在进行现金管理时，可利用的现金浮游量是指(　　)。
   A. 企业账户所记存款余额
   B. 银行账户所记企业存款余额
   C. 企业账户上现金余额与银行账户上所示的存款余额之差
   D. 企业实际现金余额超过最佳现金持有量之差
5. (2014年中级会计职称考题)C公司存货周转期为160天，应收账款周转期为90天，应付账款周转期为100天，则该公司现金周转期为(　　)天。
   A. 30　　B. 60　　C. 150　　D. 350
6. 在存货模式下，最佳现金持有量是使(　　)之和保持最低的现金持有量。
   A. 机会成本与短缺成本

B. 短缺成本与转换成本

C. 现金管理的机会成本与固定性转换成本

D. 现金管理的机会成本与变动性转换成本

7. 下列公式中，不正确的是(　　)。

A. 维持赊销业务所需资金＝应收账款平均余额×变动成本率

B. 应收账款平均余额＝平均日赊销额×平均收账天数

C. 应收账款机会成本＝应收账款平均余额×资金成本率

D. 维持赊销业务所需资金＝年赊销额÷360×平均收账天数×变动成本率

8. 下列现金管理的项目中，不属于交易性动机的是(　　)。

A. 缴纳税款　　B. 派发现金股利

C. 购买原材料　　D. 购买股票

9. 公司按"3/10，n/30"的赊销条款出售商品。每年总销售额是 1 200 000 元，收账部门估计有 30%的客户在第 10 天付款享受折扣，40%的客户在第 30 天付款，余下的 30%在购买后平均 40 天付款。假设每年 360 天，当前公司的应收账款余额是(　　)元。

A. 70 000　　B. 80 000　　C. 90 000　　D. 100 000

10. (　　)就是在增加的收账费用与减少的坏账损失、减少的机会成本之间进行权衡。

A. 确定信用标准　　B. 选择信用条件

C. 制定收账政策　　D. 5C 评估法

11. (　　)包括信用期限、折扣期限及现金折扣三个构成要素。

A. 信用标准　　B. 信用条件　　C. 资信程度　　D. 收账政策

12. 一定时期内，在原材料采购总量和费用水平不变条件下，存货经济批量应该是既保证生产经营需要，又要使(　　)。

A. 订货成本和储存成本之和最低

B. 订货成本和存货资金占用机会成本之和最低

C. 订货成本和存货资金占用机会成本相等

D. 进货成本等于储存成本与短缺成本之和

13. (2018 年中级会计职称考题)B 公司当年的资本成本率为 10%，现金平均持有量为 30 万元，现金管理费用为 2 万元，现金与有价证券之间的转换成本为 1.5 万元，则该公司当年持有现金的机会成本是(　　)万元。

A. 5　　B. 3.5　　C. 6.5　　D. 3

14. (2012 年中级会计职称考题)下列各项中，不属于存货储存成本的是(　　)。

A. 存货仓储费用　　B. 存货破损和变质损失

C. 存货储备不足而造成的损失　　D. 存货占用资金的应计利息

15. (2011 年中级会计职称考题)根据经济订货批量的基本模型，下列各项中，可能导致经济订货批量提高的是(　　)。

A. 每期对存货的总需求降低　　B. 每次订货费用降低

C. 每期单位存货存储费用降低　　D. 存货的采购单价降低

二、多选题

1. (2018年中级会计职称考题)企业持有现金,主要出于交易性、预防性和投机性三大需求,下列各项中,体现了交易性需求的有(　　)。
   A. 为满足季节性库存的需求而持有现金
   B. 为避免因客户违约而导致的资金链以外
   C. 为提供更长的商业信用期而持有现金
   D. 为在证券价格下跌时买入证券而持有
2. 对信用期限的叙述,不正确的是(　　)。
   A. 信用期限越长,公司坏账风险越小
   B. 信用期限越长,表明客户享受的信用条件越优惠
   C. 延长信用期限,不利于销售收入的扩大
   D. 信用期限越长,应收账款的机会成本越低
3. 为了提高现金使用效率,企业应当(　　)。
   A. 力争现金流入与现金流出同步
   B. 加速收款
   C. 尽可能利用现金浮游量
   D. 在不影响信誉的前提下推迟应付账款的支付期
4. 公司延长信用期,则下列情况可能发生的有(　　)。
   A. 应收账款增加　　B. 平均收账期延长
   C. 销售增加　　D. 现销增加
5. 应收账款的管理成本包括(　　)。
   A. 资信调查费用
   B. 收账费用
   C. 应收账款无法收回带来的损失
   D. 资金投放在应收账款上而丧失的其他收入
6. (2015年中级会计职称考题)下列各项措施中,能够缩短现金周转期的有(　　)。
   A. 减少对外投资　　B. 延迟支付货款
   C. 加速应收账款的回收　　D. 加快产品的生产和销售
7. 信用标准过高的可能结果包括(　　)。
   A. 丧失很多销售机会　　B. 降低违约风险
   C. 扩大市场占有率　　D. 减少坏账费用
8. (2012年中级会计职称考题)下列各项中,决定预防性现金需求数额的因素有(　　)。
   A. 企业临时融资的能力　　B. 企业预测现金收支的可靠性
   C. 金融市场上的投资机会　　D. 企业意愿承担短缺风险的程度
9. 存货的储存成本包括(　　)。
   A. 订货成本　　B. 购置成本
   C. 存货保险费　　D. 仓库费用

10. 在确定经济订货量时,下列表述中,正确的有(　　)。
    A. 随每次进货批量的变动,订货成本和储存成本呈反方向变化
    B. 储存成本的高低与每次进货批量成正比
    C. 订货成本的高低与每次进货批量成反比
    D. 年变动储存成本与年变动订货成本相等时的采购批量,即为经济订货量

三、判断题

1. 由于持有现金而丧失的再投资收益并不属于持有现金的持有成本。(　　)
2. 如果企业的借款能力增强,保障程度较高,则可适当增加预防性现金的数额。(　　)
3. 购买股票,属于现金持有动机中的投机性动机。(　　)
4. 信用标准是指企业接受客户信用定单时所提出的付款要求。(　　)
5. 在公司的全年现金需求总量一定的情况下,如果现金周转期越短,则公司的现金持有量就越小。(　　)
6. 预防动机是指为把握市场投资机会,获得较大收益而持有的现金。(　　)
7. 提前订货的情况下,企业再次发出订货单时尚有的库存量,称为再订货点。(　　)
8. 在确定信用标准时,只要提供商业信用增加的成本低于扩大销售增加的收益,企业就进一步提供商业信用。(　　)
9. 一般来说,收账成本支出越多,坏账损失就越少,两者之间是呈线性关系的。(　　)
10. 采用存货 ABC 分类管理法时,通常 A 类存货应当作为一般管理。(　　)
11. 企业采用严格的信用标准,虽然会增加应收账款的机会成本,但能扩大商品销售额,从而给企业带来更多的收益。(　　)
12. 存货管理的目标是在保证生产或销售经营需要的前提下,最大限度地降低存货成本。(　　)

四、计算与分析题

1. 假设 Z 公司明年需要现金 84 000 000 元,将有价证券转换为现金的转换成本为 150 元,已知有价证券的报酬率为 7%,则最佳现金持有量和此时的相关最低总成本分别是多少?
2. D 企业现金收账状况平稳,预计全年(按 360 天计算)需要现金 10 万元,已知现金与有价证券的转换成本为每次 800 元,有价证券的年利率为 10%。请计算如下指标:最佳现金持有量、最低现金管理总成本、转换成本和持有机会成本、有价证券交易次数。
3. X 企业以往采用现销的销售方式,每年销售 120 000 件产品,单价 15 元,变动成本率为 60%,固定成本为 100 000 元。该企业尚有 40%的剩余生产能力,现准备通过给某特殊新客户一定的信用政策,以期达到扩大销售之目的。经过测算可知:如果信用期限为 1 个月,该客户愿意购买 30 000 件,预计坏账损失率为 2.5%,收账费用 22 000 元,预计应收账款周转天数为 40 天;如果信用期限为 2 个月,该客户愿意购买 38 400 件,预计坏账损失率为 4%,收账费用为 30 000 元,预计应收账款周转天数为 70 天。假定该特殊客户的购买不会影响企业原有现销规模,资金成本率为 20%。

   要求:

(1) 企业应作出采用何种方案的决策。

(2) 如果企业采用的信用期限为 1 个月,但为了加速应收账款的回收,决定使用现金折扣的办法,条件为“2/10, 1/20, n/30”,估计该客户货款的 65%会在第 10 天支付,该客户货款的 20%会在第 20 天支付,其余货款的坏账损失率估计为 1.5%,其余货款如不考虑坏账的话,估计平均收账期为 40 天,收账费用下降到 15 000 元。试作出采用何种方案的决策。

4. A 公司现在采用的信用期是 30 天,按发票金额付款。公司拟将信用期放宽至 60 天,仍按发票金额付款。假设等风险投资的最低报酬率为 15%,其他有关的数据如表 7-10 所示。

表 7-10 A 公司相关数据

项目	30 天	60 天
销售量(件)	100 000	120 000
销售额	500 000	600 000
销售成本		
变动成本	400 000	480 000
固定成本	50 000	50 000
毛利	50 000	70 000
可能发生的收账费用	3 000	4 000
可能发生的坏账损失	5 000	9 000

要求:

(1) 分析该公司应否应将信用期改为 60 天?

(2) 若假定信用期由 30 天改为 60 天,由于销售量的增加,平均存货水平将从 9 000 件上升到 14 000 件,每件存货成本按变动成本 4 元计算,其他情况依旧。试分析该公司应采用何种信用期天数的方案?

5. L 公司每年需用甲材料 6 000 件,已知每次订货成本为 150 元,每件材料的年存储成本为 5 元,甲材料的采购价格为 20 元/件,而且一次订货量在 2 000 件以上可以获得 2%的折扣,在 3 000 件以上时可以获得 5%的折扣,问 L 公司的经济订货批量是多少?

6. XYZ 公司对某零件年需要量 16 200 件,日供应量 60 件,一次订货成本 25 元,单位储存成本 1 元/年。假设一年为 360 天。需求是均匀的,不设置保险库存并且按照经济订货量进货。

请计算:

(1) 经济订货量。

(2) 最高库存量。

(3) 平均库存量。

(4) 与进货批量有关的总成本。

本章案例：M集团公司资金管理模式选择

M集团前身是M企业有限公司，1999年经批准改制为中外合资股份有限公司，并于同年公开上市。M集团公司属于都市型新材料包装生产企业，业务种类繁多，主要生产和销售各种PET瓶及瓶坯、瓶盖、标签、喷铝纸及纸板、各种薄膜、高档油墨、多色网印塑胶容器及其他新型材料。公司自成立以来一直致力于研究和发展具有环保概念的都市型新材料产业，始终坚持创新理念，在技术水平、生产规模、质量管理等方面均处于国内同行业领先地位。M集团总部在上海，旗下的20多家子公司分布在江苏、武汉、宁波、沈阳、郑州、福州、南昌、广州等地。

M集团2019年的总资产为70多亿元，净资产率为39.90%；2018年和2019年营业收入总额分别为27亿元和33亿元，税前利润总额分别为3亿元和1.9亿元。

一、集团面临的挑战

从公司创立以来，M集团不断努力，稳扎稳打，赢得了社会和公众的认可，集团在获得利润的同时，也给社会创造了巨大的财富，逐渐成为沪深两市中规模最大、产品种类最齐全、盈利能力最强的包装材料上市公司之一。

在M集团业务高度发展的过程中，集团内部逐渐出现了一些新的问题。集团早期发展过程中，集团总部为了调动子公司自我发展的积极性和主动性，其经营进行充分的授权，实施分散管理，给M集团的资金管理带来不少的困扰。

在实施分散管理之后，集团公司并未对子公司的银行账户实施控制，各子公司都有自己的银行账户，而且每家子公司的银行账户往往不止一两个，除了一些贷款专户、财政专户，还有一些所谓的“人情户”“关系户”。30多家子公司共开立各种银行账户200多个。

集团公司及子公司在每个账户中都会沉淀部分资金，但由于集团企业对子公司账户信息获取的渠道不畅通，集团财务部门只是每月合并子公司的财务报表，很难及时、准确、全面的掌握集团资金信息。

不同子公司资金余额情况不同，有时一家子公司存在大量的资金结余，但由于缺少投资机会或者子公司资金管理能力不足，只能将这些资金用于购买低息理财产品，而与此同时，另外有些子公司却资金紧缺，不得不向银行等集团外的公司借款，加上各子公司之间存在交叉担保关系，且贷款利率较高，也增加了集团公司的财务风险。由此也导致集团合并报表层面体现出存款金额高同时贷款金额高的有趣现象，这也被称为“存贷双高”。即便是集团内部一家子公司向另一家子公司借款，由于两家子公司对应的开户行很可能不同，跨行往来也增加了资金的在途时间。

更有甚者，由于集团企业对下属企业账户信息获取的渠道不畅通，因而存在下属公司利用经营自主权，挪用、拆借闲散资金的现象，甚至有的企业擅自“资金体外循环”集资，私设小金库。

这些问题让M集团的管理人员苦恼不已。在资金集中管理逐渐风靡之后，M集团也在思考是否采用新的资金管理模式。

二、资金集中管理

很多企业集团的资金管理开始采用资金集中管理的模式，在考虑如何对资金进行集中管理时，主要考虑以下因素：

第一，企业集团的财务风险是否因此而改变。企业应该按照自身管理体制的特点考虑资金集中管理模式。重点考虑此种资金集中管理模式在应对财务危机时的风险大小，最终选择财务风险最小的资金集中管理模式。第二，企业集团利益是否最大化。在考虑资金集中管理模式时，应该保证管理模式对资金的控制不影响企业以及分、子公司的发展，从而保证实现企业集团利益最大化。第三，与企业集团架构是否相适应。对资金进行集中管理时，集团的组织架构是需要考虑的决定性因素。因而，要根据企业集团的规模、资产实力以及经营状况，有针对性地选择适合的资金集中管理模式，以保证资金集中管理发挥出最大作用。

一般来说，企业集团资金集中管理的模式有以下几种：统收统支模式、拨付备用金模式、资金结算中心模式、内部银行模式以及财务公司模式。

（一）统收统支模式

统收统支模式是一种高度集权的资金管理模式。在该模式下，集团下各分子公司不单独设立资金收付账户，企业集团的一切资金收付活动都集中在集团总部的财务部门。企业集团总部财务部门负责企业的一切资金支出，同样资金收支的审批权也高度集中在集团公司总部。该种方式有助于企业集团实现全面收支平衡，能够提高企业集团的资金的周转效率。该模式主要是通过降低企业集团的资金的沉淀量，从而实现对现金流入流出的有效控制，最终实现企业资金成本的降低。由于分子公司没有资金收付权限，因而各分子公司开源节流的积极性在统收统支模式下较低，分子公司的经营灵活性也受到较大的限制。最终，在统收统支模式下，企业集团整体经营活动和财务管理活动的效率较低。

（二）拨付备用金模式

拨付备用金模式是一种相对高度集权的资金管理模式。采用这种管理模式时，集团总部财务部门会在一定的期限预拨给成员企业一定数量的资金，以便成员企业使用。在该模式下，各分子公司所有资金流入必须集中到集团总部财务部门，各分子公司所发生的现金支出是通过集团总部财务部门报销来实现的。相对于统收统支模式拨付备用金模式，集团所属各成员企业在集团总部规定的资金支出标准和支出范围之内享有资金管理权，对拨付的备用金具有决策权。与统收统支模式相同，拨付备用金模式中各成员企业也不设置财务部门，集团总部财务部门负责对各成员企业的每一笔支出进行审核，集团总部负责审批超标准和超范围的开支。在拨付备用金模式下，成员企业的灵活性有了较大的提高，该模式特别强调各成员企业有一定的资金管理权，对备用金有决策权。

（三）资金结算中心模式

资金结算中心模式是大部分集团公司实现资金集中管理采用的方式。资金结算中心是由企业集团单独设立的、没有独立法人资格的独立资金运营机构，负责办理集团各分子企业的资金收付和往来结算等业务。根据银行账户及结算管理办法，资金结算中心负责统一开设银行结算账户，用于存放集团各成员企业汇入的资金。集团各成员企业在企业内部结算中心开立结算账户，用于实现集团内部收支结算。在资金结算中心模式下，企业集团的资金流入实现高度集中，资金流出较为灵活。也就是说，集团公司各成员企业资金收入款项直接汇总到资金结算中心的资金收入账户；集团各成员企业发生资金支出时，先向结算中心提交付款通知单，结算中心按照权限审批后从收入户拨付款到成员单位的支出户，然后各成员企业自行办理付款等手续完成资金支出。资金结算中心负责整个集团公司的资金调度。

采用资金结算中心方式，有利于资金合理调节和统筹安排；能够帮助企业集团减少内部资金积压，盘活沉淀资金，降低银行贷款费用；有助于减少资金的外部循环，加快资金周转。

（四）内部银行模式

随着资金管理模式的发展，企业逐步将社会银行的基本职能与管理方式引入到企业内部中，从而建立起来一种资金管理机构——内部银行。内部银行主要负责集团内部日常的往来结算和资金调拨、调剂等。

内部银行模式实行银行化管理，相对独立核算；对于集团公司和各分子公司制定统一的结算方式、时间以及行为，对整个集团资金流向是否合法合理进行监督，有利于及时发现问题，解决资金集中的局限性和盲目性。

（五）财务公司模式

与其他四种模式相比，财务公司模式是一个独立的法人实体，是可以经营部分银行业务的非银行金融机构。在我国，财务公司的设立需要中国人民银行批准，其经营范围除了发放贷款，还有抵押、外汇、发行债券、不动产抵押、投资咨询等业务。

财务公司的主要特点如下：

第一，财务公司可以占用少量的资金，通过融资租赁等方式，使集团内部产品购销问题得以解决。第二，相比较其他模式，财务公司可以运用发行债券、同业拆借等方式为企业集团融资，这样就为企业集团扩大了融资渠道，增强了企业集团的融资能力。第三，财务公司可以集中集团暂时闲置的资金，投资于回报率较高的产业和行业，为集团赚取更高的收益，实现资金运用效率的最大化。第四，在财务公司模式下，各分子公司的对外付款业务可以在商业银行中支付，不需要通过财务公司。采用财务公司模式，集团企业能够机动灵活的根据实际需求，对各分子公司的资金进行宏观调控。作为非银行金融机构，财务公司可以充分发挥金融特色，为集团企业全面理财，有效支持集团的发展。

三、M 集团资金管理变革

在推动资金集中管理过程中，面临说服子公司问题，M 集团管理人员秦总决定在集团内实施三项措施：

第一，对各子公司总经理和财务主管进行资金管理业务培训，提升他们对资金集中管理的认识水平，促使子公司主动转变观念。秦总主动与子公司总经理和财务主管们进行交流，解决他们的种种疑惑和担心。例如，某子公司财务经理担心将钱都存在一家银行，那么之后在进行贷款时，和其他银行关系不好，不容易拿到贷款。秦总就指出以后子公司需要融资，母公司会帮其解决，而且会低于子公司自己贷款的利率。

第二，明确集团公司和子公司之间实行资金有偿占用，保障子公司的切实利益，并且在利润分配、业绩考核奖励等方面会结合资金收益情况采取更优措施，全面调动各子公司的积极性。

第三，资金集中管理的内容和层次分布逐次推进，先对部分子公司实施资金集中管理。待时机更加成熟时，再全面实施资金集中管理。

M 集团资金管理具体实施内容如下。

(一) 账户的设立与管理

集团及下属公司都必须在集团公司总部指定的商业银行开立收入专户和支出专户，并开通网上银行业务。各子公司目前现有的所有商业银行账户自行清理，有特殊需要必须保留的账户需要在指定的工作日内(一般为 2 日)向总部备案。

(二) 运作方式

1. 资金计划

各下属公司每月第一个工作日向集团总部报送本公司的“资金需求计划表”，下属公司的资金计划若不涉及向总部拆借资金，经财务总监审批后，作为总部资金调拨的依据，若涉及向总部拆借资金，需经过财务总监、总经理审批后，方可作为财务会计管理中心资金调拨的依据。

对于下属公司资金计划中没有安排的资金支付请求，总部原则上不另行安排资金。

2. 资金结算

(1) 收款业务。纳入资金集中管理的各公司其各项收入，开通网上银行的公司由网上银行自动于收款当日将款项上存管理中心收款结算账户，或通过授权由银行自动适时划拨到管理中心收入结算账户。

(2) 付款业务。各项业务支出，应于付款当日或之前，根据资金收支计划，由管理中心将资金通过支出结算账户划拨到各公司的支出结算账户，以办理对外付款。对于确因特殊业务需要将收入结算账户资金直接转入或直接存入本企业支出结算账户的，必须提前 2 个工作日向集团管理中心提出申请，经批准后方可办理。

(3) 调拨业务。各下属公司之间的资金调拨均通过集团总部，即资金集中管理之后，各下属公司只与集团公司之间有内部往来，各下属公司之间不再发生内部往来。

3. 融资和担保

融资分为内部融资和外部融资。

内部融资即集团与下属各公司之间的款项借贷，实行有偿借贷的原则。通过集团总部的贷款及计息系统，将原来的各下属企业各自计息统一为由总部放贷、计息，进行规范化管理。

外部融资是在集团实施资金集中管理后，原则上所有企业不得对外融资，只能以集团名义对外融资，下属企业可以根据自己的需求向总部申请融资计划，经审批后，由集团融资后下拨给下属企业。

下属企业不得擅自对外提供担保。所有担保业务均由下属公司报告总部审核，然后报集团董事长审批。

4. 监管

财务会计管理中心定期检查各下属公司各银行账户的实际用途及收支情况、票据流转情况,并将汇总信息向总部财务总监汇报。

四、实施资金集中管理后M集团经营情况

M集团在全面实施了资金集中管理后,其主要成果体现在以下几个方面。

(一) 集团现金存量下降

实施资金集中管理后,M集团合并报表中现金存量明显下降。对比2020年和2021年的年报,货币资金从78 823.81万元下降到46 421.96万元,2021年货币资金比2020年下降了41.11%。

(二) 投资效益显著提高

在2020年,M集团的投资收益是815.57万元,而在2021年,即使在外部环境可能出现不利变化情况下,投资收益仍增长到6 063.59万元。M集团总部在2020年年初收购了某房地产有限公司开发的别墅项目,但即使在2020年下半年中央出台的货币与财政政策给房地产行业带来重大不利影响的情况下,M集团依然取得了很好的销售业绩,且预测在2022年此别墅价格仍会保持稳步上升的态势。

(三) 融资成本显著下降

对比2020年和2021年利润表,其财务费用分别为17 297.80万元和19 643.67万元。从数额上看其财务费用并没有因为资金集中管理而下降,但详细分析2021年的财务费用构成发现,其中有2 575.40万元的财务费用是用于支付2020年因资金短缺而发行的10亿元短期融资券利息费用。若扣除这一利息,企业2021年财务费用将下降到17 068.27万元,在营业收入由411 769.72万元上升到496 879.72万元的前提下,其财务费用比2020年下降了229.53万元。

(四) 增强了对资金的监控

在实施资金集中管理后,通过和银行合作,M集团实现了对集团所有银行账户的全面监督,它可以及时掌握各公司账户余额和交易明细,实时监控各成员企业资金流动情况和资金沉淀情况,资金是否按照规定用途使用以及资金的安全情况。例如,在实施资金集中管理之前,总部通过每天收集公司结余,发现某下属公司有一笔30万元的银行存款,长期未流通,因而派相关人员下去调查,调查发现,这笔款项早已不在账上,下属的财务经理和银行相关人员合伙将这笔钱用于金融投资,由于投资亏损,这笔款项一直没有填补回来。

资料来源:王静.M集团公司资金管理模式选择.上海大学管理学院MPAcc案例编写委员会编著.会计专业硕士(MPAcc)教学案例集(Ⅰ)[M].上海:上海大学出版社,2014.

案例思考题

1. 在企业管理中,授权是一种非常常见的方式。但从案例材料的描述中,请分析M集团在对子公司进行授权后资金管理方面出现了哪些问题。

2. M集团在实施资金集中管理后一系列经营表现与资金集中管理之间存在什么关联?

分析思路

1. 在企业管理中,授权是一种非常常见的方式。根据案例材料的描述,请分析 M 集团在对子公司进行授权后资金管理方面出现了哪些问题。

分析思路:通过对案例资料第一部分"集团面临的挑战"当中 M 集团实施分散管理后在资金管理方面产生的现象的描述中进行归纳总结,大体上可以从集团层面资金信息情况、资金利用的效益和效率、集团的投融资结构和集团对资金的监控情况等方面进行分析。

2. M 集团在实施资金集中管理后一系列经营表现与资金集中管理之间存在什么关联?

分析思路:本问题的解答需要结合第一道问题,通过实施资金集中管理前后 M 集团的经营表现差异来分析这些变化与资金集中管理举措之间存在的关联。以投资效益提高为例,M 集团通过资金集中管理,可以从集团层面对资金进行统筹规划,也提高了资金筹措能力,可以为资金的筹集和使用作出更为合理的安排,为投资作出更好的保障。

专题四

筹资与分配

第八章　长期筹资决策

学习要点

- □ 资本成本
- □ 筹资方式
- □ 资本结构
- □ 财务杠杆

企业的财务管理活动涉及资金的筹措、资金的运用与投资及经营成果的分配，而资金的筹措是基础。除了留存收益，企业都是从外部获得权益资本和债务资本的。为了获得这些资本，企业必然相应地需要付出一定的代价，这些需要付出的代价就是这些资本的成本。在本章中，第一节和第二节介绍资本成本的计算方法和筹资方式的选择。在考察各种筹资备选方案的影响后，企业应该如果制定最优的筹资决策，最优的筹资决策又是如何影响企业的，我们将在本章第三节中回答这个问题。筹资决策是企业生产经营决策的一个重要组成部分。企业在进行筹资决策时需要考虑各种筹资备选方案可能给企业带来的影响，这种影响体现为财务杠杆效应，这是本章第四节的内容。

第一节　资 本 成 本

企业筹集的资金根据时间的长短可以分为两种，一种是只能在短时间内使用（一般是少于一年的时间），如从银行获得的半年期的贷款；另一种是能在长时间内使用（一般是多于一年的时间），如三年期的银行贷款。资本一般是指能在长时间内使用的资金。对于企业而言，资本可以分为两种：一种是在规定的一段时间内必须偿还，如银行的长期借款；另一种则没有规定的还款期限，因此，可以认为不必予以偿还，如股东投入的资本。一般来说，前者称为债务资本，后者称为权益资本。俗话说，天下没有免费的午餐，企业获得资本必然需要支付相应的成本，包括取得成本和使用成本。取得成本是企业在获得资本过程中所花费的相关开支，包括银行借款的手续费、发行债券、发行股票所支付的发行费用等。取得成本大多是一次性的费用。使用成本是企业支付给资本所有者的资本使用报酬，如支付给债券持有人的债券利息、支付给银行的贷款利息等。

一、资本成本的概念

资本成本(Cost of Capital)是指企业筹措和使用资本必须支付的各种费用,包括资本占用费和资本筹集费两部分内容。资本占用费是指企业使用资本支付的费用,如长期借款的利息、长期债券的债息、优先股的股息、普通股的红利等。资本筹集费又称取得成本,是指企业在筹措资本过程中为获取资本而付出的费用,如向银行支付的借款手续费,以及因发行股票、债券而支付的印刷费、发行手续费、行政费用、律师费、资信评估费、公证费等。

资本成本率是企业使用资本一年所负担的费用与筹集资本净额的比率。在实际工作中,人们通常将资本成本率简称为资本成本,以此来表示资本成本的大小。资本成本的计算公式表示如下:

$$K = \frac{D}{P - F} \tag{8-1}$$

其中,K 表示资本成本;D 表示资本占用费;P 表示所筹集的资本总额;F 表示资本筹集费。

二、资本成本的种类

企业筹集资本的方式有很多种,每种筹集资本的方式都有它的资本成本。单种资本筹集方式所对应的资本成本就是个别资本成本,企业往往在各种不同的资本筹集方式中选择个别资本成本最低的那种筹资方式。对于每家企业而言,他们一般都不会只用一种资本筹集方式,而是综合运用多种资本筹集方式。当我们需要衡量企业整体的资本成本时就需要综合各种资本成本,从而得到企业的综合资本成本。另外,企业在生产经营过程中可能需要追加筹集资本,而追加筹集的资本成本与已有的资本成本很可能是不一样的,这些追加筹集的资本成本叫做边际资本成本。

接下来,我们将逐一介绍个别资本成本、综合资本成本和边际资本成本。

(一) 个别资本成本

个别资本成本是企业采用单独的资本筹集方式所筹集到的资本的成本。企业的单独的资本筹集方式包括很多种类,如银行长期借款、债券、优先股、普通股、留存收益等成本。

1. 长期借款成本

企业从银行那里获得长期借款,需要支付借款利息,还需要支付借款手续费。同时,按照我国税法的规定,债务利息一般允许在所得税前支付,所以企业实际上负担的使用成本是扣除可以税收抵减后的利息,即利息×(1-所得税税率)。因此,长期借款成本的计算公式为:

$$K_l = \frac{I \times (1 - T)}{L \times (1 - f)} \tag{8-2}$$

其中,K_l 表示长期借款的资本成本;I 表示长期借款的利息费用;T 表示企业应承担的所得税税率；L 表示长期借款的金额；f 表示长期借款的筹集费用率。

如果已知长期借款的名义年利率 i，由于 $I=L\times i$，将其带入式(8-2)可得：

$$K_l=\frac{i\times(1-T)}{1-f} \tag{8-3}$$

其中，i 表示长期借款名义年利率。

【例 8-1】 XYZ 企业从银行获得本金为 20 000 元，期限为 3 年的长期借款，已知该笔借款的名义利率为 8%，借款的筹集费用率占借款金额的 10%，该企业的所得税税率是 25%。求该笔长期借款的资本成本。

解：

根据式(8-3)，可得：

$$K_l=\frac{8\%\times(1-25\%)}{1-10\%}=6.67\%$$

所以，该笔长期借款的资本成本是 6.67%。

2. 债券成本

由于企业需要按照债券的面值和票面利率定期向债券持有者支付债券利息。另外，债券的利息费用可以在税前抵扣，因此，债券的面值、票面利率和所得税税率是构成债券使用成本的三个因素。企业的债券发行价格和发行的债券的面值可能并不相等，企业的债券可能是溢价发行，也可能是平价发行或者折价发行，即发行价格可能高于、等于或者低于面值。另外，企业发行债券需要支付债券发行的手续费、推销费用等筹资费用，这些筹资费用就是企业债券的取得成本，在计算债券资本成本时需要从发行债券的价格中扣除取得资本以得到资本净额。于是，由式(8-1)可得：

$$K_b=\frac{M\times i\times(1-T)}{B\times(1-f)} \tag{8-4}$$

其中，K_b 表示企业债券的资本成本；M 表示债券的面值；i 表示债券的票面利率；T 表示企业所得税税率；B 表示企业债券的发行价格；f 表示发行债券发生的费用率。

【例 8-2】 XYZ 企业发行 10 000 份面值为 100 元、票面利率为 8% 的 20 年期企业债券。每份债券的发行价格是 120 元，发行债券发生的费用率是 10%。已知该企业的所得税税率是 25%。求该批长期债券的资本成本。

解：依据题意，由式(8-4)可得：

$$K_b=\frac{100\times 8\%\times(1-25\%)}{120\times(1-10\%)}=5.56\%$$

所以，长期债券的资本成本是 5.56%。

3. 优先股成本

企业发行优先股筹集资本需要支付手续费、推销费用等取得成本，需要从发行优先股获得的资本中扣除，企业一般要为优先股股东支付固定的股利，这些都与向债券持有者支付债券利息有些类似，但与债券利息不同的是，债券利息一般可以在缴纳企业所得税时予以抵扣，但是优先股股利却不能在税前进行抵扣。因此，优先股股利可按下列公式进行计算：

$$K_p = \frac{D_p}{P \times (1-f)} \tag{8-5}$$

其中，K_p 表示优先股的资本成本；D_p 表示企业每期发放的优先股股利；P 是优先股的发行价格；f 表示企业发行优先股而支付的取得成本。

【例 8-3】 XYZ 企业发行面值总额为 20 000 元的优先股，这些优先股每年须发放优先股股利 1 000 元。已知这批优先股的发行费用率为面值的 5%，求优先股的资本成本。

解： 依据题意，由式(8-5)可得：

$$K_p = \frac{1\ 000}{20\ 000 \times (1-5\%)} = 5.26\%$$

所以，该批优先股的股利的资本成本是 5.26%。

4. 普通股成本

与长期借款、债券以及优先股相同，企业筹集普通股也会发生手续费、律师费、推销费用等发行费用。但与上述三者每期所支付的利息或者优先股股利相对固定不同的是，是否发放普通股股利是由企业自己来决定的，而且每年支付的普通股股利并不一定稳定，另外作为一种权益资本，普通股股利和优先股股利一样不可在税前进行抵扣。由之前学习过的内容可知，普通股成本与普通股股利、发行价格和发行费用之间的关系如下：

$$P \times (1-f) = \sum_{n=1}^{\infty} \frac{D_n}{(1+K_e)^n} \tag{8-6}$$

其中，P 表示股票的发行价格；f 表示股票的发行费用率；n 表示时间上的期数；Dn 表示股票在第 n 期发放的股利；K_e 表示该股票的成本。

在式(8-6)中，如果企业每年发放的普通股股利不同的话，就很难计算出普通股的成本。但在一些特殊的情况下，我们可以得到关于普通股成本的简化表达式。例如，假设企业每年发放的普通股股利为 D，并且保持不变，这时可以将普通股股利看作是永续年金。那么，普通股成本就可以表示为：

$$K_e = \frac{D}{P(1-f)} \tag{8-7}$$

其中，K_e 表示普通股的成本；D 表示普通股每期的固定股利；P 表示普通股发行时的价格；f 表示普通股发行的费用率。

【例 8-4】 XYZ 企业目前发行在外的普通股股票为 5 000 股，这些普通股股票的发行价格为 10 元/股，发行费用率为 10%，已知该企业每年都发放固定股利 1 元/股。求 XYZ 企业普通股的资本成本。

解：依据题意，由式(8-7)可得：

$$K_e=\frac{1}{10(1-10\%)}=11.11\%$$

所以，企业发行的普通股资本成本为11.11%。

另一种较为特殊的情况是，企业发放的普通股股利每年以固定的增长率 g 增加。假设企业第一年发放的股利为 D_1。则普通股成本的计算公式如下：

$$K_e=\frac{D_1}{P(1-f)}+g \tag{8-8}$$

其中，K_e 表示普通股的成本；D_1 表示第一年发放的普通股股利；P 表示股票的发行价格；f 表示股票发行的费用率；g 表示普通股股利每年的增长率。

【例8-5】 XYZ企业第一年发放的股利是1元/股，以后每年以2%的速度增长。其他资料与[例8-4]相同。

解：依据题意，并由式(8-8)可得：

$$K_e=\frac{1}{10(1-10\%)}+2\%=13.11\%$$

所以，该企业普通股的资本成本是13.11%。

5. 留存收益成本

企业的留存收益是企业将税后净利润投入下一期的生产经营活动，而不是以现金股利的形式发放给股东。留存收益是属于普通股股东的，有些人觉得留存收益是不需要成本的。企业将税后净利润留在企业当中确实并不需要像长期借款、债券、股票那样发生取得成本，但企业使用留存收益仍然是有使用成本的。实际上，如果企业将这些税后净利润留存于企业而不是将它们发放给股东，总是要求得到与普通股等价的报酬，即留存收益的机会成本，这就是留存收益的资本成本。留存收益的成本计算方法与普通股类似，只是留存收益不需要发生取得成本。例如，对于股利固定不变的企业，其计算公式如下：

$$K_r=\frac{D}{P} \tag{8-9}$$

其中，K_r 表示留存收益的成本；D 表示股利；P 表示普通股的发行价格。

而对于股利以固定的增长率不断增加的企业而言，其计算公式如下：

$$K_r=\frac{D}{P}+g \tag{8-10}$$

其中，K_r 表示留存收益的成本；D 表示股利；P 表示普通股的发行价格；g 表示股利的固定增长率。

以上介绍的是五种最为常见的筹资方式及其各自的资本成本。在这五种筹资方式中，债权的求偿方式总是优先于优先股，而优先股又优先于普通股，因此按照出资人承受风险的程度来排列，普通股的风险最高，优先股次之，债权的风险在三者当中是最低的，越高的风险往往意味着越高的收益要求，因此，资本成本从高到低依次排列的顺序是普通股、优先股和债权。

(二) 综合资本成本

我们在前面介绍了各种筹资方式的资本成本计算方法，但是实际上很少有企业是使用单一的筹资方式来进行经营的，因为使用单一的筹资方式往往会造成筹资成本过高，最典型的例子是单纯运用银行长期借款来进行生产经营活动，随着企业借款数额的增加，银行会向企业要求越来越高的借款利率，企业的资本成本急剧增加。在现实当中，每一家企业一般都会综合运用各种筹资方式。因此，只知道每种筹资方式的个别资本成本是不够的，我们还需要从整体上把握企业整体的资本成本，也就是计算企业的综合资本成本，以便对企业的生产经营活动进行正确的决策。

综合资本成本是以各种资本占企业总资本的比重作为权重，对个别资本成本进行加权平均加以确定的资本成本。其计算公式如下：

$$WACC=\sum_{j=1}^{n}W_jK_j \tag{8-11}$$

其中，$WACC$ 表示综合资本成本；W_j 表示第 j 种资本占总资本的权重；K_j 表示第 j 种资本的个别资本成本。

我们通过上一小节介绍的方法可以计算个别资本成本，只要知道各种筹资方式筹集的资本所占的比重就可以很容易地得到企业的综合资本成本，现在关键的问题是如何确定各种筹资方式筹集的资本所占的比重。目前可供选择的权重确定方法主要有三种：账面价值法、市场价值法和目标价值法。下文中将对这三种权重确定方法逐一进行介绍。

1. 账面价值法

账面价值法是指按照各种资本的账面金额来确定权重的一种方法。这种方法的数据主要是企业的账簿和资产负债表，非常容易取得，但其缺点在于账面价值并不能够真实反映资本的价值，如果资本的市场价值和账面价值差别比较大的话，会影响计算的准确性。而且，账面价值反映的是过去的资本结构，也不适合未来的筹资决策。

【例 8-6】 XYZ 企业当前资本的账面价值总额为 1 000 万元。其中，长期借款 300 万元，债券 200 万元，普通股 400 万元，优先股 50 万元，留存收益 50 万元，它们各自的资本成本分别是 5%、7%、15%、10%、12%。请在账面价值的基础上计算企业的综合资本成本。

解： 计算各种资本筹集方式所筹集资本所占的权重：

$$长期借款占比=\frac{300}{1\ 000}=30\%$$

$$债券占比=\frac{200}{1\ 000}=20\%$$

$$普通股占比=\frac{400}{1\ 000}=40\%$$

$$优先股占比=\frac{50}{1\ 000}=5\%$$

$$留存收益占比=\frac{50}{1\ 000}=5\%$$

接下来计算综合资本成本：

$$\begin{aligned}综合资本成本&=5\%\times30\%+7\%\times20\%+15\%\times40\%+10\%\times5\%+12\%\times5\%\\&=10\%\end{aligned}$$

上述计算过程如表 8-1 所示。

表 8-1　综合资本成本计算表　　单位:万元

资本种类	账面价值	所占比重	个别资本成本	综合资本成本
长期借款	300	30%	5%	1.5%
债券	200	20%	7%	1.4%
普通股	400	40%	15%	6%
优先股	50	5%	10%	0.5%
留存收益	50	5%	12%	0.6%

2. 市场价值法

市场价值法是指根据各种资本的市场价值来计算权重的一种方法。这种方法能够正确反映实际的资本成本，但是由于各种资本的市场价值总是处于变动之中，而且有些资本的市场价值不容易取得，为方法的使用带来了很多困难。另外，该方法只能反映企业当前的资本结构，并不适用于未来的筹资决策。

【例 8-7】　仍用[例 8-6]来加以说明，假设股票市价和留存收益都比它们各自的账面价值下降了 5%，优先股市价比账面价值下降了 10%，债券的市价比账面价值上涨了 2%，请在市场价值的基础上计算企业的综合资本成本。

具体计算过程如表 8-2 所示。

表 8-2　综合资本成本计算表　　单位:万元

资本种类	市场价值	所占比重	个别资本成本	综合资本成本
长期借款	300	31%	5%	1.55%
债券	204	21%	7%	1.47%
普通股	380	39%	15%	5.85%
优先股	45	4.6%	10%	0.46%
留存收益	47.5	4.4%	12%	0.53%

从表 8-2 可得，

$$综合资本成本=1.5\%+1.47\%+5.85\%+0.46\%+0.53\%=9.81\%$$

3. 目标价值法

目标价值法是指以各种资本的未来预计的目标市场价值来确定权重的一种方法，并计算加权平均。它能体现期望的资本结构。这种方法的缺点在于目标价值存在着较大的主观估计的成分，目标市场价值难以合理确定。

【例 8-8】 假设 XYZ 企业计划在未来扩大生产规模，企业的资本将从 1 000 万元，增加至 2 000 万元，预计各种资本的目标市场价值分别为长期借款 500 万元，债券 300 万元，普通股股票 800 万元，优先股股票 150 万元，留存收益 250 万元。请在目标市场价值的基础上计算企业的综合资本成本。

具体计算过程如表 8-3 所示。

表 8-3 综合资本成本计算表 单位：万元

资本种类	目标价值	所占比重	个别资本成本	综合资本成本
长期借款	500	25%	5%	1.25%
债券	300	15%	7%	1.05%
普通股	800	40%	15%	6%
优先股	150	7.5%	10%	0.75%
留存收益	250	12.5%	12%	1.5%

因此，综合资本成本＝1.25%＋1.05%＋6%＋0.75%＋1.5%＝10.55%

(三) 边际资本成本

在前文中，不管是个别资本成本还是综合资本成本，都是针对企业过去筹集到的资本成本而言的。在生产经营过程中，企业可能需要追加筹集资本，如为了投资一个新的项目而进行筹资。企业追加筹资的资本成本可能与原有的资本成本相同，也可能不同。我们把企业新增的那部分资本的综合资本成本称为边际资本成本。

在这里，我们需要用到一个概念，即资本结构。资本结构是指在企业的资本构成中，各种不同的筹资方式得到的资本占总资本的比重，关于资本结构的更为详细的内容我们将在本章的第三节进行介绍。需要特别指出的是，由于边际资本成本产生于企业追加筹资的情况下，因此资本的权数，即在计算资本结构时，应当采用目标价值权数，而不宜采用账面价值或市场价值作为权数。企业原有的资本是由单一或者多种筹资方式筹集而来的，它是企业原有的资本结构，在新增资本过程中，新增的资本同样可能是由单一的或者多种筹资方式得到的，它们构成了新增资本的资本结构。类似地，在新增资本后，企业的总资本也具有一定的资本结构，我们将其称为目标资本结构。一般而言，企业总是根据目标资本结构来进行新增资本的决策。

在前文中，我们提到企业的边际资本成本是企业新增的那部分资本的综合资本成本，由综合资本成本的定义可以看出，新增的那部分资本的综合成本与两个因素有关：①新增资本中各种筹资方式筹集到的资本占新增的总资本的比重，即新增资本的资本结构；②新增资本中各种筹资方式的个别资本成本。接下来，我们将逐一考察这两种因素是如何影响边际资本成本的。

我们假定新增资本中各种筹资方式的个别资本成本与企业原有资本中各种筹资方式的个别资本成本一样，考察新增资本的结构(以及目标资本结构)对边际资本成本的影响。

【例 8-9】 XYZ 企业当前的资本总额为 1 000 万元，其中，长期借款为 100 万元，债券为 250 万元，优先股为 250 万元，普通股为 400 万元。企业当前准备新增筹资 500 万元，其中，50 万元为长期借款，125 万元为债券筹资，125 万元为优先股筹资，200 万元为普通股筹资。已知长期借款、债券、优先股和普通股的资本成本分别为 6%、5%、8%和 12%。

由上述资料，根据综合资本成本计算公式容易得到企业当前的综合资本成本为 8.65%。在新增的资本当中，我们可以发现新增资本的结构与原有的资本结构是相同的。例如，新增的长期借款为 50 万元，占新增的 500 万元的总资本的比重为 10%，而在已有的资本中，长期借款额为 100 万元，占已有的 1 000 万元的总资本的比重也为 10%。

接下来，我们计算新增资本的综合资本成本，计算过程如表 8-4 所示。

表 8-4 新增资本的综合资本成本计算表 单位：万元

资本种类	目标价值	所占比重	个别资本成本	综合资本成本
长期借款	50	10%	6%	0.6%
债券	125	25%	5%	1.25%
普通股	200	40%	12%	4.8%
优先股	125	25%	8%	2%

如表 8-4 所示，新增资本的综合资本成本为 8.65%(=0.6%+1.25%+4.8%+2%)，这与原有资本的综合资本成本是相同的。

在[例 8-9]中，企业新增各单项资本占新增总资本的比重与原有资本是相同的，即新增资本的结构(以及目标资本结构)和原有的资本结构是相同的，如果资本结构不发生改变，那么企业的边际资本成本与原有的综合资本成本就是相同的。

接下来我们来看下如果新增资本的结构与原有资本结构不同的话，企业的边际资本成本会不会和原有的综合资本成本相同。沿用[例 8-9]，并假定新增的资本中长期借款为 100 万元，债券为 50 万元，普通股为 300 万元，优先股为 150 万元，重新计算新增资本的综合资本成本，如表 8-5 所示。

表 8-5 新增资本的综合资本成本计算表 单位：万元

资本种类	目标价值	所占比重	个别资本成本	综合资本成本
长期借款	100	20%	6%	1.2%
债券	50	10%	5%	0.5%
普通股	300	60%	12%	7.2%
优先股	50	10%	8%	0.8%

从表 8-5 可以看出，企业的边际资本成本为 9.7%（=1.2%+0.5%+7.2%+0.8%），与企业原来的综合资本成本不同。如果企业新增资本的结构（或者目标资本结构）与企业原有的资本结构不同，企业边际资本成本也和原有的综合资本成本不同。

在上述例子中，我们都假设企业新增资本时，不同筹资方式的个别资本成本保持不变，但是实际上，同一家企业在同一个时点不可能以同样的成本无限制地筹集资本。当筹集的资本额达到一定的数量后，筹资的成本便会发生跳跃式上升。举个例子来说，某企业投资的新项目需资本 5 000 万元，企业打算全部向银行贷款来筹集资金。假设企业现有一项设备可用于抵押贷款 3 000 万元，银行抵押贷款的利率为 7%，而该企业的竞争力比较强，且信誉比较好，因此银行同意给予企业一定的信用贷款。企业投资所需的剩下的 2 000 万元可以向银行信用贷款，但银行对信用贷款要求的利率比抵押贷款的利率要高，银行规定对于贷款额度小于 3 000 万元的信用贷款利率为 9%。因此，企业在贷款时需要面对两个边际利率，首先是向银行的贷款额小于 3 000 万元时，新筹集资金的成本为 7%，而当筹集资金的金额超过 3 000 万元时，新增筹集的资金边际成本为 9%。也就是说，当筹资金额达到 3 000 万元时，新筹资金的成本从 7%上升至 9%，发生了跳跃。因此，我们把这一点称为边际资本成本的间断点。在考察企业筹资的边际成本时需要计算出各筹资的分界点。当筹集的资金额度处于相邻的两个分界点间时，资本成本是一样，但是在一个分界点的两边，资本成本是不一样的。如果企业采用多种筹资方式，那么间断点的计算方法会有一些不同。假设企业利用其他筹资方式新增资本的成本保持不变，新增的长期借款筹资占新增总筹资额的比重为 50%，则当企业新增筹资总额为 6 000 万元时，新增的长期借款额为 3 000 万元。当新增筹资总额小于 6 000 万元时，新增的长期借款额小于 3 000 万元，新增的长期借款资本成本为 7%，但是当新增筹资总额大于 6 000 万元时，长期借款将超过 3 000 万元，超过部分的新增长期借款资本成本为 9%。在这种情况下，6 000 万元就成为企业边际资本成本的一个间断点。综合上述两种情况，可以得到企业边际资本成本的间断点为：

$$\text{筹资总额的间断点}=\frac{\text{可用某一特定成本筹集到某种资本的最大额}}{\text{该种资本在新增资本中所占的比重}} \tag{8-12}$$

下面对个别资本成本随筹资额变化而发生变化情况下，边际资本成本的计算进行举例说明。

【例 8-10】 某企业目前拥有长期资本 4 000 万元，其中长期借款 800 万元，资本成本为 3%，债券为 1 200 万元，资本成本为 10%；普通股为 2 000 万元，资本成本为 13%。企业由于经营规模扩大，拟筹集新的长期资本，要求确定新增资本的边际资本成本。

（1）确定目标资本结构。经分析研究认为，企业筹集新资本后仍应保持目前的资本结构，即长期借款占 20%，债券占 30%，普通股占 50%。

（2）测算个别资本成本的变化。通过分析资本市场状况和企业筹资能力，测算出随筹资的增加各种方式资本成本的变化，如表 8-6 所示。

表 8-6　各种筹资方式的个别资本成本变化情况

资本种类	目标资本结构	新增筹资	资本成本
长期借款	20%	60 万元以内(含 60 万元)	3%
		60 万～90 万元(含 90 万元)	5%
		90 万元以上	7%
债券	30%	300 万元以内(含 300 万元)	10%
		300 万～450 万元(含 450 万元)	11%
		450 万元以上	12%
普通股	50%	300 万元以内(含 300 万元)	13%
		300 万～600 万元(含 600 万元)	14%
		600 万元以上	15%

(3) 计算追加筹资总额的间断点,并划分新增筹资总额各范围。

根据上述资料,可计算该企业各追加筹资总额间断点,如表 8-7 所示。

表 8-7　各种筹资方式的间断点　　单位:万元

资本种类	筹资总额及分界点	总筹资规模	资本成本
长期借款	60÷20%=300 90÷20%=450	300 万元以内(含 300 万元)	3%
		300 万～450 万元(含 450 万元)	5%
		450 万元以上	7%
债券	300÷30%=1 000 450÷30%=1 500	1 000 万元以内(含 1 000 万元)	10%
		1 000 万～1 500 万元(含 1 500 万元)	11%
		1 500 万元以上	12%
普通股	300÷50%=600 600÷50%=1 200	600 万元以内(含 600 万元)	13%
		600 万～1 200 万元(含 1 200 万元)	14%
		1 200 万元以上	15%

表 8-7 表明在目标资本结构的前提下,每一种资本成本变化的间断点及相应的筹资范围。针对不同的筹资总额范围分别计算加权平均资本成本,就可得出各种筹资范围的边际资本成本。

根据表 8-7 中计算的筹资突破点,可以得到该企业新增筹资总额的各个范围如下:300 万元以内,300 万～450 万元、450 万～600 万元、600 万～1 000 万元、1 000 万～1 200 万元、1 200 万～1 500 万元。

对以上筹资总额范围分别计算综合资本成本,即可得到该企业的边际资本成本。计算过程如表 8-8 所示。

表 8-8　企业不同资本规模下的边际资本成本

筹资范围	资本种类	目标资本结构	个别资本成本	综合资本成本
300 万元以内	长期借款	20%	3%	10.1%
	债券	30%	10%	
	普通股	50%	13%	
300 万～450 万元	长期借款	20%	5%	10.5%
	债券	30%	10%	
	普通股	50%	13%	
450 万～600 万元	长期借款	20%	7%	10.9%
	债券	30%	10%	
	普通股	50%	13%	
600 万～1 000 万元	长期借款	20%	7%	11.4%
	债券	30%	10%	
	普通股	50%	14%	
1 000 万～1 200 万元	长期借款	20%	7%	11.7%
	债券	30%	11%	
	普通股	50%	14%	
1 200 万～1 500 万元	长期借款	20%	7%	12.2%
	债券	30%	11%	
	普通股	50%	15%	
1 500 万元以上	长期借款	20%	7%	12.5%
	债券	30%	12%	
	普通股	50%	15%	

从表 8-8 可以看出，当企业的资本结构保持不变时，一旦企业筹集某种资本的成本发生改变，企业的边际资本成本将与原来的综合资本成本不同。

综合上述例子，我们可以看到，影响边际资本成本的因素有两个：一是各种资本来源的资本成本；二是目标资本结构。如果新增资本的结构与原有资本结构相同，且新增各类资本的成本保持不变的话，边际资本成本等于原来的综合资本成本。但是如果新增资本的结构与原有的结构不同，即使新增各类资本的成本保持不变，边际资本成本也不等于原来的综合资本成本；如果新增资本的个别资本成本发生改变，即使资本结构保持不变，边际资本成本也不等于原有的综合资本成本。

三、资本成本与企业财务决策

资本成本是财务管理中一个十分重要的概念，企业在进行筹资或者投资活动时经常要以资本成本作为判别标准之一。企业进行筹资活动的目的是生产经营活动，其主要是为了进行投资活动。企业获得这些资本的使用权是有成本的。在应用这些资本的过程中，企业所获得的收益至少要高于它们的使用成本。因此，资本成本也成为企业进行投资决策的一个判别标准。只有投资收益高于资本成本的项目才能进行投资。但在这里我们需要注意的是，到底是用综合资本成本、边际资本成本还是用个别资本成本？

如果企业是为了某个投资项目而筹集资本，那么我们需要将为了该投资项目而进行筹集的资本的成本与该投资项目的收益进行比较，而不能直接用整个企业的综合资本成本与该投资项目的收益来进行比较。当然如果企业新增投资项目的风险与企业的整体风险相同或者接近的话，也可以用综合资本成本。当企业新增资本采用多种筹集方式时，应当采用边际资本成本来进行筹资决策，但是如果采用单一的筹集方式时也可以采用个别资本成本。

第二节 筹 资 方 式

资金是企业从事生产经营活动的一项基本条件，企业筹资面对丰富多彩的金融市场，需要遵循既定原则，来决定筹资时间与筹资数量，通过什么渠道，采用什么方式来进行筹资。

一、企业运行与所筹资金的分类

(一) 企业运行需要资金投入

生产经营企业的正常运行，需要资金的投入。例如，某水力发电企业 CJ 企业 2×20 年第一季度报告的数据(见表 8-9)显示，电站大坝、发电机组等固定资产投资 1 400.55 亿元；货币资金、应收款项、存货等流动资产投资 39.23 亿元；对外的长期股权投资 74.18 亿元；其他各项投资 67.46 亿元，共计 1 581.42 亿元的资金投入。

表 8-9 CJ 企业资产负债表简表(20×0 年 3 月 31 日) 单位：亿元

项目	金额	项目	金额
货币资金等资产	10.01	短期借款	10.12
应收款等债权资产	26.44	应付票据	10.07
存货	2.78	应付账款	0.25
流动资产合计	39.23	预收款项	0.32
固定资产	1 400.55	应付薪酬、税费、利息、股利等债务	14.57
在建工程	0.49	其他应付款	125.22
无形资产	0.15	1 年内到期的非流动负债	47.25
固定资产无形资产合计	1 401.19	流动负债合计	207.80
金融资产投资	65.07	长期借款	540.64
长期股权投资	74.17	应付债券	203.50

(续表)

项目	金额	项目	金额
投资性房地产	0.78	递延所得税负债	12.54
其他长期资产	0.98	非流动负债合计	756.68
其他非流动资产合计	141.00	实收资本	110.00
		资本公积	376.05
		盈余公积	44.86
		未分配利润	85.94
		子公司少数股东的权益	0.09
		所有者权益合计	616.94
资产总计	1 581.42	负债和所有者权益总计	1 581.42

截至 2×20 年 3 月 31 日的报告期日,CJ 企业现时的 1 581.42 亿元资金投入,是由以下渠道筹集的:向股东筹资 616.94 亿元(其中注册资本 110 亿元),向银行借入 550.76 亿元(其中长期借款 540.64 亿元),发行公司债券 203.50 亿元,使用商业信用债务 150.43 亿元,使用其他债务 59.79 亿元(其中一年内到期的长期债务 47.25 亿元)。

CJ 企业总装机容量为 2 107.7 万千瓦,由葛洲坝和三峡大坝组成,其中三峡大坝由 26 台单机、70 万千瓦的发电机组构成,电站大坝和发电机组都是逐步建设和逐年投入的,所需要的资金也是通过各种不同渠道和方式而逐步筹集起来的。现在完成投产以后,又有调整资金来源结构的需要。例如,CJ 企业一年内到期的长期债务在 20×0 年 3 月 31 日就比 3 个月前减少了 68 亿元。

所以,根据企业设立、运行、发展和调整的不同需要,企业筹资也相应有着不同的动机。企业具体的筹资活动通常会受到特定动机的驱使,归纳来说,企业筹资概括起来有以下几方面动机:第一是创建企业的需要。我国公司法有着设立公司必须具备一定数量注册资本的规定,如 CJ 企业在创建股份有限公司时,筹集注册资本 78.56 亿元,现已扩充到 110 亿元。第二是企业扩张的需要。就像 CJ 企业随着建设进程的进展,企业规模的扩大,筹集的资金逐步达到了 1 581.42 亿元。第三是偿还债务的需要。企业经营过程中筹集到的债务资金,到期时需要另外筹集资金予以偿还。第四是调整资本结构的需要。企业经营过程中会经历不同阶段,企业经营的宏观经济环境也会有周期性的变化,这就需要企业把不同渠道、方式筹集来的资金进行增减调整,以适应企业内外环境。例如,对于完全投产、稳定运行的 CJ 企业来说,目前宏观经济环境又处于低利率时期,对比它的上年度年报和本年第一季度季报,3 个月来,它的短期债务减少了 64.46 亿元,长期债务则增加了 29.02 亿元,股东投入的权益资金基本没变,这就是说,它进行了减少短期增加长期的债务资金比例结构调整,权益资金与债务资金之间,则做了前者不变,后者减少的资本结构调整。

(二) 企业所筹集资金的分类

企业运行需要筹集不同来源的资金,这些不同来源的资金,可以按照不同的标准进行分类，以利于企业进行有效的筹资管理。

1. 按资金来源的性质，可分为权益性筹资和负债性筹资

权益性筹资又称为主权性筹资、股权性筹资，是指企业通过吸收直接投资、发行股票、留存收益等方式筹集资金。企业可以长期占用权益性筹资，不需还本付息，基本不存在财务风险，但付出的资金成本相对较高，出资者依此享有企业的所有权。企业权益性筹资数额即为资产负债表上所有者权益合计的数额，如 CJ 企业权益性筹资为 616.94 亿元，占所筹资金的 39.01%。

负债性筹资又称债务性筹资，是指企业通过向银行借款、发行债券、融资租赁、商业信用等方式筹集的资金。企业只能在约定期限内享有使用权，需要还本付息，存在很大的财务风险，企业破产都是因为处在不能按期还本付息，归还到期债务的境地。但相对而言，付出的资金成本较低，出资者只享有企业的债权，没有所有权。企业负债性筹资数额即为资产负债表上负债合计的数额，如 CJ 企业负债性筹资为 964.48 亿元，占所筹资金的 60.99%。

2. 按金融工具的性质(即是否通过金融机构)，可分为直接筹资和间接筹资

直接筹资是指企业采用直接投资、股票、债券、商业信用等金融工具筹集资金，直接筹资的主要特点是不通过金融机构，筹资投资双方都是直接的、特定的，筹资者明白所筹资金的具体出资者，出资者也明白所投资金的具体投入地方。因此，对于出资者来说，直接筹资能得到更高的投资收益，同时也必须自行承担投资风险。例如，若银行存款利率是 2.50%，贷款利率 5.56%，企业债券利率是 4.25%，那么出资者购买企业债券可以比存银行多获得 1.75%的收益，但将直接面对企业，要自行承担该企业的财务风险；企业发行债券也比向银行贷款少 1.31%的利息，但将直接面对购买企业债券的众多投资者，没有了企业发生财务风险时可向银行申请延期、减息、债务豁免的机会。

间接筹资是指企业通过贷款、融资租赁等金融工具筹集资金，间接筹资的主要特点是通过金融机构作为中介，筹资投资双方是间接的，没有特定债权债务关系的。当社会发生经济危机时，企业的财务风险往往都传递到银行等金融机构上，作为储蓄投入的出资者并不承担此项风险，当银行承受不住危机面临倒闭时，政府往往为了社会稳定和经济复苏的需要，动用非常手段向银行注资，使储蓄的出资者得到了保护。

我国的金融市场目前是以间接筹资为主，国家正在大力发展股票、债券等资本市场，鼓励直接筹资的发展。以 CJ 企业为例，直接筹资已达到 983.41 亿元，间接筹资为 598.01 亿元，两者比例已达到 1.64∶1。

3. 按所筹资金的使用期限，可分为短期筹资和长期筹资

短期筹资是指使用期限一年以内或超过一年的一个营业周期内的资金筹集，长期筹资是指使用期限超过一年或超过一年的一个营业周期以上的资金筹集。这样分类可考察企业所筹资金来源在使用期限上与企业运行所需要的资产是否相匹配，能否保障企业持续稳定地运行。

例如，CJ 企业的流动资产为 39.23 亿元，长期资产为 1 542.19 亿元；其资金来源中短期筹资为 207.80 亿元，长期筹资为 1 373.62 亿元，扣除短期筹资中可循环使用的商业信用筹资 150.43 亿元，再加上 CJ 企业每年可观的固定资产折旧费收入和利润，CJ 企业企业运行

的资产与所筹资金来源的使用期限是相匹配的。

4. 按资金来源的方向(即是否企业内部形成),所筹资金可分为内部筹资和外部筹资

内部筹资是指企业通过留存收益方式积累的资金,在资产负债表上表现为所有者权益中的盈余公积项目和未分配利润项目,如CJ企业的盈余公积和未分配利润分别为44.86亿元和85.94亿元。内部筹资是企业利润转化为投资的一种形式,不需要支付筹资费用,是一种内生性的企业扩张行为。我国公司法规定,企业利润的10%必须留作企业的盈余公积,不得由股东进行分配,直至留存到注册资本的50%为止,而企业增加未分配利润的留存比例,则不受法律限制。

外部筹资是指企业利用外部资金来源筹集的资金,除了企业留存收益,全为外部筹资。外部筹资资金供应量大,筹资渠道广泛、筹资方式多样,企业在新设和扩张时期,应该进行外部筹资。

二、筹资原则与数量预测

(一) 企业筹资应遵循的原则

企业的发展壮大,离不开筹资活动。例如,2×23年中国CJ集团公司作为主发起人,投入74.77亿元注册资本,发起设立了“CJ企业”,通过各种筹资方式和渠道,筹集起一家由它控股67.97%、总资产达1 581.42亿元的上市公司。CJ企业之所以能够依靠资金筹集迅速发展壮大,其中一个主要原因是企业筹资遵循了合法性、合理性、及时性、比例适度性等原则。

企业筹资的原则一般归纳为以下四条。

1. 合法性原则

企业无论采用何种筹资方式,通过何种渠道,筹集多少资金,都必须遵循国家法律法规的规定,以接受国家宏观政策的调控,维护国家金融运行的安全,同时维护有关各方的合法权益,保障企业的健康发展。

2. 合理性原则

企业筹资的资金量与需要量要相适应,应该根据一定的依据确定企业流动资金、固定资产等长期资金、对外投资的需要量,在此基础上合理筹资,既不能使资金不足影响生产经营,也不能筹集资金过剩而降低资金使用效益,从而损害投资人的利益。

3. 及时性原则

企业筹集资金应该根据资金投放使用的时间进行安排,使所筹资金和所用资金不仅在数量上相当,时间上也相衔接。既要避免过早筹资造成使用前的闲置,又要防止所筹资金时间滞后,影响企业商机和运行。

4. 比例适度性原则

企业筹资有不同的来源渠道,这些筹资渠道和方式有不同的资金成本和不同的财务风险。企业筹资时要考虑宏观的经济环境,也要考虑企业的行业特点和发展阶段,来确定所筹资金来源的适度比例关系,并根据宏观微观条件的变化作出相应调整,即所谓筹资时合理安排资本结构,企业运行时适时进行资本结构调整。这样才能使企业有效提高资金使用效益,防范企业财务风险。

（二）企业资金需要量预测

企业的资金需要量预测是筹资决策的基本前提。企业在一定规模水平上的生产经营，所需要的资金数量往往与企业的销售有着一定的比例关系，可以根据销售与企业资产的数量关系加上一些必要的调整来预测资金需要量。企业扩大生产经营规模或新设企业，则需要编列资本预算来决定资金需要量。

1. 生产经营规模在一定范围内的资金需要量预测

简便的方法有因素分析法。例如，某企业上年度实际占用的资金量为 5 000 万元，今年预计销售增长 5%，资金周转速度加快 2%，则今年该企业资金需要量为：

$$5\ 000 \times (1+5\%) \times (1-2\%) = 5\ 145(\text{万元})$$

比较具体的方法有销售百分比法。这是根据销售额与具体资产项目比例关系来确定所需的资金量。根据往年历史资料，可知货币资金、应收账款、存货等资产与销售额有一定的比例关系。例如，销售额为 1 000 万元，需要存货资金 300 万元，那么今年销售额计划为 1 500 万元，存货资金需要 450 万元，这些资产项目称为敏感项目。有些资产与销售额没有比例关系，如对外投资、固定资产等称为非敏感项目。这样，根据市场因素，测算出预计销售额之后，就可大致推算出企业所需要的资金量，减去企业现有资金量就是需要筹资的数量。

比较客观的方法有资金习性预测法，也称线性回归分析法。就是运用管理会计学的一项基本原理和方法，把企业资金需要量与销售额之间的比例关系，建立起一个线性方程式的数学模型 $Y=a+bX$，这里 X 表示销售额，Y 表示资金需要量，两者是一对函数关系，a、b 分别表示固定费用和变动费用两个技术参数，来预测企业所需要的资金量（具体计算方法可参阅管理会计学教材）。例如，某企业预计今年销售额为 8 600 万元，根据线性回归分析法计算出 a、b 两个参数值分别为 350 万元和 0.6 元，代入上述方程式，则今年资金需要量为：

$$Y = 350 + 0.6 \times 8\ 600 = 5\ 510(\text{万元})$$

2. 生产经营规模扩大或重大改进、企业新设的资金需要量

当企业生产经营规模发生重大变动或者新设企业，所需要的资金量当然不能采用上述与销售挂钩的方法计算，一般采用编制资本预算，新设企业则采用投资概算的方法预测资金需要量。

例如，2×21 年 12 月 BC 企业公布招股说明书，向社会公开募集资金，所需要的资金量采用编制四大类资本预算的方法。第一类是发展 350 公里时速的高速动车组项目需要资金 59.729 亿元；第二类是发展货车提速和重载项目需要资金 17.765 亿元；第三类是开发相关多元产品项目（指城市地铁等）需要资金 16.87 亿元；第四类是信息化系统建设项目需要资金 6 亿元。

三、筹资渠道与方式

（一）筹资渠道

筹资渠道是指筹集资金的来源与通道，它揭示了企业所筹资金的源泉，体现出受资企业

的经济性质。企业的筹资渠道主要有以下七种。

1. 国家资金

国家资金是代表国家投资的政府部门或机构以国有资金投入企业的资本，形成国有企业的国家资本金来源。目前代表国家投资的机构主要是各级政府的国有资产监督管理委员会（以下简称“国资委”），由国务院国资委投资控股的为中央国企，由地方政府国资委投资控股的企业则成为地方国企。但国家金融企业的投资机构则有所不同。例如，“工农中建”四大国有资本银行，投资控股的机构是财政部和中央汇金投资有限责任公司。

2. 银行信贷资金

银行信贷资金是银行对企业的各种贷款投入的资金，形成企业最主要的债权资金来源。从资金规模上来讲，银行信贷资金是企业最大的资金来源，目前已达到数10万亿元的资金规模。

3. 非银行金融机构资金

非银行金融机构是指信托投资公司、保险公司、证券公司、金融租赁公司、企业集团财务公司、风险投资基金（VC）、私募股权基金（PE）等名称不叫银行的金融机构，这些金融机构的资金来源不同于吸收公众存款的银行，有着各种特定管道和要求的资金来源，向企业投放资金一般也有着多种形式、特定的用途和方式，随着我国金融事业的发展，非银行金融机构的资金规模不断扩大，逐渐成为企业筹集资金的一项重大来源渠道。

4. 民间资金

民间资金是指民众拥有的除储蓄存款和购买国债之外的资金。广大民众拥有的资金是国家最大的资金源泉，其中稳健保守的民众可以购买国债，这成为国家资金的来源，存入金融机构，成为银行信贷资金和非银行金融机构资金的来源；比较活跃激进的民间资金则是股票、债券发行的资金来源；有进取性的民间资金则转化成民营企业的资本金来源。作为筹资渠道的民间资金是指后两种民间资金。

5. 外商资金

外商资金是外国以及我国港、澳、台地区向中国大陆投入的资金。这部分资金不仅带来了外汇投资，还带来了技术、管理，在改革开发之初起到了关键性的作用。随着我国经济的发展壮大，一旦人民币成为可自由兑换货币之后，外商资金这一筹资渠道则应归于消失，分解成其他筹资渠道的资金来源。

6. 企业自留资金

企业自留资金是指企业内部形成的资金来源，包括企业留存收益、提取的固定资产折旧、无形资产摊销、各项资产减值准备金和风险准备金。

7. 其他法人单位资金

其他法人单位资金是指其他法人单位以其可以支配的资金在企业之间相互融通而形成的资金来源，其形式丰富多样，包括商业信用、委托贷款、股票债券投资、直接投资等。由于法人单位的资金来源都是多样性的，接受其他法人单位投入的资金，实质上一种混合型的资金来源。

（二）筹资方式

筹资方式是企业筹集资金所采用的具体形式，目前我国企业筹集资金的方式主要有以下七种。除了向金融机构借款中的短期借款与利用商业信用外，其余均为长期筹资方式。长期筹资方式将在最后两部分以股权筹资和长期债务筹资进行分类介绍。

1. 吸收直接投资

吸收直接投资是指非股份制企业向出资人筹集资金的一种方式。出资人按照成立企业的协议向企业直接投入资本金，并按出资比例持有企业所有权，企业则向出资人签发出资证明书。

2. 发行股票

发行股票是指股份有限公司向股东筹集权益资本的一种形式。股份有限公司把公司资本划分为等额股份，股东按照事先确定的价格向公司投入资本认购股票，并按持股数量拥有企业的所有权。

3. 利用留存收益

利用留存收益是指企业从税后利润中提取的盈余公积金(法定公积金和任意公积金)，以及未分配利润，它是一种生产经营过程中内部生成的权益性资本来源，其中盈余公积金可以转成公司注册资本。

4. 向金融机构借款

向金融机构借款是指企业根据借款合同向银行或非银行金融机构借入的，按规定期限还本付息的一种筹集债务资金的形式。

5. 发行公司债券

发行公司债券是指企业通过发行债券向债权人筹集债务资金的一种形式。

6. 利用商业信用

商业信用指企业在市场交易中由于延期付款或延期交货形成的债务关系，为企业筹集债务资金的一种形式。在市场交易中，由于商业信用的存在或者需要建立，交货和付款存在一定时间差，由此产生的应付账款、预收账款等，就成为一种债务资金来源。

7. 融资租赁

融资租赁是指企业以支付规定租金为条件，在合同规定的较长的期限内，使用出租人资产的一种筹措长期性债务资金的形式。由于租赁期长，租金带有分期还本付息的性质，租期满后资产一般留归企业，所以融资租赁不同于经营租赁，是一种带有融物的金融行为。

筹资渠道是明确企业的资金来源，筹资方式是要明确企业通过何种方式利用何种金融工具去取得资金，两者存在着密切的联系。同一筹资渠道往往可以采用不同的筹资方式去取得资金，而一定的筹资方式可能只适用于某些特定的筹资渠道。筹资渠道和筹资方式存在的对应关系，可以用表 8-10 表示。

表 8-10　筹资渠道与筹资方式的对应关系

筹资渠道	吸收直接投资	发行股票	利用留存收益	向金融机构借款	发行公司债券	利用商业信用	融资租赁
国家资金	√	√					
银行信贷资金				√			
非银行金融机构资金	√	√		√	√		√

（续表）

筹资渠道	吸收直接投资	发行股票	利用留存收益	向金融机构借款	发行公司债券	利用商业信用	融资租赁
民间资金	√	√			√		
外商资金	√	√			√		√
企业自留资金			√				
其他法人单位资金	√	√			√	√	√

四、权益筹资

权益筹资是企业以吸收直接投资、发行股票、留存收益等方式筹集资金，所筹资金形成企业的权益资本，也称为企业自有资金。

在企业的资产负债表中，向股东筹集的注册资本列为实收资本（股本）；溢价收入的资本金（主要指股份有限公司新进股东比发起人股东多缴纳的部分）列为资本公积；从税后利润中提留的法定公积金和任意公积金列为盈余公积；在生产经营过程中产生，尚未分配给股东和企业提留的利润列为未分配利润。以上四项构成企业的权益资本，合计后成为所有者权益，也称作企业净资产。

（一）吸收直接投资

吸收直接投资是非股份制企业以协议或合同等形式，吸收股东直接投入资金，形成企业资本金的一种筹资方式。公司法规定股东的出资方式可以是货币资金，也可以是实物、知识产权、土地使用权等可以用货币估价并可以依法转让的非货币财产。

1. 货币资金出资

货币资金出资也称现金出资，它是最主要的一种出资方式，现金是企业资产流转的起点和终点，是企业流动性最强的资产，公司初创时需要用它支付必要开支和生产经营费用。

2. 实物出资

实物出资就是厂房、建筑物、机器设备等固定资产和原材料、库存商品等流动资产方式出资。这些有形资产应该确定为企业生产经营所需，技术性能完好，作价公平合理。

3. 知识产权出资

知识产权包括商标权、专利权构成的工业产权，还有非专利技术、植物新品种权、著作权等。吸收以知识产权方式出资的直接投资，应要求该知识产权有助于研究开发高新技术产品，有助于生产出适销对路的高新技术产品，有助于改进产品质量提高生产效益，有助于大幅度降低各种消耗。还应该注意该项知识产权是否在法律保护期内，或虽在法律保护期内但是否已被更新的技术所取代。

4. 土地使用权出资

土地使用权是按有关法规和合同规定使用土地的权利。吸收以土地使用权方式出资的直接投资，应该是企业科研、生产、销售活动所需要的，交通地理条件比较适宜的，作价公平合理的。

此外，其他可用货币估价并可以依法转让的非货币财产也可用于出资，如探矿权、采矿权等，但法律、行政法规规定不得作为出资的财产除外，如学校、医院等公共设施、涉及国家安全的军事设施等。

以货币资金出资的，应当足额存入企业的银行账户。以非货币财产出资的，应进行必要的资产评估后作价，还应当依法办理该项财产权的转移手续(包括到房产部门、专利局、商标局的权属变更过户手续)。股东缴纳出资之后，必须经依法设立的验资机构验资并出具验资证明。

吸收直接投资作为一种权益筹资，具有四项优点：增加企业注册资本，有利于增强企业信誉；增大自有资金比例，减少了负债比例，有利于降低财务风险；出资对象直接，资金到位迅速，有利于尽快形成生产能力；筹资过程简捷，无须通过证券中介，有利于减少筹资费用。

同时，它也容易产生两项缺点：相对负债筹资来说，不能取得财务杠杆利益，导致企业资金成本升高；如果出资对象过多，容易分散企业控制权，导致企业大股东控制权减小乃至失去。

（二）发行股票筹资

发行股票筹资是股份有限公司依法发行股票，股东认购缴纳股款，形成公司权益资本的一种筹资方式。按股票面值筹集的资金成为注册资本(股本)，超过面值的溢价收入部分则成为资本公积。

股票是公司股份的法定形式，是股份有限公司签发的证明股东按其所持股份享有权利和承担义务的凭证。因此，股份有限公司是典型的资合公司，由于其股票可以流通交易，它就不像有限责任公司面对的是为数不多的特定股东，除少数控股股东外，它面对的是数量庞大的、不特定的股东。在交易时间内，上市的股份有限公司的股东每分钟都在发生变化。为了规范股份有限公司的行为，保护公司和股东的合法权益，法律对发行股票筹资作出了更严格、具体的规定。

发行的股票可分为普通股和优先股。普通股是股份有限公司资本中最基本的部分，具备股票的最一般特征，它是股份有限公司依法发行的具有管理权，并且股利不固定的股票。优先股也是股份有限公司资本中的一部分，它是股份有限公司依法发行的，相对于普通股具有一定优先权，但是管理权上受到限制的股票。优先股是介于普通股和债券之间的一种筹资方式，它既像股票筹资那样，没有固定到期日，不用还本，又像债券筹资那样，只支付固定的资金成本(股利)。普通股股东和优先股股东在权利义务上有如下区别：

第一，优先股股东具有优先分配股利的权利。优先股股利的分发通常在普通股之前，并且其股利是按面值一定百分比的固定比率计算的；普通股股利在优先股分配之后进行，并依公司盈利情况而定。这就是说，公司盈利较少时，普通股股票要比优先股股东少分或者不分股利，公司盈利较多时，普通股股东可多分股利，而优先股股东还是原定数额。

第二，优先股股东具有优先分配剩余财产的权利。在企业解散、破产清算时，优先股股东对企业清算财产的求偿权位于债权人之后，但优先于普通股股东。

第三，优先股股东在公司的管理权上受到限制，一般在公司股东大会上无表决权，仅对涉及优先股股东权利的问题有表决权。但普通股股东具有完全的管理权。

普通股筹资作为股份有限公司的主要筹资方式，具有四项优点：所筹资金没有固定利息负担，有利于企业统筹安排资金，抓住商机；没有固定的到期日，有利于企业作出长远资金安排；普通股筹资形成企业自有资金，有利于提高公司信誉，构成债务资金来源的保障；不需要按期还本付息，成为筹资风险最小的资金来源。

发行普通股主要有三项缺点：首先是公司发行股票吸引新股东加入，会导致公司控制权分散，削弱原股东对公司的控制，其次是发行股票筹资的资本成本较高，因为它既失去了债务资本的财务杠杆作用，所付股利不像债务资本利息可在税前支付，又失去了抵税作用；最后是筹资过程中要引入中介，规范过程，筹资费用昂贵。

优先股筹资的优点主要是：没有固定到期日，不用偿还本金；股利支付相对固定，具有财务杠杆作用，股利支付又具有一定的弹性，公司财务状况不佳，可暂时不予支付；也像普通股那样，属于公司自有资金，可增强企业信誉。

优先股筹资的缺点主要是：资本成本还是较高，因为优先股股利不能在税前支付；筹资限制多，因为发行优先股筹资通常有许多限制条款，以保护在股东大会上没有表决权的优先股股东的权益。

（三）企业留存收益

企业留存收益是一种内生性的资金来源，属于企业的自身积累，许多公司的留存收益往往超过实收资本。留存收益归属于全体股东，它由公司法规定以及股东大会决议和企业经营运行中的利润产生，形成不同的类别。其资金成本与普通股资金成本相同，但不用考虑筹资费用。由法定公积金和任意公积金组成的盈余公积，可以用来转增为注册资本（股本），转增之后，就成为无筹资费用的普通股筹资了。当企业发生亏损时，盈余公积也可以用来弥补亏损。

企业留存收益的优点是资金成本低于普通股筹资，因为不需筹资费用；留存收益增加企业净资产，因此增强了企业借债能力；留存收益筹资以后，不增加新股东，不改变企业原有股权结构，因此不稀释原股东控制权。

企业留存收益的缺点是筹资数额来源于企业利润，数量相对有限，如企业发生亏损，则不存在这一资金来源；任意公积金的提取，要经股东大会批准，会受到偏好现金回报的股东抵制。

五、长期债务筹资

长期债务筹资是企业以中长期借款、发行债券、融资租赁等方式筹集资金，形成企业的长期债务资本，也称为长期负债资金。企业筹集长期债务资本，需要符合法律法规规章的有关规定，需要接受债权方在合同中提出的一系列条件与用款的检查、监督措施，需要保证占所筹长期债务资本一定比例的企业资本金足额到位。

在企业的资产负债表中，向银行或其他金融机构借入的中长期借款列为长期借款；发行的公司债券列为应付债券；融资租赁方式筹集的资金列为长期应付款；政府投入的具有特定用途的专项应付款；企业确认的对外担保、未决诉讼、产品质量保证等事项所形成的预计负债；企业确认的因税法与企业会计准则规定不同导致应纳税款时间性差异而产生的递延所得税负债。以上六项构成企业的非流动负债，也可称作长期负债、长期债务资本。我们主要介绍以下几项。

(一) 中长期借款筹资

中长期借款就是企业根据借款合同向银行或非银行金融机构借入期限一年以上的需要还本付息的款项,这是企业所筹资金的一项主要来源。

按提供贷款的金融机构不同,中长期借款可分为政策性银行贷款、商业性银行贷款和非银行金融机构贷款。政策性银行贷款是国家开发银行、中国农业发展银行、中国进出口银行这三家银行分别为满足企业承建国家重点建设项目的资金需要、向农民发放种粮补贴收购粮食以及大型农业基建项目等资金需要、为大型成套设备的进出口提供买方信贷或卖方信贷的资金需要而发放的贷款。取得这些符合国家政策性需要的贷款,其条件十分优惠,往往是无息或低息贷款。

商业银行贷款是除中央银行、政策性银行外的银行发放的贷款。商业银行是从事资金使用权商业买卖的金融法人,它以营利为经营目标,以流动性、安全性、效益性为经营原则,商业银行贷款的流向最能反映出市场导向和地域经济的需求。

非银行金融机构的贷款是信托投资公司、企业集团财务公司等金融机构发放的贷款,非银行金融机构的资金有着特定来源管道和使用要求,其发放贷款的方向往往代表着社会活跃资金的动向。

中长期借款筹资作为企业主要的负债资金来源,具有四项优点:筹资对象直接明确,资金到位迅速,有利于尽快形成生产能力;借款利息可在税前列支,有利于降低筹资成本;筹资过程要接受严格评估检查监督,客观上有利于企业降低经营风险,提高管理水平;在企业息税前利润大于筹资无差别点时,有利于取得财务杠杆利益。

与此同时,它也存在三项缺点:借款具有固定利息负担和固定偿还期限,财务风险很大;接受借款同时要接受诸多限制条件,可能会限制企业自主灵活经营;借款数量要受到企业资本金的规定比例限制,不能完全根据企业需要决定筹资数量。

(二) 发行债券筹资

发行债券筹资就是企业依照法定程序发行债券,承诺按约定利率和日期支付利息并在特定日期偿还本金而向社会公众或特定投资者筹集资金。企业所发行的债券被称为企业债券,也称公司债券。公司法和证券法均称公司债券,沪深证券交易所则称企业债券,以扩大内涵可与其交易的国家债券、金融债券并称。

发行债券筹资具有三项优点:债券利息可在税前列支,有利于降低筹资成本;企业息税前利润大于筹资无差别点时,有利于取得财务杠杆利益;债券交款人无权干涉企业管理事务,有益于股东保持控制权。

它的缺点也有三项:与借款筹资一样,财务风险很大;与股票筹资类似,公开发行公司债券要向社会公开许多公司信息,接受社会监督,受到诸多限制;筹资数量要受到不能超过净资产 40%的比例限制。

(三) 融资租赁筹资

融资租赁是由金融租赁公司按承租单位要求出资购买设备,在较长的合同期内提供给承租单位使用的一种信用业务，它是融资与融物相结合，以融通资金为目的的租赁，也是企业筹集资金的特殊方式。融资租赁的物品常见于大型飞机船舶、工厂成套设备、大型机电设备等。

融资租赁不同于服务性业务的经营租赁，在以下四个方面有其自身的特点：

(1) 出租设备的购买。出租设备一般由承租企业提出购买要求或者直接由承租企业自行选定，而不像经营租赁是租赁公司选定出租设备，再寻找承租企业。

(2) 租赁期的规定。租赁期较长，一般接近于设备的有效使用期，在租赁期间双方均无权取消合同；而不像经营租赁的租赁期较短，并在合理的限制条件内承租企业可以中途解约。

(3) 出租设备的维修、保养费用。承租企业要承担承租设备的维修、保养和保险等费用；而不像经营租赁是由租赁公司承担设备的维修、保养费用。

(4) 租赁期满出租设备的处理。租赁期满后要按事先约定的方式处理设备，有租赁公司收回、承租企业继续租赁、承租企业留购三种方式，通常采用承租企业以相当于设备残值的价格买下设备(即承租企业留购)，这样承租公司也可以免除处理设备的费用和麻烦；而不像经营租赁的租赁期满后，出租设备由租赁公司收回。

所以，融资租赁的特点说明它是一种融资与融物相结合的金融性业务，近似于以设备做抵押的分期还本付息的贷款业务，其租金的计算原理也类似于分期还本付息的计算。

融资租赁作为一种比较特殊的筹资方式，有着五项优点：能迅速获得所需资产，有利于企业尽快形成生产经营能力；相比股票、债券、中长期借款的资格条件限制，融资租赁的限制条件要少得多；遭遇设备过时的风险相对要小，因为融资租赁期一般均小于设备使用期；承租企业的财务风险也相对要小，因为租金在整个承租期内分摊，不用到期还本付息；税收负担轻，因为租金可以在税前扣除，具有抵免所得税的作用。

融资租赁的缺点有两项：资本成本较高，一般来说在长期债务筹资中属于最高的；平时每期固定支付的租金，遇上租入设备产生效益不大时，会对企业构成一项较为沉重的负担。

第三节 资本结构

在企业的生产经营过程当中，既存在长期筹资，又存在短期筹资，既存在权益筹资，又存在债务筹资，资本结构主要是考察债务筹资占企业总资本的比重。企业采用不同的负债筹资的比重将形成不同的资本结构。从是否将短期债务筹资纳入资本结构的考虑范围，可以把资本结构分为广义资本结构和狭义资本结构两种。广义的资本结构是将短期债务筹资纳入资本结构考虑范围，即全部资本结构，而狭义资本结构则不考虑短期债务筹资，即只考虑长期资本。在本书中，我们着重考察狭义资本结构。

我们探讨资本结构的目的是确定企业的最优资本结构。所谓最优资本结构就是适合企业的最佳财务杠杆比率。在最优资本结构下，企业可以以最低的资本成本、最适宜的风险程度，给股东带来最大的收益，即最大的每股收益。本节介绍确定最优资本结构的两种基本方法：每股收益分析法和资本成本比较法，而后介绍与资本结构相关的一些经典理论。

一、资本结构的确定方法

（一）每股收益分析法

判断资本结构是否合理的一种方法是分析每股收益（EPS）的变化。能提高每股收益的资本结构是合理的；反之则不够合理。因此，选择筹资方式的标准是使企业的 EPS 尽可能最高。

每股收益分析法是利用 EPS 的无差异点进行分析。每股收益无差异点是指使不同资本结构的每股收益相等时的息税前利润（EBIT）。每股收益无差异点可以通过计算得出：

$$EPS=\frac{(EBIT-I)(1-T)}{N}=\frac{(S-V-F-I)(1-T)}{N} \tag{8-13}$$

式(8-13)中，$EBIT$ 表示息税前利润；I 表示债务利息；T 表示企业所得税税率；N 表示发行在外普通股的股数；S 表示销售额；V 表示变动成本；F 表示 固定成本。

在 EPS 无差异点上，企业的不同筹资方案是等价的。如果 EBIT 高于无差异点，那么对企业而言，财务杠杆较高的筹资方案可以带来更高的每股收益，因此该筹资方案更优；但如果 EBIT 低于无差异点，那么对企业而言，财务杠杆较低的筹资方案可以给企业带来更高的每股收益，因此应选择财务杠杆较低的筹资方案，如图 8-1 所示。

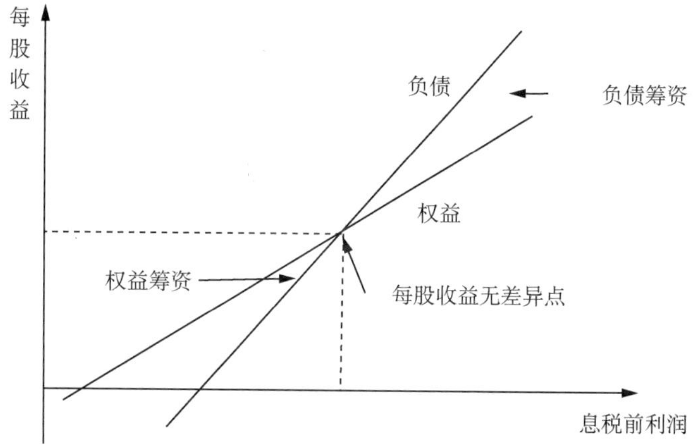

图 8-1 每股收益(EPS)无差异点

【例 8-11】 LY 企业是一家新组建的企业，目前需要资本 100 万元，现在有两套筹资方案，第一套筹资方案是纯权益方式，即全部资本都是通过发行普通股来进行筹集，每股股价是 10 元，发行的股数是 10 万股，第二套方案是采用 50%的债务，债务利率是 10%，另外的 50%的资本通过发行普通股获得，发行股数是 5 万股。

当企业采用第一种方案时，企业的每股收益为：

$$EPS_U=\frac{EBIT}{100\ 000}$$

当企业采用第二种方案时，企业的每股收益为：

$$EPS_L=\frac{EBIT-500\ 000\times 10\%}{50\ 000}$$

对上述两式经过分析，容易看出，如果 $EBIT=100\ 000$ 元，$EPS_U=EPS_L$，此时选择第一种方案和第二种方案没有差异。但如果 $EBIT<100\ 000$ 元，则 $EPS_U>EPS_L$，选择第一种方案可以获得更高的每股收益；反之，如果 $EBIT>100\ 000$ 元，则 $EPS_U<EPS_L$，选择第二种方案可以获得更高的每股收益。$EBIT=100\ 000$ 元这一点称为每股收益无差异点。

【例 8-12】 LN 资源开发公司目前资本结构为：长期资本总额 600 万元，其中债务 200 万元，普通股股本 400 万元，每股面值 100 元，4 万股全部发行在外，目前市场价每股 300 元。债务利息率 10%，所得税税率为 25%。公司由于扩大业务追加筹资 200 万元，有以下两种筹资方案。甲方案：全部发行普通股，向现有股东配股，4 配 1，每股配股价 200 元，配发 1 万股。乙方案：向银行贷款取得所需长期资本 200 万元，因风险增加银行要求的利息率为 15%。根据会计人员的测算，追加筹资后销售额可望达到 800 万元，变动成本率为 50%，固定成本为 180 万元。应该采用哪种筹资方案？

解：若采用甲方案：

$$EPS_{甲}=\frac{(EBIT-I)(1-T)}{N}=\frac{(S-0.5S-180-200\times 10\%)\times(1-25\%)}{4+1}$$

$$EPS_{乙}=\frac{(EBIT-I)(1-T)}{N}$$

$$=\frac{(S-0.5S-180-200\times 10\%-200\times 15\%)\times(1-25\%)}{4}$$

令　$EPS_{甲}=EPS_{乙}$

得　$S=700$(万元)

因此，700 万元为两个方案的筹资无差别点。在此点上，两个方案的每股收益相等。企业的预期销售额 800 万元大于无差别点销售额，所以资本结构中负债比重较高的方案即乙方案为较优方案。

(二) 资本成本比较法

资本成本比较法是在资本成本计量原理的基础上，通过计算和比较各种预设资本结构方案的综合资本成本，选择综合资本成本最低的那个方案所设定的资本结构为企业最佳资本结构。资本成本比较法的运用主要分成两种：一是初始资本结构决策，二是新增资本结构决策。

1. 初始资本结构决策

企业在刚刚设立的时候，需要筹集一定的资本额。这些资本可以采取多种筹资方式，同时每种筹资方式也可以有不同的安排，由此形成不同的资本结构可供选择。

【例 8-13】 XYZ 企业初始设立资本总额为 100 万元，企业打算通过长期借款、债券和普通股股票三种方式进行筹资，企业利用长期借款、债券和普通股股票筹资的个别资本成本分别为8%、10%和13%。已知企业的初始筹资组合具有如下几种方案，请选择最优的筹资方案。

表8-11　XYZ企业的可选筹资组合方案

筹资方式	组合方案A	组合方案B	组合方案C
长期借款	20%	15%	25%
债券	30%	40%	20%
普通股股票	50%	45%	55%

解：依题意可得，

组合方案A的综合资本成本为：8%×20%+10%×30%+13%×50%=11.1%

组合方案B的综合资本成本为：8%×15%+10%×40%+13%×45%=11.05%

组合方案C的综合资本成本为：8%×25%+10%×20%+13%×55%=11.15%

由以上计算结果可得组合方案B的综合资本成本最低，因此应该选择组合方案B。

2. 新增资本结构决策

在经营过程中，企业可能需要扩大投资规模，或者投资新的项目，这些都可能需要新增资本。因新增资本和筹资环境的变化，企业原有的资本结构会发生变化，企业需要重新审视原有的资本结构，并进一步制定出符合当前状况的最优资本结构。一般而言，按照最优资本结构的要求，选择新增资本可有两种方法：一种方法是直接测算比较各备选新增资本方案的边际资本成本，从中选择最优新增资本方案；另一种方法是将备选新增资本方案与原有最优资本结构进行加总，测算各新增资本条件下加总的资本结构的综合资本成本，比较确定最优新增资本方案。

【例8-14】　XYZ企业现有资本总额为1 500万元，其中长期借款、企业债券和普通股股票占总资本的比重分别为20%、30%和50%。企业目前打算进行追加筹资，已知新增资本总额为100万元，企业当前可选择的筹资方案见表8-12。已知长期借款、企业债券和普通股股票的个别资本成本分别为8%、10%和13%。试计算哪种筹资方案最优。

表8-12　XYZ企业新增资本备选方案

筹资方式	组合方案A	组合方案B	组合方案C
长期借款	20%	10%	30%
债券	30%	20%	40%
普通股股票	50%	70%	30%

解：企业新增资本的最优资本结构决策有两种决策方法。

我们通过直接测算比较各备选新增资本方案的边际资本成本，并从中选择最优的新增资本方案。

组合方案A的边际资本成本为：8%×20%+10%×30%+13%×50%=11.1%

组合方案B的边际资本成本为：8%×10%+10%×20%+13%×70%=11.9%

组合方案C的边际资本成本为：8%×30%+10%×40%+13%×30%=10.3%

由以上计算结果可得组合方案C的综合资本成本最低，因此应该选择组合方案C。

接下来，我们通过运用第二种方法来进行新增资本筹资决策，即将备选新增资本方案与原有的最佳资本结构进行加总，通过测算各新增资本条件下加总的资本结构的综合资本成本来进行最优的新增资本筹资决策。具体解题过程详见表8-13。

表8-13 XYZ企业新增资本备选方案的比较

筹资方式	原有资本结构	组合方案A			组合方案B			组合方案C		
		汇总后资本结构	个别资本成本	综合资本成本	汇总后资本结构	个别资本成本	综合资本成本	汇总后资本结构	个别资本成本	综合资本成本
长期借款	20%	20%	8%	11.1%	19.375%	8%	11.15%	20.625%	8%	11.05%
债券	30%	30%	10%		29.375%	10%		30.625%	10%	
普通股股票	50%	50%	13%		51.25%	13%		48.75%	13%	

从表8-13可以看出，采用组合方案C后，企业加总的综合资本成本最低，因此应当选择组合方案C。

二、资本结构理论

如果我们摊开企业的资产负债表，在资产负债表的右边，列示了企业资金的不同来源渠道，大体分为债务筹资和权益筹资。企业的价值是由债务和权益两部分组成的，即企业的价值等于企业的债务价值和权益价值的总和。企业资本结构决策的目的就是使企业的价值最大化，即债务价值和权益价值的总和最大。

（一）无税情况下的MM理论

莫迪格利安尼和米勒认为，在一个假定完美的市场条件（例如，无税收，无交易成本等）下，处于相同风险等级的企业的价值与它的筹资决策无关，他们还给出了在完美情况下企业的权益资本成本的表达式。

假设 r_u 表示无负债企业的综合资本成本；r_b 表示债务筹资的资本成本；r_e 表示权益筹资的资本成本；B 表示债务的价值；S 表示权益的价值。则企业的权益资本成本的表达式如下：

$$r_e = r_u + (r_u - r_b) \times \frac{B}{S} \tag{8-14}$$

在假定完美的市场条件下，企业的价值不会随着筹资结构的不同而不同，息税前收益和筹资结构也是无关的，因此企业的综合资本成本在不同的筹资结构下并没有发生改变。对某一家企业而言，它的债务资本成本是低于权益资本成本的，在企业更多地采用债务筹资的情况下，债务资本成本的减少会被权益资本成本的增加所抵销。也就是说，资产负债率的改变正好被权益成本的改变所抵销，而企业的综合资本成本仍然是不变的。

接下来我们举例说明在完美环境下的MM定理。

【例8-15】 XYZ企业发行在外的普通股为100万股,全部采用权益筹资。当前XYZ企业的每股股票市价是10元,股利支付比率为10%。现在企业打算对资本结构进行调整:发行价值400万元的债券,债券利率为6%,企业用发行债券所得的400万元用于回购股票,共回购40万股,此时企业发行在外的股票为60万股。另设企业预期的息税前收益为100万元。

如果企业发行了债券,预期的息税前收益为100万元,利息费用为24万元,因此普通股股东的收益为76万元。在这种情况下,企业的每股收益为1.267元。而在全部权益筹资情况下,企业的每股收益为1元。

由上述计算结果可得,当企业采用完全权益筹资时,企业的价值为100万元(100万股×10元/股=1 000万元)。而在部分权益筹资部分债务筹资条件下,企业的债务价值为400万元,而权益部分价值为600万元,企业的价值仍然为1 000万元,并没有发生改变。在完美的环境下,企业的综合资本成本并没有发生改变。

但是对企业的权益资本成本而言,在部分权益筹资部分债务筹资条件下,企业的权益资本成本为:

$$r_e = 10\% + (10\% - 6\%) \times \frac{400}{600} = 12.67\%$$

而在完全权益筹资条件下,企业的权益资本成本为10%。因此,随着部分债务筹资的增加,权益资本成本也相应地增加,并正好完全抵销债务筹资较低的资本成本带来的好处。

(二) 存在企业所得税情况下的MM定理

企业在实际的生产经营过程中需要缴纳企业所得税。正如前文所指出的,企业的债务利息可以在税前予以扣除,起到税盾的作用,而优先股股利和普通股股利均不能在税前进行抵扣,因此没有税盾作用。由于税盾作用,采用不同的筹资方式会影响企业的净利润,并进而影响企业的价值。因此,在存在企业所得税的情形下,企业的价值和企业的筹资结构不再是无关的。

当企业存在所得税时,无负债企业的价值V_u由企业的息税前收益$EBIT$、所得税税率T和综合资本成本r_u共同决定。其公式如下:

$$V_u = \frac{EBTI(1-T)}{r_u} \tag{8-15}$$

由于企业所得税的存在给企业带来的税盾效应的计算公式如下:

$$TB = I \times T \tag{8-16}$$

其中,TB表示税盾效应;I表示企业的债务利息支出;T表示企业所得税税率。

可以看出,企业负债筹资越多,需要支付的债务利息支出也就越多,于是税盾效应就越大。

在存在企业所得税情形下,企业的价值仍然等于权益资本的价值和债务资本的价值之和。假设 V_u 表示无负债情形下企业的价值。V_L 表示有负债情形下企业的价值，TB 表示税盾效应，于是，在存在税盾效应条件下，企业的价值为：

$$V_L = V_u + TB \tag{8-17}$$

由上式可以看出，对于同一家企业而言，税盾效应越大，价值越大。当企业的资本全部来自于债务筹资时，企业的税盾效应最大，于是企业价值也就越大。

设存在企业所得税情形下，企业的综合资本成本如下：

$$r_w = r_b \times \frac{B}{B+S} \times (1-T) + r_e \times \frac{S}{B+S} \tag{8-18}$$

而在存在企业所得税情况下，负债企业的权益资本成本如下：

$$r_e = r_u + (r_u - r_b) \times \frac{B}{S} \times (1-T) \tag{8-19}$$

其中，r_u 表示无负债企业的综合资本成本；r_b 表示债务成本；r_e 表示权益筹资的资本成本；B 表示债务的价值；S 表示权益的价值。

【例 8-16】 XYZ 企业目前是一家无负债资本的企业，企业的每年的息税前收益均为 50 万元，必要权益报酬率为 10%，企业现在打算增加负债 200 万元，已知债务的年利率为 8%。假设企业的所得税税率为 25%，求企业在无负债环境下和有负债环境下的价值各是多少。

解：依题意可得，

企业在无负债情形下的价值为：$V_u = \frac{100(1-25\%)}{10\%} = 750$（万元）

税盾效应为：200×10%＝20（万元）

有负债企业的价值为：750＋20＝770（万元）

因为债务价值 B 为 200 万元，因此权益价值 S 为 570 万元。

于是，有负债企业的权益资本成本 r_e 为：

$$r_e = 10\% + (10\% - 8\%) \times \frac{200}{570} \times (1-25\%) = 10.53\%$$

（三）考虑破产成本的资本结构理论

在存在企业所得税的情形下，MM 定理告诉我们，由于税盾效应，企业债务筹资越多，企业价值就越大。当企业全部是由债务筹资时，税盾效应达到最大，于是企业的价值也相应地达到最大。但是在现实生活中，我们几乎看不到一家全部是由债务筹资来经营的企业，为什么？

存在企业所得税情形下的 MM 定理考虑了债务筹资的税盾效应，但是债务筹资实际上是一把双刃剑，它在给企业带来税盾效应的同时，也给企业带来了破产的风险。因为按照债务契约的规定，企业必须每期向债权人支付一定的利息费用，否则企业就会陷入破产。所以，我们在利用债务筹资税盾效应的同时，还应注意破产成本的存在。企业的债务筹资越多，破产成本就越大。当企业债务筹资达到一定数量时，由债务筹资带来的税盾效应会被它带来的破产成本所抵销。

破产成本又可以分为直接破产成本和间接破产成本。直接破产成本是指由于进行清算或者重组而发生的法律成本和管理成本，如聘请律师的费用、诉讼费用等。间接破产成本是指企业为了避免破产而发生的成本。例如，当企业进入破产程序之后，企业的管理者忙着努力避免破产，而不是正常的生产经营，这使得企业可能不会采纳那些具有正的收益的投资项目、销售收入出现下降等。这些都会损害企业的价值。企业因为进行破产或者为了试图避免破产而发生的直接成本和间接成本，我们把它称为财务困境成本。

考虑破产成本情况下，企业价值由式(8-20)决定：

$$V_L = V_u + TB - DC \tag{8-20}$$

其中，V_L 表示有负债情形下企业的价值；V_u 表示无负债情形下企业的价值；TB 表示税盾效应；DC 表示财务困境成本。

（四）代理成本

上述分析过程中存在一个隐含的前提条件，即企业的股东和债权人之间不存在利益冲突，企业的管理者和股东之间不存在利益冲突。但实际情况并不是这样的。现代企业的股东通常是分散的，管理者仅仅拥有企业一部分的股权，甚至完全不拥有企业的股权。管理者不一定会站在全体股东的立场上来进行经营决策。他们有可能出于自己的私利而损害股东的利益。而企业的股东和债权人之间也存在着天然的矛盾。债权人拥有优先求偿权，而企业的股东则可以通过企业的经营决策来为自己获得最大的利益，这往往会侵犯债权人的利益。我们把管理者和股东之间以及债权人和股东之间这种利益冲突而引发的成本称为代理成本。

债务的存在会给企业的价值带来两方面的影响。第一，债务筹资存在正面的影响。上面提到，管理者有可能会损害企业全体股东的利益，主要体现在在职消费等行为。由于企业必须在每个期间偿还一定的债务利息，这就减少了管理者可以控制的现金流，从而减少了管理者利用企业的自由现金流为自己谋取私利的可能。第二，债务筹资还具有负面影响。例如，企业的股东有可能采取冒高风险的利己策略。高风险意味着高收益，然而，高风险也意味着债权人到期无法收回本息的可能性增加。而如果高风险项目获得成功，债权人也只能得到约定的利息，但是股东却可以从高风险中获得额外的收益。另外，股东还可能采取“撇油”的利己策略。在陷入财务困境时，支付额外的股利或者进行其他分配，而只留少量的资产给债权人，从而对债权人的利益造成损害。

第四节　财 务 杠 杆

在财务管理中，杠杆是指由于特定费用的存在而导致的当某一财务变量以较小幅度变动的时候，另一相关变量会产生较大幅度的变动。由于固定成本的存在，使得企业息税前利润的上升或者下降的幅度要远大于收入上升或者下降的幅度。这是经营杠杆效应。因此，企业必须在经营杠杆可以带来的收益和风险之间进行选择。在这一节里，我们将介绍财务杠杆效应。

一、财务风险和财务杠杆的概念

我们在之前的内容中讲解了企业在生产经营过程中所面临的经营风险，经营风险产生的很重要一个原因是固定成本的存在。如果企业的资金全部来源于企业的普通股股东，这些风险所造成的后果将全部由普通股股东来承担。而在现实生活中，资金全部从普通股股东那里获得的企业的是非常罕见的，大多数企业的资金都来源于普通股股东、优先股股东和债权人，由于优先股股利和债务利息都是固定支付的，这就使得企业的经营风险集中在普通股股东身上。举例来说，假设有10个人决定成立一家企业，这家企业全部采用股权筹资方式，每个股东购买企业10%的股份，那么每个股东就承担了企业10%的经营风险。但现在如果10个人当中，有5个人是以普通股股本的形式将资金投入企业，另外5个人则是以债权的形式将资金投入企业，并且每个人投入的资金额是相等的。在这种情况下，原来由10个股东来共同承担的经营风险现在变成由5个股东来承担，也就是说由于财务成本中存在固定利息(增加了债务筹资或者优先股筹资产生的固定利息支出)，使得企业的经营风险集中到了普通股股东身上。这种由于决定采用债务筹资或优先股筹资产生的固定利息支出而给企业普通股股东增加的风险，我们把它称为财务风险。

在上面的例子当中，我们提到了财务风险的一个重要来源，即在企业的资本结构中，债务资本或者优先股资本等需要支付固定利息的筹资方式。可以预见，在企业的资本结构中，债务资本和优先股资本所占的比重越大，它们需要支付的固定利息一般地也就越大，经营风险就越集中于普通股股东身上，也就是说普通股股东所承担的财务风险就越大。实际上，影响财务风险的因素还有以下几个。

1. 获利能力的变化

如果企业经营状况稳定，可以获得的息税前利润足以支付债务的利息，企业的财务风险就比较小。但是如果企业的经营状况波动比较大，可以获得的息税前收益可能并不足以支付债务的利息，企业的财务风险就比较大。

2. 利率水平的变动

如果市场利率水平较高，企业进行债务筹资就需要支付更多的利息费用，利润就会下降；如果市场利率水平较低，企业进行债务筹资所需支付的利息费用就比较少。如果利率水平变化较大的话，企业进行债务筹资所需支付的利息费用变动就会比较大，从而会增加企业的财务风险。

在财务风险的影响因素中，我们提到固定支付利息越多，风险就越集中在普通股股东身上。这种风险的集中我们可以通过每股收益的变动比率来体现，也就是通过考察资本结构中债务资本和优先股资本的运用对每股收益的影响能力来进行刻画。不管企业的息税前收益是正值还是负值，企业都必须向债权人以及优先股股东支付一定的利息费用，这会增加企业普通股股东获得企业净收益的风险性。我们将这种影响能力称为财务杠杆。企业如果要运用财务杠杆，就需要增加负债，一旦企业的息税前利润下降，不足以支付固定利息支出，企业的每股收益就会下降得更快，如果企业的息税前利润上升，企业的每股收益也会上升得更快。

在影响财务风险的各个因素中，财务杠杆对财务风险的影响最为综合，因此也是进行财务风险分析的重点。财务杠杆越大，财务风险也就越大。财务风险的大小主要取决于财务杠杆的大小。那么，要如何刻画财务杠杆的大小呢？我们将在接下来的内容当中进行阐述。应当指出的是，经营杠杆反映的是企业的息税前利润，而财务杠杆则反映了企业的息税后利润。

二、财务杠杆系数

财务杠杆反映了企业的债务资本以及优先股资本运用产生的固定利息支出对每股收益的影响能力，具体影响程度则需要用财务杠杆系数来进行刻画。财务杠杆系数又称财务杠杆程度，它是企业的息税前利润变化所引起的普通股每股收益的变化程度，换句话说，它是普通股每股收益的变动率（在非股份制企业可用净资产利润率的变动率来表示）相对于息税前利润的变动率的倍数。它反映了企业运用财务杠杆的程度，也可以评价企业财务风险的高低。根据定义，可以得到财务杠杆系数的表达式如下：

$$DFL=\frac{\frac{\Delta EPS}{EPS}}{\frac{\Delta EBIT}{EBIT}} \tag{8-21}$$

其中，DFL 表示财务杠杆系数；ΔEPS 表示普通股每股收益的变动额；EPS 表示普通股每股收益；$\Delta EBIT$ 表示息税前利润的变动额；$EBIT$ 表示息税前利润。

财务杠杆系数的计算公式可以进一步简化。假设 I 表示债务利息；D_p 表示优先股股利；T 表示企业所得税税率；N 表示普通股股数。

每股收益是企业息税后收益在向优先股股东支付优先股股利之后的余额在普通股中进行平均分配，每股普通股能够得到的份额。于是得出：

计算公式 1：

$$EPS=\frac{[(EBIT-I)(1-T)-D_p]}{N} \tag{8-22}$$

由于债务利息费用（I）、优先股股利（D_p）、所得税税率（T）和普通股股数（N）在短期内都是固定不变的，所以，由于 $EBIT$ 的变化而带来的 EPS 的变化表示如下 ：

计算公式 2：

$$\Delta EPS=\frac{\Delta EBIT(1-T)}{N} \tag{8-23}$$

将式(8-22)和式(8-23)代入式(8-21)可得

$$DFL=\frac{EBIT}{EBIT-I-\frac{D_p}{1-T}} \tag{8-24}$$

如果企业没有发行优先股的话，那么式(8-24)就可以化简为：

$$DFL=\frac{EBIT}{EBIT-I} \tag{8-25}$$

正如前文所指出的，财务风险的大小主要取决于财务杠杆的大小。当企业在资本结构中增加负债或优先股筹资比例时，固定的现金流出量就会增加，从而加大企业财务杠杆系数和财务风险。一般来说，财务杠杆系数越大，每股收益因息税前利润变动而变动的幅度就越大；反之就越小。较大的财务杠杆可以为企业带来较强的财务收益能力，但是由于固定筹资费用越多，按期支付的可能性就越小，由此引发的财务风险就越大。

接下来，我们举例说明如何应用式(8-24)来计算企业的财务杠杆。

【例 8-17】 XYZ 企业有普通股 500 万股，优先股 100 万股(每股年股息为 0.35 元)，债券资本 300 万元(年利息率为 10%)。年息税前利润为 200 万元，所得税税率为 30%，则该企业财务杠杆系数为：

$$DFL=\frac{200}{200-300\times10\%-\frac{100\times0.35}{1-30\%}}=1.67$$

计算结果表明，该企业在息税前利润 200 万元的基础上，EBIT 每变动 1 个百分点，普通股每股收益(EPS)就变动 1.67 个百分点。

三、综合杠杆与综合杠杆系数

从前文的分析中，我们知道，一方面，由于经营杠杆作用，存在固定生产经营成本时，息税前利润的变动率大于销售额的变动率；另一方面，由于财务杠杆作用，存在固定财务费用时，每股收益的变动率大于息税前利润的变动率。在这里我们有这样一个疑问：每股收益的变动率和销售额的变动率之间是否也存在着某种联系？这正是我们在这里要阐述的内容，由于经营杠杆和财务杠杆的共同作用，销售额的变动会引起每股收益产生更大的变动。我们一般将经营杠杆和财务杠杆的这种复合作用称为综合杠杆。

类似于上文对经营杠杆系数和财务杠杆系数的讨论，我们可以用综合杠杆系数来刻画企业经营杠杆和财务杠杆的综合利用程度。综合杠杆系数有时也称为总杠杆系数。综合杠杆系数是财务杠杆系数和经营杠杆系数的乘积。它的计算公式如下：

$$DTL=DOL\times DFL \tag{8-26}$$

于是有：

$$DTL=\frac{\frac{\Delta EBIT}{EBIT}}{\frac{\Delta S}{S}}\times\frac{\frac{\Delta EPS}{EPS}}{\frac{\Delta EBIT}{EBIT}}=\frac{\frac{\Delta EPS}{EPS}}{\frac{\Delta S}{S}}$$

或：

$$DOL=\frac{\frac{\Delta EPS}{EPS}}{\frac{\Delta Q}{Q}}$$

同时，利用经营杠杆系数公式和财务杠杆系数公式，可得：

$$DTL=\frac{EBIT+F}{EBIT-I} \tag{8-27}$$

由于 DOL 和 DFL 总是大于1的，因此，DTL 总是大于 DOL 或 DFL 当中的任意一个，也就是说，综合杠杆的作用总是大于经营杠杆和财务杠杆的单独影响。一般而言，企业总是将总的风险控制（即综合杠杆系数）在一定的范围内，而后根据企业的具体情况来选择经营风险（即经营杠杆）和财务风险（即财务风险）。如果企业的经营风险较大，那么相应地，企业就需要选择较低的财务风险，相反地，如果企业的经营风险较低，那么就可以选择较高的财务风险。

【例 8-18】 XYZ 企业资本总额为 100 万元，其中债务资本占 50%，年利息率为 10%，企业销售总额为 50 万元，变动成本率为 60%，固定成本额为 10 万元。则该企业综合杠杆系数可计算如下：

$$EBIT=50\times(1-60\%)-10=10(\text{万元})$$

$$DFL=\frac{10+10}{10-100\times50\%\times10\%}=4$$

本章小结

1. 资本成本可以用筹资的使用成本与所筹集到的资本净额的比值来表示。与筹资相关的资本成本包括个别资本成本、综合资本成本和边际资本成本。

2. 个别资本成本是企业采用单独的资本筹集方式所筹集到的资本的成本。企业单独的资本筹集方式有很多。本章主要介绍银行长期借款、企业债券、优先股、普通股、留存收益等个别资本成本。

3. 综合资本成本是以各种资本占企业总资本的比重作为权重，对个别资本成本进行加权平均加以确定的资本成本。综合资本成本的大小取决于各种筹资方式的个别资本成本和各种资本的权重。确定各种资本的权重有三种方法：账面价值法、市场价值法和目标价值法。

4. 企业在经营过程中可能需要新增资本，新增的这部分资本的综合资本成本称为边际资本成本。影响边际资本成本的因素有两个：一是各种资本来源的资本成本，二是目标资本结构。

5. 企业运行需要资金投入，资金是企业从事生产经营活动的一项基本条件。企业筹集资金是出于创建企业、企业扩张、偿还债务、调整资本结构的需要。筹集资金的基本前提是要进行资金需要量预测，遵循合法性、合理性、及时性、比较适度性原则。

6. 企业所筹资金按来源性质，有权益性筹资和负债性筹资之分，按金融工具性质有直接筹资和长期筹资之分，按所筹资金使用期限，有短期筹资和长期筹资之分。

7. 权益筹资是企业筹集自有资金，形成所有者权益，有吸收直接投资、发行股票、留存收益三种方式。吸收直接投资主要是有限责任公司吸收股东投入资本的一种筹资方式，发行股票是股份有限公司吸收股东投入资本的一种筹资方式，企业留存收益则是企业一种内生性的资金来源。

8. 长期债务筹资是企业以中长期借款、发行债券、融资租赁等方式筹集长期债务资本，形成资产负债表上的非流动负债。中长期借款要接受合同的约束，发行债券是向社会公众直接进行债务筹资的方式，融资租赁是融资与融物相结合的金融性业务，具有迅速获得资产、筹资条件相对宽松等优点。

9. 最优资本结构就是适合企业的最佳财务杠杆比率。在最优资本结构下，企业可以以最低的资本成本、最适宜的风险程度，给股东带来最大的收益，即最大的每股收益。确定最佳资本结构的常用方法是每股收益分析法和资本成本比较法。

10. 每股收益分析法是从每股收益的角度来进行资本结构决策的。当企业采用不同的筹资方案产生相同的每股收益时，将所对应的EBIT的值称为EPS无差异点。在EPS无差异点上，企业的不同筹资方案是等价的。如果EBIT高于无差异点，财务杠杆较高的筹资方案更优，但如果EBIT低于无差异点，财务杠杆较低的筹资方案更优。

11. 资本成本比较法是在资本成本计量原理的基础上，通过计算和比较各种预设资本结构方案的综合资本成本，选择综合资本成本最低的那个方案所设定的资本结构为企业最佳资本结构。资本成本比较法的运用主要分为以下两种：一是初始资本结构决策，二是新增资本结构决策。

12. 在一个假定的完美的市场条件下，处于相同风险等级的企业的价值与它的筹资决策无关，而企业的权益资本成本满足如下等式：$r_e = r_u + (r_u - r_b) \times \frac{B}{S}$。

13. 在存在企业所得税的情形下，企业的价值和企业的筹资结构不再是无关的。对于同一家企业而言，税盾效应越大，企业价值越大。当企业的资本全部来自债务筹资时，企业的税盾效应最大，于是企业价值也就越大。在存在税盾效应条件下，企业的价值为：$V_L = V_u + TB$。而负债企业的权益资本成本为：$r_e = r_u + (r_u - r_b) \times \frac{B}{S} \times (1 - T)$。

14. 债务筹资在给企业带来税盾效应的同时，也给企业带来了破产的风险。破产成本又可以分为直接破产成本和间接破产成本。直接破产成本指的是由于进行清算或者重组而发生的法律成本和管理成本，间接破产成本是企业为了避免破产而发生的成本。

15. 管理者和股东之间以及债权人和股东之间这种利益冲突而引发的成本称为代理成本。债务的存在既给企业的价值带来正面影响，又给企业带来负面影响。

16. 由于决定采用债务筹资或优先股筹资产生的固定利息支出，给企业普通股股东增加的风险称为财务风险。财务风险的大小集中体现在财务杠杆上。企业的财务杠杆可以用财务杠杆系数来进行刻画，财务杠杆系数是企业的息税前利润变化所引起的普通股每股收益的变化程度。

思考题

1. 长期借款、债券、优先股、普通股和留存收益的个别资本成本如何计算？
2. 企业的边际资本成本和企业的综合资本成本分别是什么？它们是如何计算的？
3. 普通股股东和优先股股东在权利义务上有什么区别？
4. 资本结构的确定方法有哪些？
5. 资本结构理论有哪些？
6. 什么是财务杠杆？

练习题

一、单选题

1. 已知本期财务杠杆系数为2.0，本期息税前利润为450万元，则实际利息费用为(　　)万元。

A. 100　　B. 150　　C. 250　　D. 675

2. A企业本期财务杠杆系数为5，本期息税前利润为500万元，则本期实际利息费用为(　　)万元。

A. 500　　B. 100　　C. 400　　D. 250

3. 下列筹资方式中，资金成本最低的是(　　)。

A. 发行债券　　B. 长期借款

C. 发行股票　　D. 保留盈余资金成本

4. X企业发行总面额1 000万元，票面利率为10%，偿还期限为5年，发行费率为3%，所得税率为25%的债券，该债券发行价为1 200万元。则债券资金成本为(　　)。

A. 6.44%　　B. 9.7%　　C. 8.29%　　D. 9.97%

5. Z公司经营杠杆系数为1.8，财务杠杆系数为1.5，则该公司销售额每增长1倍，每股收益增加(　　)倍。

A. 1.2　　B. 1.8　　C. 0.3　　D. 2.7

二、多选题

1. 关于留存收益成本,下列说法中正确的有(　　)。

   A. 它是一种机会成本

   B. 计算时不必考虑筹资费用

   C. 它的计算与普通股成本计算相同

   D. 在实际业务中一般不予考虑

   E. 它实质上是股东对企业追加投资

2. 采用每股盈余无差别点进行企业资本结构分析时,下列说法中,正确的有(　　)。

   A. 当预计销售额高于每股盈余无差别点时,采用权益筹资方式有利

   B. 当预计销售额高于每股盈余无差别点时,采用负债方式比采用权益方式有利

   C. 当预计销售额低于每股盈余无差别点时,采用负债筹资方式比采用权益筹资方式有利

   D. 当预计销售额等于每股盈余无差别点时,两种筹资方式的报酬率相同。

3. 下列选项中,属于权益筹资方式的有(　　)。

   A. 吸收直接投资　　　　B. 发行股票

   C. 发行债券　　　　D. 留存收益

   E. 商业信用

4. 如果企业调整资本结构,则企业的资产和权益总额(　　)。

   A. 可能同时增加　　　　B. 可能同时减少

   C. 可能保持不变　　　　D. 一定会发生变动

5. 资本结构中负债比例对企业的重要影响有(　　)。

   A. 负债比例影响财务杠杆作用的大小

   B. 适度负债有利于降低企业资金成本

   C. 负债有利于提高企业净利润

   D. 负债比例反映企业财务风险的大小

三、计算与分析题

1. Y 企业打算进行筹资 5 000 万元,具体筹资方案如下:向银行长期借款 1 000 万元,年利率为 6%;平价发行债券 1 000 万元,票面年利率为 8%,发行的筹资费用率为 4%;发行优先股 500 万元,股息率为 10%,发行费用率为 5%;发行普通股 2 500 万元,筹资费用率为 4%,预计第一年股息率为 12%,以后每年按照 5%的速度增长。该企业的所得税税率为 25%。要求:

   (1) 分别计算长期借款、债券、优先股和普通股的个别资本成本。

   (2) 计算 Y 企业此次筹资的综合资本成本。

2. XYZ 企业的资本来源于长期借款和普通股。已知当前 XYZ 企业的资本总额为5 000 万元,其中长期借款为 2 000 万元,普通股为 3 000 万元。目前打算筹集新的资金,拟筹集的资金总额为 1 000 万元,其中长期借款 400 万元,普通股股票 600 万元。已知企业随着筹资额的增加,各种资本成本的变化情况如表 8-13 所示。

表 8-13　XYZ 企业的筹资资料

筹资方式	目标资本结构	新筹资额	资本成本
长期借款	40%	500 万元及以下	4%
		500 万元以上	8%
普通股	60%	420 万元及以下	10%
		420 万元以上	12%

计算各筹资总额间断点以及相应的各筹资范围的边际资本成本。

3. H 企业资本总额为 5 000 万元，其中负债资本和权益资本的比率为 40∶60。企业的年销售量为 6 000 件，每件产品的销售单价为 8 000 元，变动成本为 6 000 元，企业的固定成本为 500 万元，企业债务的年利率为 10%。计算该企业的经营杠杆系数、财务杠杆系数和综合杠杆系数。

4. ABC 企业 2×20 年时资本总额为 100 万元，企业发行在外的普通股价值为 60 万元(30 万股)，债务价值为 40 万元，债务利率为 10%。企业所得税税率为 40%。

   2×21 年预定将资本总额增至 120 万元，年利率为 12%，需要增加资本 20 万元，有两种方案可供选择：①发行债券，年利率为 12%；②发行普通股，需要发行 10 万股。

   预计 2×21 年的息税前收益为 20 万元。

   要求：

   (1) 计算 2×21 年两种追加筹资方案下，无差别点的 EBIT 和 EPS。

   (2) 计算两种方案下 2×21 年的每股收益。

5. Q 企业目前是一家无负债资本的企业，企业的每年的息税前收益均为 100 万元，必要权益报酬率为 10%，企业现在打算增加负债 500 万元，已知债务的年利率为 8%。请问：

   (1) 假设企业所处的是完美市场，求企业在无负债环境下和有负债环境下的价值各是多少，负债企业的权益资本成本是多少。

   (2) 假设企业的所得税税率为 25%，求企业在无负债环境下和有负债环境下的价值各是多少，负债企业的权益资本成本是多少。

本章案例：创业板企业 IPO 等于业绩大跳水?

在中国，创业板特指深圳创业板。创业板上市公司应是具备一定的盈利基础，拥有一定的资产规模，且需存续一定期限，具有较高成长性的企业。根据创业板上市公司的特点，监管层要求创业板上市公司在公司治理方面，参照主板上市公司要求，在董事会下设审计委员会，进一步加强独立董事的职责，并明确控股股东的相关责任。

企业在首次公开发行股票前，需要公开披露大量关于公司经营管理现状的信息，IPO 发行人比外部投资者掌握公司真实价值的程度明显多得多，信息不对称显而易见。创业板企业能否首次公开发行股票的硬性条件之一是“公司连续两年盈利”，这对发行人来说是一种压力，在上市过程中有动机地通过盈余管理来最大化筹资额，这也是近年来公司 IPO 前后

"变脸"现象严重的原因之一。

一、宝德股份介绍与上市历程

西安宝德自动化股份有限公司(以下简称"宝德股份")是一家从事钻采设备电控自动化系统的高科技企业,公司主要致力于采用计算机技术、网络技术、现代电力电子技术对石油天然气钻采设备电控自动化产品进行研发、设计、制造、销售、服务以及系统集成,并向客户提供在海洋、陆地以及特殊环境下的石油钻机设备电控自动化系统的解决方案。

宝德股份发行采用网下发行和网上发行相结合的方式进行,其中网下发行占最终发行数量的20%,即300万股;网上发行数量为发行最终发行数量减去网下最终发行数量。宝德股份的招股说明书对公司和行业未来均有一个乐观的预期,2005年至2007年,全行业销售收入增速稳定在60%以上,净利润增速稳定在80%以上。2008年,虽然受到全球金融危机的影响增速有所放缓,但整个行业仍然处于石油勘探和钻采景气周期内。石油钻采行业蓬勃的发展趋势为公司提供了良好的机遇。在这种背景下,宝德股份业绩连续三年高增长。即使在全球金融危机爆发的2008年和2009年,宝德股份的业绩依然亮丽,如2008年的净利润还比2007年增长了50%。到2009年10月发行时,招股说明书里显示,当年仅前三个季度的净利润就增长到了2 500万元。金融危机虽然对石油价格及石油需求量产生了一些不利影响,但由于石油产品短期内的不可替代性,其作为重要的战略及能源资源,市场对其具有刚性需求。随着我国工业化、城镇化进程不断加快,居民生活水平持续提高,对成品油和石油化工原料的需求也在大幅增加,石油产品供不应求,国内几大石油公司用于勘探和开采的投入有增无减,即使在金融危机期间。

二、宝德股份IPO前后财务分析

2009年10月30日,宝德股份成为深圳证券交易所创业板市场首批上市交易的28家公司之一,股票代码为300023。在这28家创业板上市企业中,宝德股份是唯一一家来自石油钻采设备电控自动化系统行业的上市公司。根据公司2009年披露的《招股说明书》,宝德股份拟筹资16 000万元投资于石油钻采一体化电控设备生产基地,并针对海洋深水钻机绞车智能控制系统、石油钻采钻机一体化控制系统以及嵌入式一体化采油管理控制系统等三个产品项目进行生产。《招股说明书》同时指出,这一系列项目的实施最终将解决公司现有产能瓶颈,逐步完善产品结构,能够帮助、促进公司业绩保持持续增长以及竞争能力稳步提升。宝德股份在石油钻机电控系统中高端领域处于市场龙头地位,因此,公司登陆创业板之际,在石油钻井复合钻机、电控系统等主营业务方面的"光环"照耀下,以及过往三年优异的业绩,其发行市盈率达到81.67倍,仅次于鼎汉技术,位列首批创业板挂牌公司发行市盈率的第二位,这一数据远高于全部A股市盈率以及中小板的市盈率。然而截止到2010年8月,不到一年的时间,公司的业绩"变脸"让人侧目。由宝德股份各年的年报中可知,2007年、2008年、2009年中报的净利润分别为1 044.95万元、1 553.60万元、1 690.23万元。对于如此神速的净利润增长率,宝德股份表示,公司净利润的增幅远高于营业收入的增幅,说明公司产品技术含量高,议价能力强,费用控制能力强,利润率高。可上市后完整经营的第一年,宝德股份2010年年报则缩水到303万元,2011年也仅为307万元,同比下降高达82%。因此，宝德股份被称为创业板上的“跳水王”。

宝德股份首次公开发行实际募得资金为26 500.24万元，超募资金为10 500.24万元，超募率为65.63%。股票上市首个交易日，公司股票以32.56元/股的价格开盘，当日以36.08元/股收盘，比发行价19.6元/股上涨了16.48元/股，股票首日收益率为84.08%。令人意外的是，公司上市后不仅没有表现出预期中的高成长，业绩反而出现大幅下滑。宝德股份2010年上半年年报显示，公司上半年实现营业收入1 285.29万元，与上一年同期7 480万元相比，出现了82.82%的降幅；而营业利润下滑幅度更是高达92.94%，仅为133.09万元；利润总额仅为356.5万元，同比减少了82.22%，成为首批创业板挂牌28家公司中业绩下滑幅度最大的公司。此时，投资者无论如何也无法将在招股说明书中宣称自己发展前景广阔的宝德股份与眼前业绩下滑严重的宝德股份联系在一起。但是，冷冰冰的数字对他们来说无异于当头棒喝。根据宝德股份披露的2010年年报，公司营业收入与上年同期相比下跌43.63%，营业利润比上年同期下滑70.13%，被认为是2010年业绩最差的创业板上市公司。宝德股份的业绩指标如表8-14至表8-16所示。

表8-14 宝德股份挂牌前会计业绩指标 单位：万元

项目	2007年		2008年	
	增长金额	增长幅度	增长金额	增长幅度
营业收入	2 493.43	30.85%	2 862.00	27.06%
营业利润	1 099.19	819.07%	433.49	35.15%
利润总额	1 123.52	830.39%	550.04	43.69%
净利润	940.97	904.95%	508.65	48.68%

如表8-14所示，创业板挂牌之前，2007年和2008年宝德股份的营业收入、营业利润、利润总额、净利润增长率等会计业绩指标较上年均有所减小，但上述业绩指标的增长幅度还是相当可观的。不难看出，宝德股份挂牌前的2007年和2008年，会计业绩指标都显示其具有良好的成长性。

表8-15 宝德股份挂牌后会计业绩指标 单位：万元

项目	2009年		2010年	
	增长金额	增长幅度	增长金额	增长幅度
营业收入	−1 747.64	−13.01%	−5 100.00	−43.63%
营业利润	1 248.84	74.92%	−2 044.74	−70.13%
利润总额	1 329.29	73.49%	−1 616.18	−51.50%
净利润	1 129.68	72.71%	−1 382.58	−51.53%

如表8-15所示，挂牌之后的两年，宝德股份的营业收入、营业利润、利润总额、净利润增长率等会计业绩指标较上年有减小，特别是上市后第一个完整会计期间的2010年，以上业绩指标均是负增长且较前三个会计年度以不小的幅度下降。

对于业绩下滑的原因，公司方面作出的解释是，石油行业受到全球金融危机的负面影响仍在持续，而经济转好对石油行业实体经济的恢复呈现滞后效应，油田公司和石油服务公司较危机之前均缩小投资，技术装备出口订单明显减少，同时，部分正在履约和在谈项目被搁置。

表 8-16　宝德股份挂牌后会计业绩指标　　单位:万元

项目	2010 年		2011 年		2012 年	
	增长金额	增长幅度	增长金额	增长幅度	增长金额	增长幅度
营业收入	−5 100	−43.63%	1 255	19.04%	−1 500	−18.89%
营业利润	−2 044	−70.13%	271	31.15%	−2 700	−238.15%
利润总额	−1 616	−51.50%	−369	−24.26%	−2 600	−230.16%
净利润	−1 382	−51.53%	−369	−28.38%	—	—

表 8-16 的数据均是基于 2010 年、2011 年宝德股份年度财务会计报告和 2012 年年度业绩快报比较得出的结果。

从 2010 年和 2011 年的数据看来，随着经济复苏，2011 年这一年中经营业绩相比前一年来说有所好转(营业收入和营业利润分别有 19.04%和 31.15%的增长)，其利润总额和净利虽然跌幅程度有所减小，但分别有 24.26%和 28.38%的负增长率；而对于 2012 年来说，公司的业绩又出现急剧下滑，可谓更加惨淡，营业收入较上一年下降 18%，而利润方面，更是下降了 230%以上。公司上市后的经营业绩明显是不能和上市前这三年相比较的。

三、宝德股份对业绩跳水的解释

宝德股份方面对于 2009 年年报的业绩下滑作出的解释如下：随着全球金融危机对实体经济的冲击，报告期内，公司的营业收入虽有一定幅度下降，但营业利润、净利润却有一定幅度提升，主要是由于公司产品技术和设计不断优化使得产品综合毛利率进一步提高。全球金融危机对石油行业产生了滞后性的影响，油田公司和石油服务公司纷纷缩减投资，技术装备出口订单明显减少，部分正在履约和在谈项目被搁置。2010 年，对于收入和利润双双下滑的窘境，管理层的解释如下：公司产品个性化程度高，属于订单式量身定制的生产，研发、设计、生产周期和交付验收并确认收入周期较长，公司在产的订单数比去年同期下降。接下来两年，公司作出的解释也相差不多：报告期内，一方面，公司依然以订单式生产模式为主，根据客户的个性化需求设计生产，产品规模化程度不足，产品成本也有所增加；另一方面，公司加大了市场投入，强化新产品市场开拓力度，加之公司控股子公司的成功运营，使得公司 2011 年度的销售收入与去年同期相比有所增加等。

四、其他财务数据分析以及同行对比

(一) 资产负债表及营业收入

2009 年，石油能源设备行业复苏，石油价格较 2008 年有了一定程度的回升，但从国内情况来看，由于三大石油公司勘探开发资本性支出因受金融危机影响，增速放缓。为更好地了解宝德股份的财务状况，表 8-17 列出了 2007—2009 年公司的资产负债表以及营业收入的变化情况。

表 8-17　宝德股份 2007—2009 年资产负债表　　单位:元

项目	2007 年	2008 年	2009 年
货币资金	12 854 000	5 125 000	290 567 000
应收账款、票据	13 599 000	46 028 000	63 031 000
存货	12 331 000	7 421 000	54 000
其他流动资产	6 605 000	1 341 000	5 334 000
非流动资产	8 607 000	8 601 000	7 574 000
资产总计	53 996 000	68 516 000	366 560 000
短期借款	0	992 000	0
应付账款、票据	12 955 000	8 553 000	19 361 000
其他流动负债	13 978 000	17 038 000	14 958 000
非流动负债	2 474 000	1 808 000	281 000
所有者权益	24 589 000	40 125 000	331 960 000
负债和所有者权益总计	53 996 000	68 516 000	366 560 000
主营业务收入		134 374 000	116 897 000

（二）销售毛利率

2009 年，受金融危机拖累，公司实现销售收入 11 689.73 万元，同比下降 13.01%。直到 2010 年 6 月，宝德股份的销售毛利率始终保持递增状态，如图 8-2 所示。销售毛利率反映的是公司产品的竞争力和盈利能力。

图 8-2　宝德股份 2006—2012 年销售毛利率

注:横坐标表示年/月,如 06/12 表示 2006 年 12 月。

（三）同行业其他公司同期业绩比较

选取和宝德股份处于相同板块的江钻股份(股票代码为“000852”)的同期财务数据来进行对比。由于江钻股份的产品范围又包括了化工产品，因此表 8-18 仅列出石油机械产品和天然气钻探设备的营业总收入、营业总利润和综合毛利率。

表 8-18　江钻股份会计业绩指标

项目	2008 年	2009 年	2010 年	2011 年	2012 年
营业收入增长率		−6.89%	8.97%	16.47%	23.47%
营业利润增长率		−9.27%	9.41%	−6.14%	14.66%
毛利率	35.31%	34.41%	34.55%	27.84%	25.86%

从表 8-18 不难看出，虽然江钻股份同样受到全球金融危机的冲击，但金融危机对其 2009 年业绩的影响要明显小于宝德股份，而且江钻股份营业收入在 2010 年取得了将近 10%的增长，又明显优于出现大跳水的宝德股份。

资料来源：胡子京.创业板企业 IPO 等于业绩大跳水？上海大学管理学院 MPAcc 案例编写委员会编著.会计专业硕士(MPAcc)教学案例集(Ⅰ)[M].上海：上海大学出版社，2014.

案例思考题

1. 宝德股份在 IPO 时存在操纵财务指标的动机是什么？
2. 公司上市后财务指标大幅下滑的内在意义是什么？

分析思路

1. 宝德股份在 IPO 时存在操纵财务指标的动机是什么？

分析思路：从创业板上市公司的特征、上市后公司可以获取的资源与利益等方面分析公司操纵财务指标以达到上市目的的动机。

2. 公司上市后财务指标大幅下滑的内在意义是什么？

分析思路：从对投资者、监管方和公司自身角度展开分析。

第九章　股 利 决 策

学习要点

- □ 利润分配的项目和顺序
- □ 股利支付的程序和方式
- □ 股利政策类型
- □ 股利政策理论

股利分配是企业理财活动的核心内容之一，它是企业的股东对当前利益与企业未来发展之间作出权衡的结果，会对企业的内部筹资活动和投资活动产生影响。在税后利润一定的情况下，企业需要在留存收益和股利分配之间进行权衡。股利分配越多，可以留存在企业当中进行再投资的利润就越少，它会引起企业的资金存量与股东权益规模及结构的变化。

本章主要介绍了与利润分配特别是股利分配相关的一些基础知识。本章分五节，第一节是税前利润和净利润，主要介绍企业的利润形成与净利润的分配去向；第二节介绍企业利润分配的项目和顺序；第三节介绍股利支付的程序和方式；第四节主要介绍了股利政策选择；第五节介绍了股利政策理论。

第一节　税前利润和净利润

利润是企业在一定会计期间的经营成果。当企业获得一定利润时，需要按照一定的比例向国家缴纳所得税。我们把企业向国家缴税前所获得的会计账面利润额称为税前利润，把向国家缴税后剩下的利润称为净利润。

一、税前利润

如本书第四章第一节“财务报表及其构成”部分所述，企业的利润因收入与费用的不同配比，可以分为四个层次：毛利润、营业利润、利润总额（税前利润）和净利润。毛利润是营业收入减去营业成本后的利润，它反映了企业的产品售价与生产成本的差额；营业利润是毛利润扣除税金及附加、销售费用、管理费用、财务费用、资产减值损失，并加上公允价值变动损益和投资收益等后的利润，主要反映企业的经营所得；营业利润加上营业外收支净额后就是利润总额(税前利润),是计算所得税的基础;利润总额扣除应纳所得税后就是企业的净利润,这是企业所有者可以得到的实际收益。

税前利润的构成可以用公式表示如下:

$$税前利润=营业利润+营业外收入-营业外支出 \tag{9-1}$$

在式(9-1)中,营业利润是企业在一定期间内从事生产经营活动所取得的利润。它集中反映了企业生产经营的理财成果。营业外收入是指企业发生的与日常活动无直接关系的各项利得,如政府补助、捐赠利得等。而营业外支出指的是企业发生的与日常活动无直接关系的各项损失,如盘亏损失、债务重组损失等。

营业利润的计算公式如下:

$$\begin{aligned}营业利润=&营业收入-营业成本-税金及附加-销售费用-管理费用-\\&财务费用-资产减值损失+公允价值变动损益+投资收益\end{aligned}$$

其中,营业收入是企业经营业务所确定的收入总额,营业成本是企业经营业务所发生的实际成本总额,资产减值损失是指企业计提各项资产减值准备所形成的损失,公允价值变动损益是指企业交易性金融资产等公允价值变动所形成的应计入当期损益的利得(或损失),投资收益是指企业以各种方式对外投资所取得的收益(或发生的损失)。

二、净利润

企业的净利润是企业的税前利润扣除所得税之后剩下的净额。税前利润需要按照国家的规定缴纳一定比例的所得税,但国家计税基础并不是企业的税前利润。在计征企业所得税时,必须对企业的税前利润进行调整,再对调整后的税前利润计征企业所得税。对企业税前利润的调整主要包括永久性差异调整、暂时性差异调整和弥补亏损调整三个方面。

永久性差异是指某一会计期间由于会计准则和税法在计算收益、费用或损失时的口径不同,所产生的税前会计利润与应税所得之间的差异。这种差异在本期发生,并且不会在以后各期转回。

暂时性差异是指资产、负债的账面价值与其计税基础不同产生的差额。与永久性差异不同,暂时性差异在某一会计期间发生,但会在随后的某一期或者若干期内能够转回。根据暂时性差异对未来期间应纳税所得额的影响,又可分为应纳税暂时性差异和可抵扣暂时性差异。

按照税法的规定,为了减轻亏损企业的所得税负担,企业发生的年度亏损,可以在以后5年内用税前利润进行弥补,而且延续5年未弥补的亏损,可以用税后利润弥补。

企业的税前利润经过上述三个方面的调整之后,便可确认企业在当期应当缴纳的所得税。当前我国企业所得税的基本税率是25%。将企业的应纳税所得额与适用的所得税税率相乘积,就可以得到企业的当期应缴纳所得税额。企业调整前的税前利润扣除当期应缴纳的所得税额后剩下的部分就是企业的净利润,它是企业进行利润分配的基础。

第二节 利润分配的项目和顺序

一、利润分配的项目

利润分配是指税后净利润的分配，按照我国《公司法》的规定，公司的利润分配项目包括两个部分。

（一）法定公积金

法定公积金从净利润中提取形成，用于弥补公司亏损、扩大公司生产经营或者转为增加公司资本。按照我国《公司法》等有关法规的规定，公司分配当年税后净利润时，应当提取利润的 10%列入公司法定公积金。公司法定公积金累计额为公司注册资本的 50%以上的，可以不再提取。公司从税后净利润中提取法定公积金后，经股东会或者股东大会决议，还可以从税后净利润中提取任意公积金。

（二）股利

公司弥补亏损和提取公积金后所余税后净利润，股份有限公司按照股东持有的股份比例分配，但股份有限公司章程规定不按持股比例分配的除外。需要注意的是，企业的股利发放要遵循“无利不分”的原则，也就是应从累计盈利中分派股利，无盈利不得支付股利。但如果公司用公积金弥补亏损之后，为了维护它的股票信誉，经过股东大会特别决议，也可用公积金支付股利。

二、利润分配的顺序

按照我国《公司法》的有关规定，利润分配按下列顺序进行。

（一）弥补亏损

公司的法定公积金不足以弥补以前年度亏损的，应当先用当期净利润弥补亏损。弥补亏损后即可计算可供分配利润。将企业当期的净利润与期初的未分配利润加总，就可以得到企业当期可供分配的利润。只有当可供分配利润为正数时，企业才可以进行分配，如果可供分配利润为负数，则企业当期不能进行利润分配。

（二）计提法定公积金

净利润抵减累计亏损后的金额可以用于计提法定公积金。需要着重指出的是，法定公积金的提取基数不一定是企业当期的可供分配的利润，也不一定是企业当期的净利润。当企业不存在年初累计亏损时，企业计提法定公积金的基础正好是本年的净利润。

（三）向优先股股东支付股利

如果上市公司发行了优先股，根据中国证券监督管理委员会于 2013 年 12 月发布的《优先股试点管理办法》，上市公司公开发行优先股应当在公司章程中对优先股股利作出规定，其股份持有人优先于普通股股东分配公司利润和剩余财产，但参与公司决策管理等权利受到限制。

(四) 计提任意公积金

公司从税后净利润中提取法定公积金后，如果发行了优先股，在支付优先股股利后，经股东会或者股东大会决议，还可以从税后净利润中提取任意公积金。

(五) 向普通股股东支付股利

公司股东会或者董事会违反上述顺序进行利润分配，在公司弥补亏损和提取法定公积金之前向股东分配利润的，股东必须将违反规定分配的利润退还公司。

第三节　股利支付的程序和方式

一、股利支付的程序

股利支付的程序主要经历股利宣告日、股权登记日、除息日和股利支付日等几个重要的日期。

(一) 股利宣告日

股利宣告日(announcement date)，即企业董事会将股东大会通过本年度利润分配方案的情况以及股利支付的情况予以公告的日期。在公告中，宣布每股派发的股利、股权登记日、除息日、股利支付日以及派发对象等事项。

(二) 股权登记日

股权登记日(record date)是指有权领取本期企业发放的股利的股东资格登记的截止日期。只有在股权登记日这一天登记在册的股东才能够领取本期发放的股利。在这一天之后登记在册的股东，即使是在这一天之前就已经购买了该企业的股票也没有权利领取本期派发的股利。

(三) 除息日

除息日(ex-dividend date)，也称作除权日，是指股利所有权和股票本身分离的日期。在除息日当天以及以后才购入该企业的股票，不再享有本次发放的股利的权益。我国上市企业通常规定股权登记日的下一个交易日就是除息日。除息日之前的股票价格包含了本期发放的股利，而从除息日起的股票价格中则不包含本次派发的股利。

(四) 股利支付日

股利支付日(payable date)，是企业确定的向股东正式发放股利的日期。

【例 9-1】 ZGBA 集团股份有限企业于 2010 年 7 月 1 日发布了《ZGBA 集团股份有限企业 2009 年度分红派息实施公告》。ZGBA 集团股份有限企业本次公告称该企业 2009 年度利润分配方案已获 2010 年 6 月 30 日召开的企业 2009 年度股东大会审议通过。

利润分配方案：以企业现有总股本 1 090 750 529 股为基数，向全体股东每 10 股派 0.35 元(含税，扣税后，个人股东、投资基金、合格境外机构投资者实际每 10 股派 0.315 元)。对于其他非居民企业，本企业未代扣代缴所得税，由纳税人在所得发生地缴纳。

分红派息日期：股权登记日为 2010 年 8 月 26 日；除权除息日为 2010 年 8 月 27 日；红利

发放日为2010年8月27日。

分红派息对象为截止2010年8月26日(股权登记日)下午深圳证券交易所收市后,在中国证券登记结算有限责任企业深圳分企业(以下简称“中国结算深圳分企业”)登记在册的本企业全体股东。

此次股息派发全部由中国结算深圳分企业代派,由中国结算深圳分企业代派的股息将于2010年8月27日通过股东托管证券企业(或其他托管机构)直接划入其资金账户。

二、股利支付的方式

股利支付的方式有很多种,常见的有以下几种:

(1) 现金股利。现金股利是以现金进行支付的股利,是股利支付的主要方式。

(2) 股票股利。股票股利是企业以增发的股票作为股利的支付方式。

(3) 财产股利。财产股利是以现金以外的资产支付股利,主要是以企业所拥有的其他企业的有价证券,如债券、股票等作为股利支付给股东。

(4) 负债股利。负债股利是企业以负债支付的股利。一般情况下,负债股利以企业的应付票据支付给股东,有时候也有发行企业债券来作为股利发放的。

在我国,现金股利和股票股利是比较常见的股利发放形式,财产股利和负债股利虽然没有被法律禁止,但是很少见。我们将在本章第四节介绍与现金股利相关的股利决策。在本节余下的部分主要介绍股票股利以及与股票股利联系紧密股票分割和股票回购。

三、股票股利、股票分割和回购

(一) 股票股利

股票股利是企业向投资者发放股利的一种方式。有别于现金股利,发放股票股利是企业按照股东所持股份的一定比例向他们发行新股,发放股票股利既不造成企业的现金流出或者负债增加,也不因此增加企业的财产。发放股票股利并不影响企业的所有者权益总额,但会引起所有者权益各项目的结构发生变化。

【例9-2】 假定某企业某年度宣布发放20%的股票股利。该股票当时市价为15元。该企业在发放股票股利前,它的所有者权益情况如表9-1所示。

表9-1 所有者权益情况 单位:元

项 目	金额
普通股(面额1元,已发行1 000 000股)	1 000 000
资本公积	3 000 000
未分配利润	20 000 000
股东权益合计	24 000 000

由题意可得,在发放股票股利前企业的股票为1 000 000股,企业发放20%的股票股利意味着现有股东每持5股就可以得到1股新发放的股票。因此,现有股东总共得到200 000股新

发放的股票。由于股票当时的市价为 15 元，随着股票股利的发放，需要从“未分配利润”项目当中划转出来的资金为：

$$15\times200\ 000=3\ 000\ 000(\text{元})$$

由于股票的面值保持不变，发放 200 000 股的新股，“普通股”项目只能增加 200 000 元，其余的 2 800 000(3 000 000—200 000)元应作为股票溢价转到“资本公积”项目，而企业股东权益总额保持不变。在发放股票股利之后，企业股东权益各项目如表 9-2 所示。

表 9-2　所有者权益情况　　单位:元

项　目	金额
普通股(面额 1 元，已发行 1 200 000 股)	1 200 000
资本公积	5 800 000
未分配利润	17 000 000
股东权益合计	24 000 000

从表 9-2 中可以看到，发放股票股利并没有改变所有者权益的总额，只是将所有者权益在各个项目之间进行了重新分配。

在[例 9-2]中，我们使用市价来计算股票股利的价格，在入账的时候，以新增的普通股的票面价值记入“普通股”项目，而将市价高于票面金额的部分作为股票溢价归入“资本公积”。这种方法在西方国家使用得比较广泛。

而在我国目前是按照股票面值来计算股票股利的价格。在[例 9-2]中，如果按照票面金额来计算股票股利的价格的话，由于企业需要发放 200 000 股新股，每股新股的票面金额是 1 元，于是需要从“未分配利润”项目中划转出来的资金为：

$$1\times200\ 000=200\ 000(\text{元})$$

这 200 000 元从“未分配利润”项目结转到“普通股”项目。在发放股票股利之后，企业股东所有者权益各项目如表 9-3 所示。

表 9-3　所有者权益情况　　单位:元

项　目	金额
普通股(面额 1 元，已发行 1 200 000 股)	1 200 000
资本公积	3 000 000
未分配利润	19 800 000
股东权益合计	24 000 000

发放股票股利对每股收益和每股市价的影响，可以通过对每股收益、每股市价的调整直接算出：

$$\text{发放股票股利后企业的每股收益}=\frac{E_0}{1+D_S} \qquad (9\text{-}2)$$

其中，E_0 表示的是发放股票股利前的每股收益；D_S 表示的是股票股利发放率。

$$发放股票股利后的每股市价=\frac{P}{1+D_S} \tag{9-3}$$

其中，P 代表的是股利分配权转移日的每股市价；D_S 表示的是股票股利发放率。

发放股票股利之后，如果企业的盈利总额和市盈率保持不变的话，由于普通股股数增加会使得每股收益和每股市值下降；同时，发放股票股利之后股东的持股比例并没有发生改变，因此，每位股东所持股票的市场总额并没有发生改变。

【例 9-3】 承接[例 9-2]，假定上述企业本年盈余为 6 000 000 元，某股东持有 10 000 股该企业普通股股票。发放股票股利之后企业的市盈率并没有发生改变，其他条件与[例 9-2]相同。

依据[例 9-3]中给定的条件，可得：

$$发放股票股利后企业的每股收益=\frac{6}{1+20\%}=5(元)$$

$$发放股票股利后的每股市价=\frac{15}{1+20\%}=12.5(元)$$

则发放股票股利对该股东的影响如表 9-4 所示。

表 9-4 发放股票股利对股东的影响 单位：元

项目	发放前	发放后
每股收益(EPS)	6 000 000÷1 000 000=6	6 000 000÷1 200 000=5
每股市价	15	15(1+20%)=12.5
持股比例	10 000÷1 000 000×100%=1%	12 000÷1 200 000×100%=1%
所持股总价值	15×10 000=150 000	12.5×12 000=150 000

从上述例子可以看出，发放股票股利并没有直接增加企业的价值，也没有直接增加股东持有的股票的价值，如果发放股票股利对企业和股东的价值影响是中性的，企业为什么还要发放股票股利呢？股票股利的意义主要体现在两个方面：

(1) 满足企业控制股价变动范围的需要。股东在股票市场上购买股票有数量限制(比如只能买 100 的整数倍)，如果股价过高，那么只有那些富有的投资者才能买得起股票，这不利于股票的流通，会减少股票的潜在市场价值。发放股票股利可以降低每股的价值，使股价保持在合理的范围之内，以吸引更多的投资者。购买股票的人多了，股价就会重新上涨。

(2) 以较低的成本向市场传递积极的信号。当企业拥有较多良好的投资机会时，需要大量的资金进行投资，企业会保留更多的盈余以进行投资，这时企业可能发放股票股利以替代现金股利。因此，企业发放股票股利可能意味着企业的发展前景良好，它是企业的管理者向外界投资者发出的积极信号。

但并不是所有人都只认为股票股利只有有利的影响，一些人认为股票股利是用来愚弄股东的。如果一家企业处于困境，并且无力支付现金股利，它就可能会宣布用相同数额的股票股利来代替。

（二）股票分割

股票分割是指将面额较高的股票分割成面额较低的股票的行为。例如，将原来的一股股票分割成两股股票。股票分割和股票股利从经济意义上说几乎没有区别，当企业认为当前自己的股票价格过高，已经超出了股价变动的范围时，它就可以采用股票分割的手段使自己的股票价格有大幅度下跌，以利于股票在市场上流通，从而吸引更多的投资者。

但如果从会计意义上讲，两者有着巨大的差别。股票股利是一种股利分配方式，但是股票分割却不是。普通股的面值在发放股票股利的情况下并没有发生变化，但是在股票分割中会减少。在发放股票股利当中，企业的所有者权益总额没有发生改变，但是“普通股”“未分配利润”和“资本公积”等项目却会发生变化。[①] 而在股票分割情况下，“普通股”“资本公积”和“未分配利润”三个项目都保持不变，股东的所有者权益总额也不变。

【例 9-4】 某企业先前发行面额 2 元的普通股股票 100 000 股，如果按照 1 股分割成 2 股的比例进行股票分割，则分割前后企业每股收益的计算如表 9-5 和表 9-6 所示。

表 9-5 股票分割前的所有者权益 单位：元

项　目	金额
普通股（面额 2 元，已发行 100 000 股）	200 000
资本公积	600 000
未分配利润	1 400 000
所有者权益合计	2 200 000

表 9-6 股票分割后的所有者权益 单位：元

项　目	金额
普通股（面额 1 元，已发行 200 000 股）	200 000
资本公积	600 000
未分配利润	1 400 000
所有者权益合计	2 200 000

假设企业本年度税后利润为 600 000 元，那么在股票分割之前企业的每股收益为 6（600 000÷100 000）元。如果股票分割后企业的税后利润保持不变，那么分割后企业的每股收益为 3（600 000÷200 000）元。如果企业的市盈率保持不变的话，企业的每股市价会因此而下降。

正如上文中提到的，股票分割和股票股利都可以降低股票的价格，但是两者的作用并不

① 如果企业发放的股票股利价格是用当时的市价且市价不等于普通股票面金额，“普通股”“未分配利润”和“资本公积”这三个项目都会发生变化。但如果企业发放的股票股利的价格是用票面金额或者虽然是用市价当时市价等于票面金额，那么，“普通股”和“未分配利润”这两个项目会发生变化，但“资本公积”项目不变。

完全一样。一般来说，当企业股价暴涨且预期难以下降时，企业会采用股票分割来降低股价，而当企业股价上涨幅度并不大时，往往采用股票股利的方式来降低股票价格。

由于股票股利和股票分割两者在作用上存在很多相似之处，一般需要根据证券管理部门的具体规定来对两者加以区分。例如，有些国家规定，发放25%以上的股票股利即属于股票分割。

(三) 股票回购

股票回购是指企业出资购回自身发行在外的股票，它是支付现金股利的最广泛的替代方式。通过股票回购，企业流通在外的股份数减少，每股收益和每股股利增加，企业的股价会随之上升，股东会因此得到资本利得，这相当于是企业支付给股东的股利。

1. 股票回购的方式

股票回购的方式主要是看企业是在公开市场上以现行价格回购股票，还是对其股票采用更为正式的招标方式。目前最广泛使用的股票回购方式主要包括如下三种：

(1) 股票回购招标。这种方法主要用于大型的股票回购。如果企业通过招标进行股票回购，那么企业需要事先规定购买股票的价格、数量以及招标的有效期限，并邀请股东出售股票进行回购。一般地，如果股东出售的股票数量不足时，企业可以撤回招标，或者对招标进行展期。

(2) 公开市场购买。企业把自己等同于任何潜在的投资者，委托证券企业代自己按照企业股票当前市价进行回购。企业没有必要就他们回购股票进行信息披露。但企业进行股票回购必须满足证券交易委员会的要求，不得进行价格操纵和内部交易。公开市场上回购的主要优点体现在，企业在决定何时购买、购买多少等方面具有更多的自由和灵活性。而且公开市场购买可以在比招标更长的时间内进行。公开市场购买的回购方式在小企业中使用较为广泛。

(3) 私下协议回购。在私下协议回购中，企业从一个大股东手中按照协议的价格回购股票。这种方法用得不多，当企业的经营者或所有者要强化控制权，排除有潜在威胁的股东时可以采取这种方式。

2. 股票回购的意义

作为现金股利的一种替代方式，对股东而言，股票回购和现金股利具有同等的效用，具体请见[例 9-5]。

【例 9-5】 假设某企业普通股的每股收益、每股市价等资料如表 9-7 所示。

表 9-7 相关资料 单位：元

税后利润	400 000
流通股数(股)	100 000
每股收益(400 000÷100 000)	4
每股市价	20
市盈率	5

假定企业将其中的 100 000 元盈余作为现金股利发放给股东，每股可以得到 1 元(100 000÷100 000)，那么每股市价将变为 21 元(原市价 20 元+股利 1 元)。

如果企业改为用 100 000 元以每股 21 元购回股票，可以购得 4 762 股(100 000÷21)，那么企业股票的每股收益为：

$$EPS = 400\ 000 \div (100\ 000 - 4\ 762) = 4.2(\text{元})$$

如果按照市盈率仍为 5 计算，股票回购后股票的价格为 21 元(4.2×5)。

虽然从股东的角度来看，股票回购和现金股利具有同等的效用，但股票回购作为返还现金给股东的一种方式和现金股利相比仍具有它的特点。它的优势主要表现在以下两个方面：

第一，我们从股东的角度来看待问题。对股东而言，股票回购可以有税收优惠。股票回购后股东得到的资本利得是按照资本利得税来缴纳，但如果是发放现金股利的话，股东需要按照股息税来进行缴纳。一般而言，资本利得税都比股息税低。

第二，我们站在企业的角度来考察股票回购的优势。

(1) 企业发放的现金股利具有刚性，它意味着在将来至少要持续支付类似数额的股利，而股票回购则不同，它只是被视作返还现金的一次性行为。因此，如果企业当前拥有过剩现金流量，但其未来却可能无法持续保有这些现金流量的话，它应实行股票回购，而非发放现金股利。

(2) 进行股票回购比支付相同数目的现金股利具有更大的灵活性。正如前文中所提及的，股票回购可以撤销或展期。

(3) 企业进行股票回购可以向市场传递一种企业的股票被低估的信号。如果企业的管理者认为企业的股票被低估，他就会选择在市场上回购自身的股票，借此提升企业的股价。这有利于企业股价的稳定。

(4) 股票回购更多地集中于对那些急需现金的人进行支付。只有需要现金的股东才会向企业出售他手中持有的股票，不缺乏现金的股东可以继续持有股票。

(5) 股票回购可以提高企业的内部人控制，在一定程度上降低企业被收购的风险。因为股票回购可以减少在外流通的股票数量，并提高股票的价格。

(6) 股票回购可以发挥财务杠杆的作用。企业将股票回购之后，企业的股票数量减少，所有者权益相应地减少。如果企业觉得资本结构当中权益资本所占的比重太大，可以采取股票回购的方式提高负债比率，优化自身的资本结构，并能够降低自身的加权平均资本成本。而且在股票回购之后，发行在外的普通股数减少，也会提高每股收益。

当然，股票回购也有它的缺点。正如上文所讲的，如果企业认为自己的在未来不能持续保有现金，他才会选择股票回购，因此股票回购显示出企业对未来现金流量更多的不确定性。而且如果企业无法按照计划完成股票回购，市场就会马上对此产生怀疑，并作出反应。

3. 股票回购的决策框架

我们在上文中分析了股票回购的优点和缺点。在企业的实际运营过程中，我们应当如何来进行股票回购决策?

一般而言，股票回购是否优于股利发放，取决于以下几个因素的具体作用：

(1) 企业未来现金流量的持续性和稳定性。如果企业未来现金流量是不稳定，企业就应该回购股票;如果未来的现金流量是稳定的、可预期的,增加股利发放是更好的选择。

(2) 股东的税收偏好。当资本利得和股利按不同的税率征税时,股东的税收偏好就决定了企业是回购股票还是支付股利。如果股东股利的征税税率很高,企业就应该采取股票回购的形式。

(3) 企业未来投资需要的可预测性。如果企业未来投资机会不确定,企业未来进行投资所需要的现金流出也相应地具有很大的不确定性,这时企业更有可能采取股票回购的形式返还现金给股东。

正如在上文中提到的,当企业的管理者认为企业的股价被低估时,会在股市上回购股票。

我国《公司法》规定,股份有限公司只有在如下四种情形下才能回购本公司的股份:一是减少公司注册资本;二是持有本公司股份的其他公司合并;三是将股份奖励给本公司职工;四是股东因对股东大会上作出的合并、分立决议持异议,要求公司收购其股份。

前三种情况收购本公司股份的,应当经股东大会决议。第一种情况收购本公司股份的,应当在收购之日起 10 日内注销;属于第二、第四种情况的,应当在 6 个月内转让或者注销。公司因奖励职工回购股份的,不得超过本公司已发行股份总额的 5%;用于回购的资金应当从公司的税后利润中支出;所收购的股份应当在一年内转让给员工。

2005 年 6 月 16 日,中国证券监督管理委员会发布了《上市公司回购社会公众股份管理办法(试行)》(以下简称《办法》)。该《办法》允许上市公司回购流通股,为上市公司管理层及其股东赋予了充分的决定权和选择权。上市公司董事会可以根据企业的股价表现和企业的现金流、债务结构和资产结构状况,在基于股票回购对企业持续发展能力产生积极的影响上,自主提出了股票回购方案。2008 年 10 月 9 日,中国证券监督管理委员会发布实施了《关于上市公司以集中竞价交易方式回购股份的补充规定》,取消了以集中竞价方式回购股份的行政许可,推行完全市场化操作方式,只需备案即可回购股份。同时,对上市公司回购股份期间实施现金分红不做强制性限制,明确提出通过加强信息披露和完善监管制度防范内幕交易等行为的发生。

第四节 股利政策选择

一、制订股利政策应考虑的因素

在企业实际生产经营中,管理者在制订股利政策时需要综合考虑各方面实际情况。下面依次讨论企业确定股利政策时需要考虑的主要因素。

(一) 法律规定

为了保护股东和债权人的利益,有关法规对企业的股利政策通常作出如下限制:

(1) 资本保全的限制。法律一般规定企业不能用资本来发放股利。企业发放股利不能减少它的法定资本。

(2) 净利润的限制。企业只能在年度的累计净利润为正数时才可以发放股利。

(3) 企业积累的限制。法律规定,企业税后利润必须先提取法定盈余公积金,只有当法定盈余公积金达到该企业注册资本的50%时,企业才可以不再提取。另外,法律还鼓励企业提取任意盈余公积金。企业只能用提取盈余公积金之后剩下的利润来发放股利。

(4) 过量保留盈余的限制。法律禁止无限度地保留盈余。正如前文所提到的,股东获得股利所需支付的所得税高于他将股票出售所需缴纳的资本利得税,因此企业可能不愿意发放股利,而将更多的盈余保留在企业内。保留下来的盈余可能大大超过了企业现在及未来投资的需要。在有些国家,一旦企业的累计保留盈余超过了法律认可的水平,将被加征额外的税额。但到目前为止,我国的法律尚未对企业保留盈余作出限制。

(5) 偿债能力的限制。规定禁止缺乏偿债能力的企业支付现金股利,这是对债权人的一种保护措施。如果一个企业已经无力偿还负债或者股利的支付会导致企业失去偿债能力,那么企业就不能支付股利。

(二) 企业因素

除了法律上的相关限制,企业自身的条件也会影响它的股利政策。

1. 流动性

企业的流动性是企业的股利决策中应该考虑的一个主要方面。发放股利意味着现金流出,会减少企业的现金持有量,降低资产的流动性。保持一定的资产流动性,可以提高企业财务灵活性,避免企业为了支付大额股利而威胁到自身的安全。

2. 举债能力

企业发放股利意味着现金流出,出于企业自身安全考虑,企业需要一定的流动性以维持财务灵活性。但保持流动性并不是达到该目的的唯一方法。如果企业能够迅速地借到所需要的资金的话,它在财务上也是相当灵活的,不必过于担心自身的安全。因此,如果企业具有较强的举债能力的话,它就有可能采取宽松的股利政策,如果企业的举债能力较差的话,可能会采取较紧的股利政策。

3. 投资机会

如果企业拥有较多的良好的投资机会,它就需要大量的资金来支持投资,因而往往少发股利,而将大部分盈余保留在企业内部用于投资。相反地,如果企业缺乏良好的投资机会的话,它就会更多地发放现金股利。

4. 盈余的稳定性

企业的股利政策具有刚性,在短期内一般不会发生改变。因此,股利政策代表着稳定的现金流出。如果企业的盈余不稳定,企业对保持较高的股利支付率缺乏信心,因而往往采取较低的股利支付率。如果企业的盈余稳定,它的股利支付能力比较强,往往采取较高的股利支付能力。

(三) 股东的因素

企业的股利政策最终是由代表股东利益的董事会决定的,因此制定股利政策必须重视股东的需求。股东从自身利益出发,往往会对企业的股利政策产生如下影响:

(1) 稳定的收入和避税。顾客效应理论指出,不同的股东对企业是否发放股利的态度是不一样的。收入较低的股东得到股利所需要承担的税率比较低,倾向于企业多发放股利;收入较高的股东得到股利所需承担的税率较高,倾向于少发放股利。

(2) 控制权稀释。如果企业支付较高的股利,留存的盈余就会减少。企业在未来可能需要发行新股来筹集投资所需要的资金。发行新股意味着股东的控制权可能遭到稀释,这违背了拥有控制权的股东的利益。因此,对这些股东而言,如果他们面临着控制权被稀释的威胁时他们往往选择不发放股利。

企业在制定股利政策时,除了上述提及的法律规定、企业因素和股东因素三个方面的限制因素,可能还要受到其他方面的限制。例如,企业在经营过程中需要筹集债务资本。而企业的债务合同,特别是长期债务合同,往往有限制企业现金支付的条款,这使得企业只能采取低股利支付政策。

二、股利政策类型

企业在进行股利决策的同时需要考虑保留盈余。支付给股东的股利越多,企业的保留盈余就越少。因此,股利分配既决定了给股东分配多少股利,也决定了有多少净利润会留在企业内部。企业进行股利分配决策通常包括以下几个方面:

(1) 股利的支付形式。企业需要决定是以何种形式来进行股利发放,是现金股利、股票股利,还是其他形式的股利。

(2) 具体的股利政策。企业需要决定是采取剩余股利政策、固定股利政策,还是稳定增长的股利政策。

(3) 股利支付的程序。企业需确定股利宣告日、股权登记日、除息日和股利支付日等重要的日期。

股利的支付形式以及程序已经在前文中进行了介绍,接下来主要介绍具体的股利政策。在进行股利分配的实务中,企业通常采用剩余股利政策、固定或持续增长的股利政策、固定股利支付率政策和正常股利加额外股利政策等类型。

(一) 剩余股利政策

剩余股利政策是指企业最大限度地使用保留盈余来进行投资,只有当保留盈余满足当期投资需求之后才将剩下的部分用于发放股利。在前文中,我们提到,企业的股利政策与融资政策存在密切的关系。企业根据自身的实际情况制定了一个目标资本结构,当企业具有良好的投资机会时,它会根据目标资本结构测算出投资所需要的权益资本,并先从企业的盈余中留用,最后将剩余的盈余作为股利来进行分配。

企业采用剩余股利政策时,进行股利分配决策的过程如下:①设定目标资本结构,即确定企业权益资本和债务资本的比率以使得企业的加权平均资本成本最低;②根据企业新增投资项目的情况,确定要维持目标资本结构所需的权益资本数额;③最大限度地使用企业自身的保留盈余来满足投资项目所需的股东权益资本数额;④企业自身的保留盈余在满足投资方案所需的权益资本数额后剩下的部分作为股利进行发放。

【例 9-6】 某企业去年的税后利润为 800 万元，预计今年需要增加投资资本 1 000 万元。企业的目标资本结构为权益资本占 70%，债务资本占 30%。已知该企业今年继续保持原有的目标资本结构并且采用的是剩余股利政策。请问该企业今年应分配多少股利？

在题目当中提到企业在今年"保持原有的目标资本结构"，也就是说企业今年新增投资项目所需要的资金当中有 70%是来源于权益资本，30%来源于债务资本，需要着重指出的是这里的"债务资本"指的是长期有息负债（长期借款和企业债券），并不包括无息负债和短期借款。短期负债筹资是营运资本管理方面的问题，与资本结构无关。

企业新增的投资项目总共需要投资 1 000 万元，按照目标资本结构的要求，700 万元来自权益资本，也就是留存 700 万元，另外的 300 万元通过长期有息负债筹集。

因此，企业去年的税后利润为 800 万元，其中，留存 700 万元用于增加投资，剩下的 100 万元可用于发放股利。

采用剩余股利政策，可以保持企业的目标资本结构，使企业的加权平均资本成本降到最低。但是由于企业每年的收益都会发生变动，企业新增投资项目所需要的权益资本也会有所不同，由于这两个因素的变化，企业的每年的股利发放额也会随之发生变动，这不利于股东安排收入与支出。

（二）固定或持续增长的股利政策

这一股利政策是在一段较长的时间内将每年发放的股利固定在一个相对稳定的水平上。只有当企业管理者认为企业未来的盈余将会显著地、稳定地增长时，才会提高年度股利发放额。

采用固定或持续增长的股利政策企业发放股利的决策程序是：①确定固定的股利金额（或增长率）；②按固定金额（或增长后数额）发放股利。

固定或持续增长的股利政策主要目的是避免企业由于经营不善而削减股利。采用这种股利政策具有如下优点：①稳定的股利政策有利于股东安排股利收入与支出。有些股东对股利的依赖性很高，如果企业发放的股利忽高忽低，则这些股东很难以接受。这些股东非常喜欢固定的（或持续增长的）股利。②稳定的（或持续增长的）股利会向市场传递一种积极信号，有利于企业树立良好的形象，稳定股票的价格。

但是该股利政策也具有它的缺点。第一，企业的股利支付和它的盈余脱节。即使企业的盈余较低，它也需要像往前一样支付固定的（甚至是持续上升的）股利，这会加重企业的财务负担，甚至引起企业资金短缺，造成财务状况恶化。第二，它不能像剩余股利政策那样保持最低的加权资本成本。如果企业执行的是剩余股利政策，那么它可以保持自身的目标（最优）资本结构，因此可以保持最低的加权平均资本成本。但如果企业采取的是固定或持续增长的股利政策，它很难保持最优资本结构，因此很难保持最低的加权资本成本。

（三）固定股利支付率政策

股利支付率是每股现金股利与每股收益的比值，固定股利支付率指的是企业确定一个每股实际分配盈余占可分配盈余的比率，固定股利支付率政策是长期按照该比率支付股利的政策。但当企业的盈余发生变动时，企业发放的股利也随之发生变动。企业获得盈余较多的年份股利额高，企业获得盈余较少的年份股利额低。

企业如果采用该政策，它的决策程序是：①确定固定的支付比率；②按照支付比率和税后利润计算应该发放的股利。

采用固定的股利支付率政策，优点在于能使股利与企业的盈余紧密地配合，企业盈余较多的话，发放的股利也较多，当企业盈余较少的话，发放的股利也随之变少，如果企业没有盈余的话则不发放股利，这体现了企业多盈多分、少盈少分、不盈不分的原则。但是，该原则也造成了企业每年发放的股利随着盈余的波动而波动，容易给股东造成一种企业不稳定的感觉，不利于稳定股票的价格。

（四）正常股利加额外股利政策

正常股利加额外股利政策是指企业在一般情况下只支付固定的、数额较低的股利，但如果企业某一年度盈余较多的话，可以根据实际情况向股东发放额外股利。不过额外股利并不固定化，如果企业在某一年度发放了额外股利，并不意味着企业自此之后每年都提高了股利支付率。

采用正常股利加额外股利政策，企业股利决策程序主要分为两个方面：①确定每年支付的固定股利的数额；②在企业获得高盈余的年份，确定该年度增加的股利发放额。

采用正常股利加额外股利政策，使得企业的股利政策具有较大的灵活性。而且执行该股利政策，企业每年发放的股利有一个固定的下限，这可以保证那些对股利依赖度高的股东可以得到虽然比较低但是比较稳定的股利收入。

三、中国上市公司的股利政策规定

中国上市公司的股利支付方式主要包括现金股利和股票股利，表现为派现、送股和转股，其中，派现为现金股利的表现形式，送股和转股为股票股利的表现形式，送股和转股均是投资者无偿获得上市公司股票的方式。送股是上市公司将未分配利润转至股本，发放股票作为股利，公司股本增加，总资产、总负债和股东权益不变，每股净资产降低。转股是公司将资本公积转为股本，公司股本增加，总资产、负债和股东权益不变，每股净资产降低。对于投资者来说，送股与转股的效果相同，两者的区别在于送股来自公司的税后净利润，只有在公司有盈余的情况下，才能向投资者送股，而转股来自资本公积，不受公司可分配利润的限制，只受到资本公积数量的影响。

上市公司现金分红是实现投资者投资回报的重要形式，为了引导和规范中国上市公司现金分红，中国证券监督管理委员会对上市公司股利分配提出了相应的监管要求，一系列的制度规定使得中国上市公司的股利分配政策具有半强制性。

1997 年 12 月 6 日颁布的《上市公司章程指引》（后经多次修订）中允许增发、配股、送股、转股等行为。2000 年 4 月 30 日颁布的《上市公司向社会公开募集股份暂行办法》对上市公司公募发行的盈利性提出了更高的要求。2001 年 3 月 28 日颁布的《上市公司新股发行管理办法》希望规范上市公司的配股和增发行为，要求上市公司分红派息，对没有分红派息的，要求担任主承销商的证券公司在尽职调查报告中给予说明。2004 年 12 月 8 日颁布的《关于加强社会公众股东权益保护的若干规定》明确要求未进行现金分红的上市公司不可面向社会公众增发新股、发现可转换公司债券或向原有股东配售股份。2006 年 5 月 6 日颁布的《上市公司证券发行管理办法》对申请发行证券的上市公司以现金或股票方式累计分配的利润做出了具体要求。2008 年 10 月 9 日施行的《关于修改上市公司现金分红若干规定的决定》对现金分红提出了更高要求：①在《上市公司章程指引(2006 年修订)》第一百五十五条增加一款，作为第二款："注释：公司应当在章程中明确现金分红政策，利润分配政策应保持连续性和稳定性"。②在《关于加强社会公众股股东权益保护的若干规定》第四条第(一)项增加规定："上市公司可以进行中期现金分红"。③将《上市公司证券发行管理办法》第八条第(五)项"最近三年以现金或股票方式累计分配的利润不少于最近三年实现的年均可分配利润的百分之二十"修改为："最近三年以现金方式累计分配的利润不少于最近三年实现的年均可分配利润的百分之三十"。

2013 年 11 月 30 日，中国证监会制订了《上市公司监管指引第 3 号——上市公司现金分红》(以下简称《指引》)。《指引》中指出，上市公司董事会应当综合考虑所处行业特点、发展阶段、自身经营模式、盈利水平以及是否有重大资金支出安排等因素，区分下列情形，并按照公司章程规定的程序，提出差异化的现金分红政策：

(1) 公司发展阶段属成熟期且无重大资金支出安排的，进行利润分配时，现金分红在本次利润分配中所占比例最低应达到 80%。

(2) 公司发展阶段属成熟期且有重大资金支出安排的，进行利润分配时，现金分红在本次利润分配中所占比例最低应达到 40%。

(3) 公司发展阶段属成长期且有重大资金支出安排的，进行利润分配时，现金分红在本次利润分配中所占比例最低应达到 20%。

公司发展阶段不易区分但有重大资金支出安排的，可以按照前项规定处理。

2020 年 2 月 14 日，中国证监会关于修改《上市公司证券发行管理办法》的决定指出，上市公司财务状况良好应符合以下分红规定：最近三年以现金方式累计分配的利润不少于最近三年实现的年均可分配利润的 30%。

中国上市公司股利政策的相关规定如表 9-8 所示。

表 9-8　中国上市公司股利政策的相关规定

发布时间	名称	内容
1997-12-16	《上市公司章程指引》(2014 年修订)	依照法律，法规的规定，经股东大会分别作出决议，可以采用下列方式增加资本： (1) 向社会公众发行股份； (2) 向现有股东配售股份； (3) 向现有股东派送红股； (4) 以公积金转增股本； (5) 法律、行政法规规定以及中国证监会批准的其他方式
2000-4-30	《上市公司向社会公开募集股份暂行办法》(已废止)	公司在最近三年内连续盈利，本次发行完成当年的净资产收益率不低于同期银行存款利率水平，且预测本次发行当年加权计算的净资产收益率不低于配股规定的净资产收益率平均水平，或与增发前基本相当

（续表）

发布时间	名称	内容
2001-3-28	《上市公司新股发行管理办法》(已废止)	公司最近三年未有分红派息,董事会对于不分配的理由未作出合理解释。担任主承销商的证券公司应当重点关注,并在尽职调查报告中给予说明
2002-7-24	《中国证监会关于上市公司增发新股有关条件的通知》(已废止)	最近三个会计年度加权平均净资产收益率平均不低于10%,且最近一个会计年度加权平均净资产收益率比不低于10%。扣除非经常性损益后的净利润与扣除前的净利润相比,以低者作为加权平均净资产收益率的计算依据
2004-12-8	《关于加强社会公众股股东权益保护的若干规定》	上市公司董事会未作出现金利润分配预案的,应当在定期报告中披露原因,独立董事应当对此发表独立意见。上市公司最近三年未进行现金利润分配的,不得向社会公众增发新股,发行可转换债券或向原有股东配售股份
2006-5-6	《上市公司证券发行管理办法》	最近三年以现金或股票方式累计分配的利润不少于最近三年实现的年均可分配利润的百分之二十
2008-10-9	《关于修改上市公司现金分红若干规定的决定》	①在《上市公司章程指引》(2006 年修订)第一百五十五条中增加一款,作为第二款:"注释:公司应当在章程中明确现金分红政策,利润分配政策应保持连续性和稳定性"。②在《关于加强社会公众股股东权益保护的若干规定》第四条第(一)项增加规定:"上市公司可以进行中期现金分红"。③将《上市公司证券发行管理办法》第八条第(五)项"最近三年以现金或股票方式累计分配的利润不少于最近三年实现的年均可分配利润的百分之二十"修改为:"最近三年以现金方式累计分配的利润不少于最近三年实现的年均可分配利润的百分之三十"
2013-11-30	《上市公司监管指引第3号——上市公司现金分红》	第四条:上市公司应当在章程中明确现金分红相对于股票股利在利润分配方式中的优先顺序。具备现金分红条件的,应当采用现金分红进行利润分配。采用股票股利进行利润分配的,应当具有公司成长性、每股净资产的摊薄等真实合理因素。 第五条:上市公司董事会应当综合考虑所处行业特点、发展阶段、自身经营模式、盈利水平以及是否有重大资金支出安排等因素,区分下列情形,并按照公司章程规定的程序,提出差异化的现金分红政策: (一) 公司发展阶段属成熟期且无重大资金支出安排的,进行利润分配时,现金分红在本次利润分配中所占比例最低应达到 80%; (二) 公司发展阶段属成熟期且有重大资金支出安排的,进行利润分配时,现金分红在本次利润分配中所占比例最低应达到 40%; (三) 公司发展阶段属成长期且有重大资金支出安排的,进行利润分配时,现金分红在本次利润分配中所占比例最低应达到 20%; 公司发展阶段不易区分但有重大资金支出安排的,可以按照前项规定处理

（续表）

发布时间	名称	内容
2020-2-14	《关于修改〈上市公司证券发行管理办法〉的决定》	最近三年以现金方式累计分配的利润不少于最近三年实现的年均可分配利润的百分之三十

第五节　股利政策理论

西方学者从20世纪50年代开始关注股利政策，综合现有关于股利政策的研究，我们可以发现如下有趣的现象：

第一，企业发放的股利往往与收益呈现同向变化，企业收益增加了，发放的股利也会增加，反之亦然。

第二，股利的变动比收益的变动要小得多。我们在第一点当中提到，企业的股利会随着收益的变动而同向变动，但股利的变动程度比收益的变动程度要小很多。企业一般只有在预期未来能够大幅度提高收益时才会提高股利支付，也只有在迫不得已的情况下才会削减股利。

第三，企业的股利政策与其所处的生命周期阶段有关。企业的生命周期可以用投资机会和企业增长这两个因素来进行刻画。不同的生命周期阶段，投资机会和企业增长情况不同，与之相适应的股利政策也不同。企业的生命周期大致可以分成四个阶段：

(1) 开发阶段。当企业出于开发阶段时，企业需要大量的资金投入。而由于企业刚成立，企业的现金流入几乎为零。在这个阶段，企业不会发放现金股利。

(2) 迅速扩张阶段。在这个阶段企业可以收到现金。但是收到的现金与企业的价值相比较低，因此这个阶段企业不发放股利或者只发放很低的股利。

(3) 成熟增长阶段。企业进入这个阶段，之前的投资项目逐渐得到回报。企业的现金流量占企业价值的比重上升。在这个阶段企业会增加股利。

(4) 衰退阶段。衰退阶段是生命周期的最后一个阶段。处于这个阶段的企业现金流量也很充裕。由于已经处于投资项目的晚期，企业可以回购股票。

第四，企业的股利政策具有“刚性”，在短期内企业的股利政策一般不会发生变化。我们在第二点中提到，股利的变动比收益的变动要小得多，也就是说，股利的变动比收益平滑，企业一般不调整股利。只有当企业预期未来能够获得更高的收益才会增加股利支付；削减股利可能在市场上产生负面影响，因此企业一般情况下不会削减股利。正是由于这两个原因，企业的股利政策呈现出“刚性”的特征。

在对股利政策的一系列现象进行分析的基础上，学者们形成了诸多的理论成果。这些理论成果大体可以分成三种类别：

(1)“股利无关论”认为股利决策不会改变企业价值，不管企业采用哪种股利政策，对股票的市场价格不会产生影响，这一流派的典型代表是MM的股利无关论。

(2)“股利有益论”认为股利政策会对企业的价值产生积极的影响,这种理论假定大部分的股东都喜欢股利并把股利的增加视为积极的信号。

(3) 和“股利有益论”类似,“股利有害论”也认为股利政策会对企业的价值产生影响,但“股利有害论”认为这种影响是消极的,该理论强调股利支付在税收上的不利。不同的学派之间争论的焦点在于如何权衡企业股利支付决策与未来长期发展之间的关系,以实现企业价值最大化的财务管理目标。

股利政策理论是指上市公司股利发放对公司股价或资本成本产生何种影响的理论,旨在回答公司应该发放多少股利,即股利支付率应为多少这一重要问题。公司的股利支付率在很大程度上依赖于股东对现金股利和资本利得的偏好,即依赖于股东是希望公司发放股利,还是保留较多的留存收益进行再投资,以便在未来获得资本利得。因此,公司应该在现期股利和股利的未来增长方面进行权衡。本节将介绍如下股利政策理论:MM 的股利无关论、“在手之鸟”理论、税收差别理论、顾客效应理论、信号假说理论和代理理论。

一、MM 的股利无关论

MM 的股利无关论由弗兰科·莫迪格里安尼和米勒于 1961 年合作发表的论文中提出。该理论认为在完美的资本市场条件下,股利政策不会影响公司的市场价值或资本成本,即公司的价值由公司投资决策所决定,而不是由公司的股利政策所决定。因此,该理论被称为股利无关论。

MM 的股利无关论建立在一系列假设的基础上,如下假设(1)~(4)是对完美资本市场的界定,(5)和(6)是对理性行为的界定、(7)和(8)是对完全的确定性的界定:

(1) 没有足以影响市场价格的证券买方和卖方。

(2) 所有的交易者均平等且无成本地获得相同的信息。

(3) 没有交易成本,如佣金、证券交易和转让费用、税收等。

(4) 在支付股利和资本利得之间以及在利润分配和不分配之间没有税负差别。

(5) 投资者更喜欢盈利而不是亏损。

(6) 对于投资者而言,财富的增加是通过股利还是资本利得并无区别。

(7) 企业的投资决策已确定并且已经为投资者所理解。

(8) 由于这种确定性,所有公司均发现相同的有价证券,即普通股。

MM 的股利无关论也被称为完美市场理论。MM 的股利无关论关键在于一套套利机制。通过套利机制可以使企业支付股利或者外部筹资这两项经济业务所产生的效益与成本正好相互抵销。股东并不关心企业股利的分配。对股东而言,企业是将盈余进行留存还是作为股利进行发放对他们没有任何影响,他们的财富并没有受到企业目前与未来的股利政策的影响。

根据 MM 的股利无关论,股利支付可有可无、可多可少,股利政策对公司股票价格没有实质性的影响,因此,公司无需花费大量的时间精力考虑股利政策的制定。

MM 的股利无关论以多种假设为前提,在现实生活中,这些假设并不存在,因此,股利无关论在现实条件下并不一定有效。但股利无关论的重要贡献在于,将对股利政策的研究建立在严谨的数学方法之上，后人的研究正是在逐步放松 MM 理论的一系列假设之上完成的。

二、“在手之鸟”理论

股利无关论的重要假设之一是股东对股利和资本利得并没有偏好，“在手之鸟”理论正是建立在对这一假设的批判之上的。

“在手之鸟”理论的代表人物是戈登和林特纳。该理论认为，股东的投资收益来自现金股利和资本利得两个方面。企业对每年的税后利润有两种处理方式：一种是以现金的形式发放给股东，另一种是留存下来进行再投资。当企业提高当期的现金股利支付时，用于未来进行发展的盈余就减少了，企业的股东在获得更多的当期现金收益的同时，面临着企业未来收益减少的危险。而如果企业降低当期的现金股利支付时，用于未来进行发展的盈余就增加了，企业的股东虽然在当期获得的现金股利减少，但是有可能在未来获得更多的收益。“在手之鸟”理论认为，企业的股东是风险厌恶者，虽然资本利得在数量上比较诱人，但股市变化莫测，风险比较大，而现金股利尽管数额可能不如资本利得，但却是实实在在的收益。因此，股东更偏好现金股利，而非资本利得。

“在手之鸟”理论认为股利比资本利得具有相对的确定性，因此，公司在制定股利政策时应维持较高的股利支付率。

资本利得好像林中之鸟，虽然看上去很多，但却不一定能够抓得到。而现金股利就像是手中之鸟，是股东能够得到的现实收益。因此，股东更偏好于现金股利而非资本利得可以称为“二鸟在林不如一鸟在手”，该股利政策理论称为“在手之鸟”理论。它是传统的股利政策理论。

按照“在手之鸟”理论，当企业支付越多的现金股利时，股东承担的收益风险越小，他们所要求的最低权益报酬率相应地也越低，那么根据“企业的权益价值＝分红总额÷权益资本成本”，企业的权益价值将相应越高。如果企业支付的现金股利变少，股东承担的收益风险将变大，他们所要求的最低权益报酬率相应地变高，于是企业的权益价值将降低。然而，实际上影响企业收益不确定性的是企业投资决策的风险性，而不是股利政策。也就是说“在手之鸟”理论混淆了投资决策与股利决策对股票价值的影响。

另外，一般来说高风险企业还不成熟，大多处于成长期阶段，自身的利润不稳定，此时，企业的管理者倾向于选择内部融资，不愿意向外部融资，于是企业一般采取低股利政策。而那些风险比较低的企业，大多处于成熟期或者衰退期，会发放比较高的现金股利。因此，应当是高风险导致了低股利，而不是低股利导致高风险。

三、税收差别理论

MM 的股利无关论中的另一重要假设是不存在公司和个人的所得税。税收差别理论正是建立在对这一假设的批判之上的。

税收差别理论由莱森伯格和拉姆斯韦于 1979 年提出。该理论认为发放股利存在税收上的劣势。政府对股利征收的税率往往比资本利得要高得多。因此股东会偏好资本利得而非派发现金股利。即使政府对股利征收的税率与资本利得的相同，股利仍然在税收上有劣势。投资者对资本利得可以决定在何时出售股票并进行纳税，但是投资者却无法选择何时收到股利并纳税。考虑到货币时间价值,这种税收延期的特点给资本利得提供了另一个优势。因此,该理论认为高股利支付率将导致股价下跌,低股利支付率则会使股价上涨,公司可以通过削减股利来提供股票价值,当股利为零时,股票价值最大。

根据税收差别理论,公司在制定股利政策时应采取低股利支付率的政策。由于税收的影响(股利的税率比资本利得的税率高),低股利支付率的股票比高股利支付率的股票能够为股东带来更高的税后投资回报率。因此,股东自然希望公司少付股利而将较多的盈余保留下来作为再投资使用。

四、顾客效应理论

顾客效应理论是对税收差别理论的进一步发展。税收差别理论研究的是由于资本利得的税率与股利税率之间的差异导致股东的偏好,顾客效应理论研究的是处于不同税收等级的股东对待股利态度的差异。企业的股东对股利存在明显的偏爱。收入高的股东由于其拥有较高的税率而表现出偏好低股利支付率的股票,他们希望企业不分配或者少分配股利,相反地,收入低的股东由于其面临的税率较低而表现出偏好高股利支付率的股票,希望企业支付较高且稳定的股利。股东的边际税率的差异性导致了他们对待股利政策态度的差异性。边际税率高的投资者会选择低股利支付率的企业,而边际税率低的投资者选择高股利支付率的企业,这种股东聚集在满足各自偏好的股利政策的企业的现象叫做“顾客效应”。

顾客效应理论告诉我们,企业是通过股利政策吸引得到了满意的投资者,因此企业在制定或者调整股利政策时一定要考虑股东对股利政策的要求。另外,按照顾客效应理论,投资者都投资于最满足他们偏好的股利政策的企业,那么企业的价值就不应受到股利政策的影响。该理论实际上从另一个角度证明了股利无关论。

五、信号假说理论

MM 的股利无关论假设投资者与管理者拥有相同的信息,但这一条件在现实生活中往往是不成立的。有些学者放宽了 MM 股利无关论的这一前提假设,他们认为在现实生活中,管理者与企业外部投资者之间存在信息不对称,管理者往往拥有更多的关于企业经营情况和发展前景的内部信息,因此好的企业往往会采取差的企业难以仿效的行动,以此向市场传递自身质量的积极信号,增加股利可以看作是这种行为。股利可以看作是管理者向外界传递其掌握的内部信息的一种机制,特别是企业本期股利与以前期间的股利支付水平以及变化程度的信息,使企业外部投资者从股利信息中对企业的经营状况与发展前景作出判断。企业发放股利无疑增加了成本,而股利的支付一般都是稳定的。企业愿意发放股利,表明他们相信自己有能力在长期内创造出所需的现金流量。这个积极的信号会导致对企业价值的重新评估以及股价的上涨。

如果企业的管理当局预期企业的发展前景良好,未来业绩将有大幅度的上升,他们就会通过增加股利的方式将这一信息传递给外部投资者,企业的股价会相应地上升。相反地,如果他们对企业未来的发展前景不看好,认为企业的业绩在未来会出现滑坡,他们就会通过减少股利支付的方式将这一消息传递给外部投资者,企业的股价会出现相应的下降。显然,信号假说理论赞成高股利支付率的政策。

但是，需要着重指出的是，对企业为何提高股利作出解释时，必须十分谨慎，并不是所有的增发股利的信息都传递有利信号，也并不是所有削减股利的信息都传递了不利信号。如果企业进入成熟期，盈利能力比较稳定，此时企业宣布发放高额股利可能意味着企业没有新的前景看好的投资项目，企业未来的业绩可能并不乐观，在这种情况下，企业的股票价格会下降。而如果企业由于拥有较多前景看好的投资项目，需要为新增的投资项目提供融资而留存更多的利润，企业可能会减少股利支付。显然，在这种情况下，企业的未来业绩将有大幅提升，企业的股票价格应该上升。

诚如上文中所提到的，好的企业把增加股利作为向金融市场传递积极信息的一种方式，但对股东而言，得到股利的税收负担比资本利得的税收负担重。利用发放股利是不是传递企业质量信号的最有效的方式？对小企业而言，股东获得企业信息的渠道较少，答案或许是肯定的。但对大企业来说，股东可以通过多种渠道得到它的消息，因而股利就未必是成本最小、最有效的信号。

六、代理理论

MM的股利无关论隐含的一个重要假设是：公司的管理者与股东之间的利益是一致的，管理者致力于股东财富最大化，即管理者与股东之间不存在利益冲突。然而，这种假设在所有权和经营权普遍分离的现代企业中实际上是不可能的。此外，股利无关论的一个重要假设是管理者与股东之间信息是对称的。代理理论就是放松上述假设而发展起来的。

代理理论认为管理者与股东之间存在利益冲突，加上信息不对称，管理者有机会和能力实施损害股东利益的行为，从而导致代理成本的发生。而股利的支付能够有效降低代理成本。第一，股利的支付减少了管理者对自由现金流的支配权，限制了其实施自利行为的资金来源，能促进企业现金流的最佳配置；第二，大额股利的发放使得公司资本由留存收益供给的程度降低，为了满足新增投资的需求，公司必须寻求外部融资。而进入资本市场融资意味着公司将接受更多更严格的监督和审查，潜在投资者实际上帮助老股东监督管理者，使得股利支付成为约束管理者的监控机制。尽管外部融资成本较高，而且现金股利可能征收双重税收，但大大降低了代理成本，增加了股东的利益和公司价值。

根据代理理论，在投资规模一定的前提下，公司发放的现金股利越多，需要在资本市场筹集的资本也越多，高股利支付率迫使公司接受资本市场的监督，从而在一定程度上降低了代理成本。因此，代理理论赞成高股利支付率的股利政策。

本章小结

1. 企业的净利润是税前利润扣除所得税之后剩下的净额。税前利润需要按照国家的规定缴纳一定比例的所得税，但国家计税基础并不是企业的税前利润。在计征企业所得税时，必须对企业的税前利润进行调整，再对调整后的税前利润计征企业所得税。

2. 利润分配按下列顺序进行：弥补亏损、计提法定公积金、向优先股股东支付股利、计提任意公积金和向普通股股东支付股利。

3. 股利支付的程序包括确定股利宣告日、股权登记日、除息日和股利支付日等几个重要的日期。

4. 股利支付的方式有现金股利、股票股利、财产股利和负债股利。

5. 发放股票股利并不影响企业的所有者权益总额,但会引起所有者权益各项目的结构发生变化。股票分割和股票股利从经济意义上说几乎没有区别,但从会计意义上讲,两者有着巨大的差别。

6. 股票回购是指企业出资购回自身发行在外的股票,它是支付现金股利的最广泛的替代方式。

7. 企业在制定股利政策时,需要考虑法律规定、公司因素和股东因素等限制条件。

8. 股利分配政策有剩余股利政策、固定或持续增长股利政策、固定股利支付率政策和低正常股利加额外股利政策。

9. MM的股利无关论认为,股东并不关心企业股利的分配。对股东而言,企业是将盈余进行留存还是作为股利进行发放对他们没有任何影响,他们的财富并没有受到企业目前与未来股利政策的影响。

10. “在手之鸟”理论认为,股东是风险厌恶者,他们会偏好现金股利。

11. 税收差别理论认为发放股利存在税收上的劣势。政府对股利征收的税率往往比资本利得要高得多。因此股东会偏好资本利得而非派发现金股利。

12. 顾客效应理论研究不同税收等级的股东对待股利态度的差异。边际税率高的投资者会选择低股利支付率的企业,而边际税率低的投资者选择高股利支付率的企业,这种股东聚集在满足各自偏好的股利政策的企业的现象叫做“顾客效应”。该理论实际上从另一个角度证明了股利无关论。

13. 信号假说理论认为,管理者与企业外部投资者之间存在信息不对称,管理者往往拥有更多的关于企业经营情况和发展前景的内部信息,因此好的企业往往会向市场传递自身质量的积极信号,增加股利可以看作是这种行为。

14. 代理理论认为在投资规模一定的前提下,公司发放的现金股利越多,需要在资本市场筹集的资本也越多,高股利支付率迫使公司接受资本市场的监督,从而在一定程度上降低了代理成本。

思考题

1. 企业在制定股利政策时,需要考虑哪些法律规定、公司因素和股东因素?

2. 股利政策类型有哪些? 各自的具体内容是什么?

3. 股票股利和股票分割有哪些异同点?

4. 股票回购有哪些方式? 它具有什么意义?

5. 股利政策理论有哪些? 主要有哪些观点? 各自内容是什么?

练习题

一、单选题

1. 以本企业持有的其他企业的股票作为股利发放的股利属于(　　)。

A. 负债股利　　B. 财产股利

C. 现金股利　　D. 股票股利

2. 如果企业的盈余和现金流量都不稳定，那么对股东和企业都有利的股利分配政策是(　　)。

A. 剩余股利政策　　B. 固定股利支付率政策

C. 固定或持续增长的股利政策　　D. 正常股利加额外股利政策

3. 发放股票股利与现金股利相比，优点包括(　　)。

A. 避免企业的现金流出　　B. 提高企业的每股收益

C. 可以提高每股价格　　D. 有利于改善企业的资本结构

4. 制定股利分配政策时，股东从自身利益出发，应该考虑的限制因素是(　　)。

A. 未来投资机会　　B. 盈余的稳定性

C. 控制权的稀释　　D. 债务合同的约束

5. 有权领取本期股利的股东资格登记截止日期是(　　)。

A. 股利宣告日　　B. 股利发放日

C. 除息日　　D. 股权登记日

二、多选题

1. 下列方式中，可以改变企业资本结构的有(　　)。

A. 股票股利　　B. 现金股利

C. 负债股利　　D. 股票回购

E. 股票分割

2. 发放股票股利后，如果企业盈利总额和市盈率不变，则下列表述正确的有(　　)。

A. 每股收益下降　　B. 持股比例下降

C. 每股市价下降　　D. 每位股东所持股票的市场价值总额不变

3. 采用固定股利支付率对企业的不利因素表现在(　　)。

A. 股利支付与企业盈余脱节，资金难以保证

B. 每年发放的股利随着盈余的波动而波动，容易给股东造成企业不稳定的印象

C. 不利于稳定股票的价格

D. 固定的股利支付加重企业的财务负担

4. 企业进行股票分割产生的后果有(　　)。

A. 股东权益各项目的结构发生改变　　B. 每股盈余不变

C. 股东权益总额不变　　D. 每股市价下降

三、计算与分析题

1. A 企业制定了未来 3 年的投资计划，相关信息如表 9-9 所示。

表 9-9 投资计划表 单位:元

年份	下年度内的总投资额	年度内的总净利润
1	250 000	230 000
2	300 000	290 000
3	280 000	320 000

企业的目标资本结构为负债与权益比率为 2∶3,企业流通在外的普通股有 100 000 股。

要求:

(1) 如果企业每年采用剩余股利政策,每年发放的每股股利为多少?

(2) 如果企业采用每年每股 0.5 元加上年终额外股利,额外股利为净收益超过 200 000 元部分的 70%,则每年应发放的股利为多少?

2. ABC 公司目前发行在外的股数为 1 000 万股,每股面值为 1 元,本年的税后利润为 4 200万元,下一年计划投资 5 000 万元,预计该企业的产品销路非常稳定。该企业目前负债与权益比为 2∶3,如果未来继续保持当前资本结构,并想继续执行 30%的固定股利支付率政策。

(1) 企业本年末应分配的股利为多少?

(2) 企业在明年为扩充上述生产能力必须从外部筹资多少权益成本? 如果按 5 倍的市盈率增加发行股票,应增加发行多少股?

3. XYZ 企业本年实现的净利润为 300 万元,资产合计为 1 500 万元,年终利润分配前的股东权益项目资料如表 9-10 所示:

表 9-10 股东权益项目资料 单位:万元

股本一普通股(每股面值 2 元,100 万股)	200
资本公积金	80
未分配利润	900
所有者权益合计	1 180

已知股票目前的市价是 10 元。

要求:计算并回答下述互不相关的问题:

(1) 计划按每 10 股送 1 股的方案发放股票股利,如果股票股利按市价确定,计算完成这一分配方案后的股东权益各项目数额,以及每股收益和每股净资产。

(2) 如果计划将每 1 股分割为 2 股,计算完成这一分配方案后的股东权益各项目数额,以每股收益和每股净资产。

本章案例: 华宝股份实控人股利套现之路

2019 年 3 月 13 日,刚在创业板上市一周年的华宝股份(300741.SZ)迎来了深圳证券交易所的关注函，要求公司说明2018年利润分配预案的确定依据，并结合公司经营规模发展、收购兼并计划、融资计划及成本测算等分析此次利润分配是否符合公司长远发展的战略，是否对公司可持续经营造成影响。这究竟是怎么回事呢？原来华宝股份在3月12日晚间披露了《关于2018年度利润分配预案公告》，公告中显示公司将向全体股东实施每10股派发40元的现金股利，累计派送现金24.63亿元。这则消息一出，瞬间引起资本市场广泛的注意，股民们纷纷被华宝股份"土豪式分红"的作派给吸引了，大家都在好奇这家以香精业务为主的制造业公司，哪来的这么多钱进行分红？这是要赶超茅台么？

一夕成名的华宝股份成为了众多机构投资者和财经人士日常讨论研究的焦点，大家开始深扒这家公司的股权结构、经营模式和财务状况等有什么特别之处，使得公司能够如此慷慨解囊。最后投资者们发现，华宝股份实际上是华宝国际(0336.HK)分拆出自身香精业务然后在A股上市的一家公司，而华宝股份的实控人是有着"抽水女王"之称的华宝国际控股股东朱林瑶女士。那么华宝股份如此"高调"的派现行为是公司真的钱太多了花不完从而回馈股东，还是另有其他的目的呢？此次超水平派现又会对公司造成怎样的影响呢？

一、相关背景介绍

20世纪90年代，出生于广东省茂名市电白区的林国文最先创立了上海华宝公司，之后林国文在因缘际会之下结识了当时也看好国内香精业务发展的朱林瑶女士，随后两人结婚并于1996年在上海成立了华宝食用香精香料(上海)有限公司。婚后不久，林国文便退居公司"幕后"，将公司的法人代表转给朱林瑶，由此朱林瑶一举成为公司的直接控制人和受益人。

华宝食用香精香料(上海)有限公司(以下简称"华宝国际")在朱林瑶女士的管理下不断发展壮大，并于2006年在香港联合交易所成功上市，股票代码为"00336.HK"。由于实控人朱林瑶女士深谙资本运作，对其所持股份进行了一系列的"低买高卖"的资本操作，使得华宝国际在上市后至2010年年底，股价上涨了10倍，总市值也由2006年年初的2.97亿港元飙升至2010年底的396.22亿港元。令人难以置信的是，朱林瑶在从股票市场套现近百亿港元赚得盆满钵满后，却仍然稳坐华宝国际大股东的位置，因此朱林瑶女士在中国香港资本市场被尊称为"抽水女王"。

在港股市场叱咤风云之后，华宝国际又将目光转向了A股市场。2016年8月，华宝国际向香港联合交易所递交了拟分拆华宝国际下属香精业务于中国境内的证券交易所上市的申请。2016年10月，香港联合交易所同意华宝国际继续依据境内的相关规定实施分拆。在一系列的IPO申请准备工作后，华宝股份于2018年3月1日在深圳证券交易所创业板正式挂牌上市，此次发行普通股共计6 159万股，公司股票代码为"300741"。华宝股份的主营业务与华宝国际基本相同，主要从事烟用香精、食品用香精、日用香精及食品配料的研发、生产、销售及服务。华宝股份旗下拥有"喜登""华宝""孔雀""天宏""华芳"等一系列知名香精品牌以及30多家下属企业，同时又是云南、上海、湖南、浙江、广东等19个省(市)的省级中烟工业公司的供货商，它在业内尤其是烟用香精领域具有很高的市场和客户认可度，产品销售额在业内一直名列前茅。

（一）控股股东面临的困境

华宝股份2018年利润分配预案公布前，朱林瑶董事长对其所控制的除华宝股份公司外的40多家公司的经营状况进行了了解，她发现，自己大部分的公司由于经营方面存在问题，导致上一年期末净利润为正的公司占比不到四成。这些亏损的公司若想继续存续下去，就需要大股东补充足够的流动资金，从而维持公司的正常运转。满脸愁容的朱董事将财务总监小王叫来了董事长办公室，问到："现在我们公司账上还有多余的流动资金来补充给A公司吗?"小王皱了皱眉头，小声回答："由于上一年公司为了上市，董事长您募集了大量的资金用于股票的发行，现在虽然公司上市了但您的股份却处于限售期间，无法在二级市场上流通交易，所以公司本身用于经营活动的资金就非常有限，恐怕无法补充给其他公司了。"

听完小王的汇报，董事长愁眉不展，"看样子得想办法通过一些合法途径获得一笔资金了"。

（二）"得天独厚"的机会

2019年1月初，华宝股份财务部员工们在加班熬夜了几周后终于完成了公司上一年度财务报表的汇总和编制，财务总监小王怀揣着这份刚刚"出炉"的成果敲响了朱林瑶董事长办公室的门。小王推开门，将手中的报表谨慎地递交给面前的董事长。华宝股份公司2018年的年度财务报表情况如下：2018年的营业收入合计21.85亿元，同比2017年下降了1.32%；而净利润为11.94亿元，同比增长2.31%。总的来说，公司的销售额有所下降，但是产品的利润率有所提高，近几年的营业收入和净利润的变化情况具体如图9-1所示。

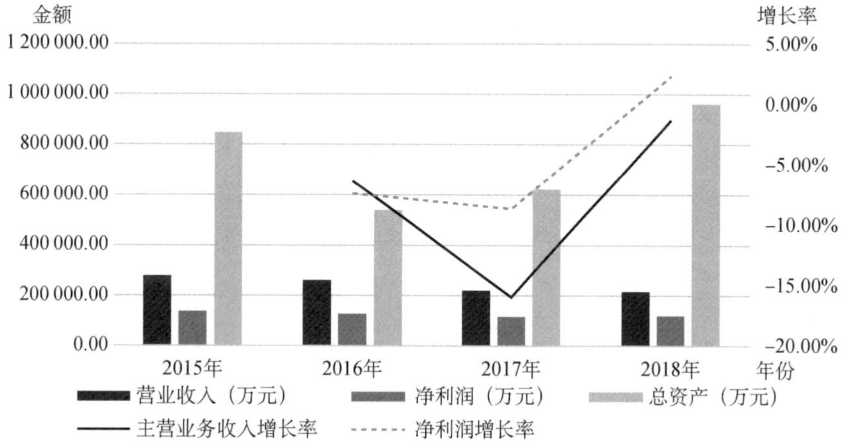

图9-1 华宝股份公司2015—2018年的盈利状况

除了盈利状况，由于华宝股份公司基本没什么负债，因此资产负债率一直保持在较低的水平。此外，由于公司实施的是定产定销模式，所以基本没什么存货，公司的资产也主要以流动资产为主，流动资产中货币资金占比达到一半以上。总的来说，公司的流动资产充足，偿债能力比较强，具体情况如图9-2所示。

华宝股份公司良好的财务状况使得公司积累了大量的未分配资产。此外，由于华宝国际通过股权控制关系间接控制着华宝股份，而华宝国际的控股股东朱林瑶女士凭借73.6%的持股比例间接持有了华宝股份59.75%的股权，成为华宝香精股份有限公司的实际控制人，具体如图9-3所示。

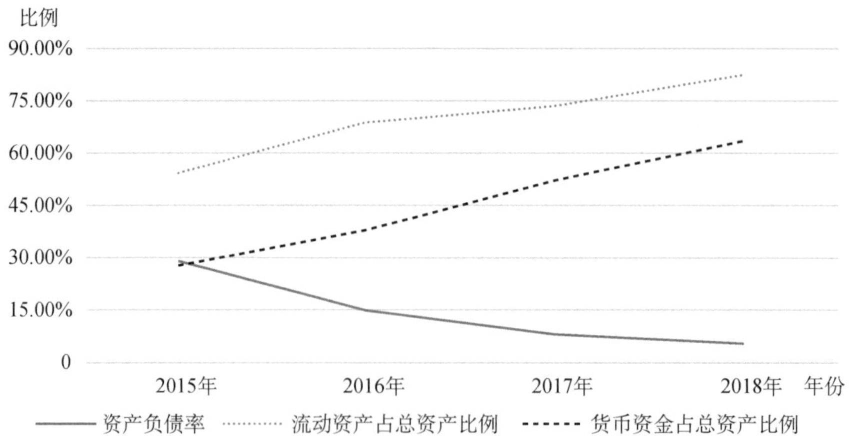

图 9-2　华宝股份公司 2015—2018 年的财务状况

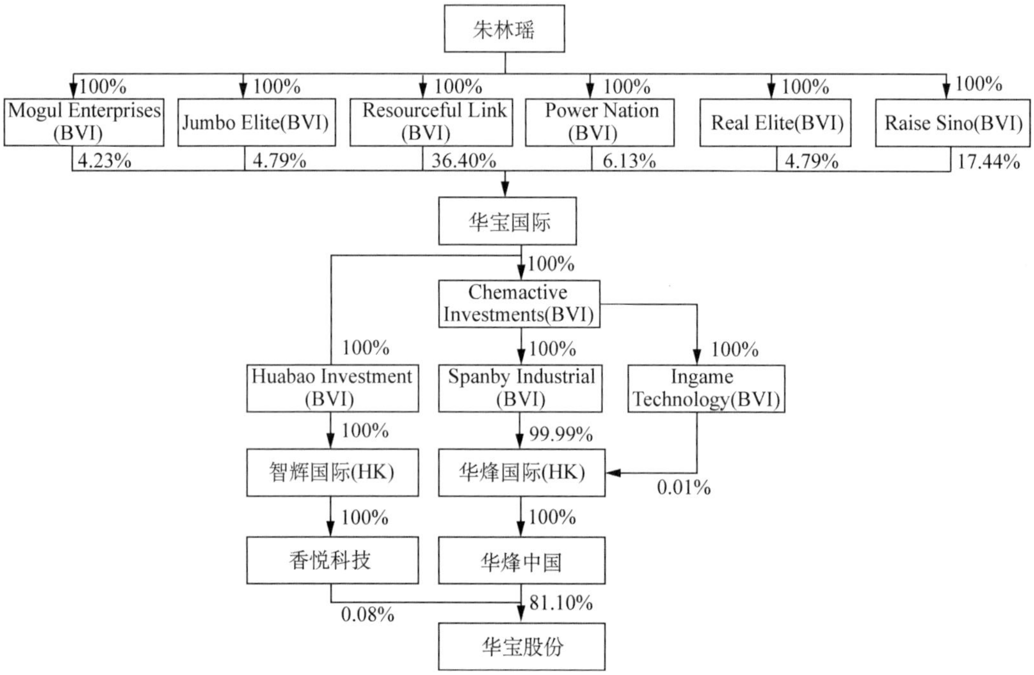

图 9-3　华宝股份实际控制人关系图

公司良好的财务状况和"一股独大"的股权特征，使得华宝股份朱林瑶董事长有机会通过"派现"的形式来将公司内部的资金合法转为自身收益。从华宝股份上市后分红的数据来看，公司 2018 年共计派现 24.64 亿元，股利支付率高达 209.54%，其中朱林瑶女士凭借自身间接持有的 59.75%的股份就直接分走了 14.72 亿元，大量的现金股利极大地缓解了大股东的资金压力。

二、案例回顾

（一）"现金奶牛"华宝股份的派现历史

华宝股份自 2018 年 3 月于创业板上市以来，连续几年均进行了高水平的现金分红，其中2018年更甚。公司2019年3月13日实施的2018年利润分配方案中每10股派发40元，此次派现总额高达24.64亿元，而2018年归属于母公司的净利润总额仅11.94亿元，公司股利支付率达到历史最高值209.54%。这次派现后公司的未分配利润也仅剩5 000余万元。

你以为华宝股份只是一时的"土豪"吗？在研究了华宝股份公司上市前的利润分配方案后，不难发现这家公司对股东真的一贯慷慨。根据华宝股份公司招股说明书的信息数据显示，华宝股份从2015年起至2017年每年都会进行现金分红。华宝股份在2015年至2017年三年间累计分红35.28亿元，分别占其三年净利润的116.23%、142.59%及10.73%。截至2021年3月，公司已累计分红6次，分红金额总额超过80亿元，除了2017年现金分红金额较少外，其余年份的发放比例均处于行业领先地位，且从未间断，具体见表9-11。

表9-11　华宝股份2015—2020年股利分配情况　　单位：万元

年份	分红方案(含税)	分红总额	宣告日期
2015	每10股派发32元	160 434.54	2016-04-29
2016	每10股派发32.5元	180 144.25	2016-12-08
2017	每10股派发2元	12 317.6	2018-06-06
2018	每10股派发40元	246 352.00	2019-03-13

（二）超额派现

为了能更好地理解华宝股份派现是否与其自身盈利相匹配，此处将引入一个专业名词"超额派现"。由于超额派现目前在学界里还未形成统一的定义和划分标准，但混合论为大部分学者在判定上市公司是否存在超额派现行为时所使用，即每股股利大于每股收益或每股股利大于每股经营活动现金净流量都被视为超额派现，所以本案例也将采取该观点来分析华宝股份的历年分红方案，对其行为是否属于超额派现进行判定，具体如表9-12所示。

表9-12　华宝股份超额派现判定

年份	每股股利(元)	每股收益(元)	每股经营现金净流量	净利润(万元)	股利支付率	是否构成超额派现
2015	3.2	—	2.87	137 920.31	116.32%	是
2016	3.25	2.46	2.07	127 718.95	142.59%	是
2017	0.2	2.07	2.6	116 656.11	10.73%	否
2018	4.0	1.94	2.06	119 369.71	209.54%	是

根据标准，华宝股份2015年、2016年以及2018年的派现行为属于超额派现，因为派现是由企业以前年度实现的利润为基础进行的，如果每股股利大于企业上一年实现的每股收益，则说明公司不仅将当年的利润进行了派分，还动用了以前年度的未分配利润。这说明华宝股份在公司上市前后一直偏好于高水平的现金股利政策，如何看待其行为所带来的经济

后果，还需要进行深刻的探究。

（三）华宝股份在行业中的派现“实力”

按照中国证监会最新的行业分类标准，华宝股份主营的香精业务属于“C 制造业”大类中的“26 化学原料和化学制品制造业”子类。根据 Wind 数据库中该行业各上市公司历年的派现数据信息显示，我们可以发现化学原料和化学制品制造行业整体派现行为比较普遍，派现率基本保持在 70%以上，这说明该行业重视对股东的分红回馈，虽然也可能是由于政策影响导致的。但同时，该行业也存在一些企业选择少派现甚至不派现，将收益留存，具体如表 9-13 所示。

表 9-13　2015—2018 年行业上市公司派现情况　　单位：家

年份	上市公司数	派现公司数	派现率
2015	172	114	66.28%
2016	200	149	74.50%
2017	228	186	81.58%
2018	235	177	75.32%

图 9-4 显示了华宝股份公司 2015—2018 年每股股利以及股利支付率与行业均值的对比情况。从图 9-4 中数据我们可以发现，除了 2017 年华宝股份实施比较保守的股利政策，导致股利支付率低于行业均值，但每股股利仍高于行业平均水平；其余年份华宝股份的每股股利以及股利支付率均显著高于行业均值，基本上达到几十倍的差距，这说明了华宝股份的派现水平处于行业的领先地位。

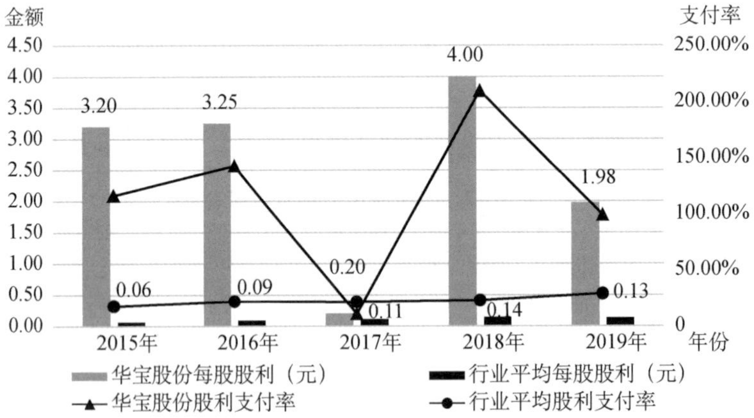

图 9-4　华宝股份公司每股股利及股利支付率与行业均值对比

此外，华宝股份公司每股收益及每股经营现金净流量均显著高于化学原料和化学制品制造业均值，且华宝股份公司的这两项指标波动幅度也更大，具体如图 9-5 所示。

具体来看，华宝股份公司每股收益和每股经营现金净流量基本维持在 2～2.5 元波动，而行业指标平均值维持在 0.5 元小范围浮动，两者的差距达 4～5 倍，但是相较于两者每股股利几十倍的差距还是要小得多。

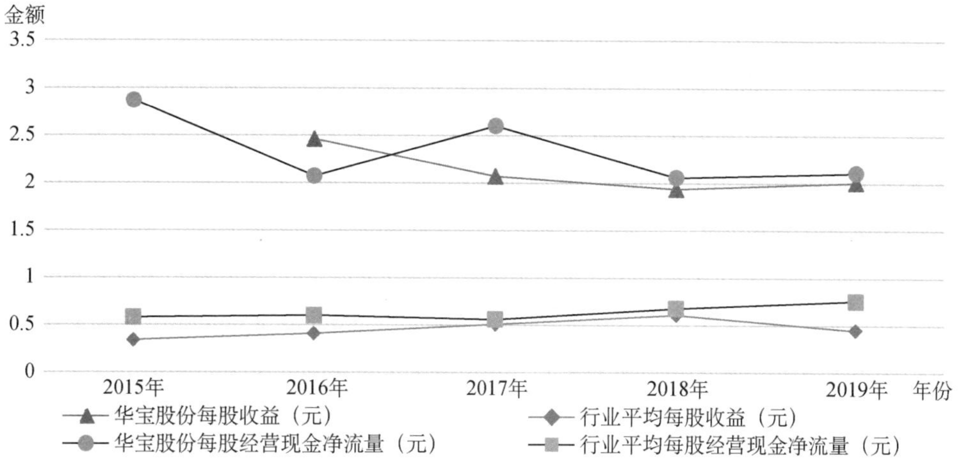

图 9-5　华宝股份公司每股收益及每股经营现金净流量与行业均值对比图

这说明虽然华宝股份每年的盈利状况和经营现金流状况要优于行业平均水平，但是其派现水平也远超过行业正常合理的范围。总体来说，华宝股份的派现能力以及派现水平在行业中都是名列前茅的。

三、华宝股份超派现后的经济后果

（一）股利宣告日前后市场表现

关于上市公司股利发放的几个重要日期有：股利宣告日、股权登记日、除息日以及股利发放日。

由于股利宣告日是上市公司首次将利润分配方案公示于众的日期，因此这一天往往是市场对企业股利政策反应最为强烈的时候，故本文选取该时间节点作为研究的基准点之一。华宝股份公司于 2019 年 3 月 13 日公布了公司 2018 年的利润分配预案，并于 4 月 15 日发放股利，关于该时间点前后的股价变化情况如图 9-6 所示。

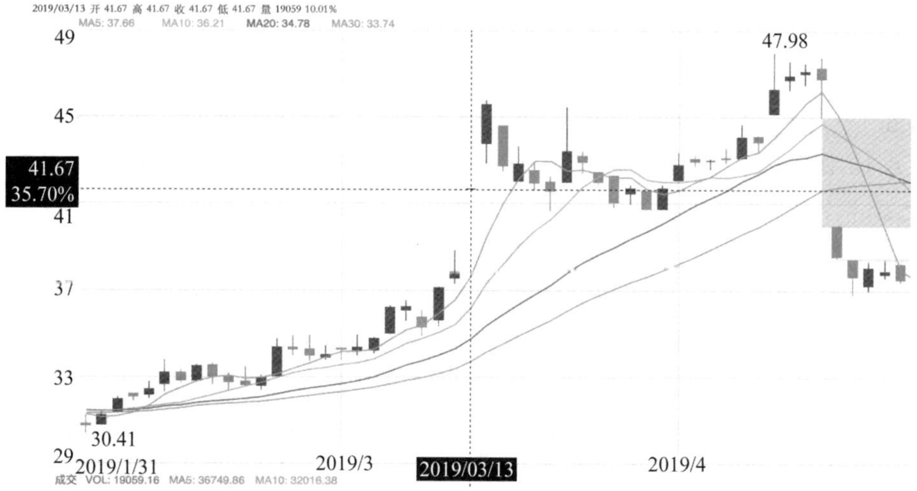

图 9-6　华宝股份公司 2019 年股利宣告日前后股价变动情况图

从图 9-6 我们可以看出，华宝股份公司在股利宣告日当天股价一字涨停，之后几天股价也持续上涨。那么投资者如此积极的市场情绪是公司自身超额派现股利政策引发的，还是股市整体处于利好态势导致的，我们需要通过计算当时的 CAR 值来进行判断。本案例以华宝股份公司股利宣告日前后 5 个交易日的股价的涨跌幅作为收益指标，并与深证成指的涨跌幅作差得出超额收益率，再计算窗口期内公司股价超额收益率的累计值，具体如图 9-7 所示。

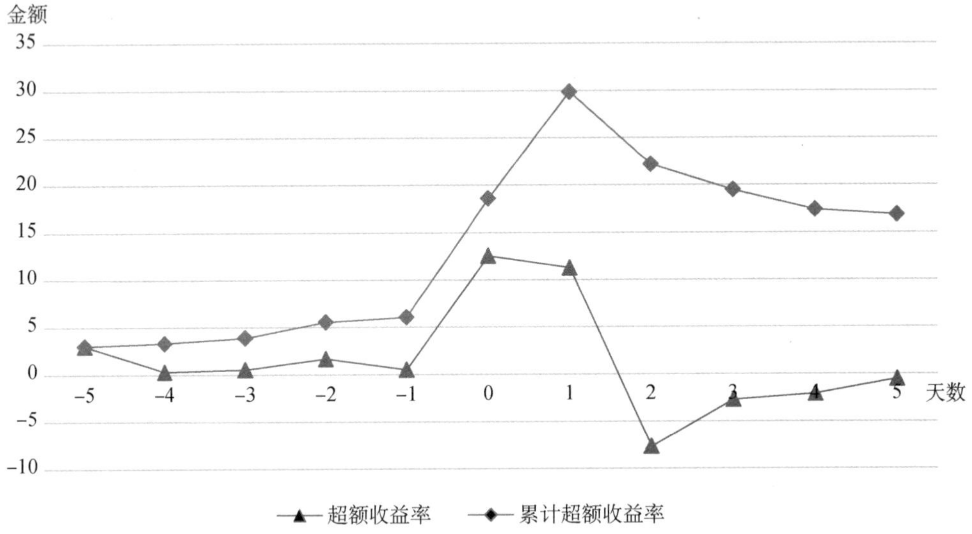

图 9-7　华宝股份公司股利宣告日前后超额收益率情况图

根据图 9-7 的数据显示，华宝股份公司的累计超额收益率在超额派现宣告日前后均出现了大幅度的上涨。然而在宣告日后的第二天，公司的股票收益率便开始持续低于市场指数收益率，累计超额收益率也不断下降，但仍为正值。

（二）股利发放日前后市场表现

除了股利宣告日外，股利发放日也是市场对企业超额派现反应最为强烈的一个时间节点。股利发放日意味着企业在这天会支付一大笔现金，流动资产减少；而符合享有股利资格的投资者也将取得最终的现金分红，企业超派现股利政策的运作暂时告一段落，之后投资者是否会继续持有公司的股票将面临挑战。

从图 9-8 中我们可以看出，华宝股份在股利发放日 4 月 15 日前几天，股价便开始上涨，并在 4 月 15 日这天出现派现阶段的最高值 47.98 元；而在股利发放日当天，公司股价高开低走，之后半个月股价也是一路下跌，具体如图 9-8 所示。

这说明超额派现结束后华宝股份市场反应不佳，但这究竟是公司自身引起的还是股市整体处于消极态势导致的，需要我们观察当时累计超额收益率的变化情况来得出结论。因此本案例将继续采用和宣告日相同的分析方法，将股利发放日前后 5 个交易日作为研究的窗口期，并计算出这一期间公司股票的超额收益率和累计超额收益率，具体如图 9-9 所示。

从图 9-9 中我们可以明显发现，公司的累计超额收益率在股利发放日之前还处于缓慢上升的趋势，但在股利发放之后便出现大幅下降，数值由正转负，虽然之后几天公司超额收益率有所回升并轻微震荡，但累计超额收益率仍为负值。

图 9-8 华宝股份公司 2019 年股利发放日前后股价变动情况图

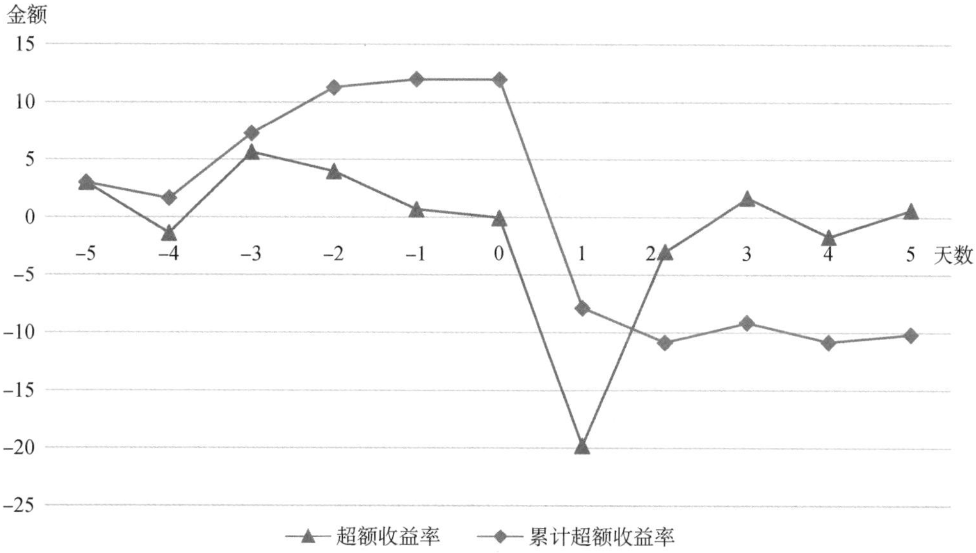

图 9-9 华宝股份公司股利发放日前后超额收益率情况

总的来说,华宝股份公司此次超额派现的股利政策不管是在股利宣告日还是股利发放日均产生了较强的市场反应。相同的是,在两个时间节点的窗口期内,股价都呈现先上升后下降的趋势;不同的是,这两天产生的市场绩效相反,股利宣告日公司股价一字涨停,说明市场对公司超派现的反应是积极的,而股利发放日股价高开低走,则说明市场反应是消极的。这样来看,虽然华宝股份公司发放的现金股利远高于行业的平均水平,但是大部分的投资者们依然相当谨慎,对公司未来的发展持观望态度,但股利发放日后公司股价一路下跌,也使许多中小投资者的利益受到了损害。

（三）募集资金计划投资项目进展缓慢

查阅华宝股份招股说明书中关于募集资金用途的介绍，我们知道华宝股份2018年上市募集到的资金投资额共计231 184.21万元人民币，主要用于华宝鹰潭食品用香精及食品配料生产基地项目（以下简称“华宝鹰潭”）、华宝拉萨净土健康食品项目（以下简称“华宝拉萨”）、华宝孔雀食品用香精及食品技术研发项目（以下简称“华宝孔雀”）这三个项目的建设以及企业流动资金的补充，具体项目名称及投资额如表9-14所示。

表9-14　华宝股份公司募集资金计划使用情况表　　单位：万元

项目名称	投资总额	募集资金投资额
华宝鹰潭食品用香精及食品配料生产基地项目	111 623.98	103 459.27
华宝拉萨净土健康食品项目	50 764.55	47 051.39
华宝孔雀食品用香精及食品技术研究项目	17 040.08	15 793.69
企业流动资金的补充	70 000.00	64 879.87
合　计	249 428.61	231 184.21

根据招股说明书的介绍，华宝鹰潭、华宝拉萨以及华宝孔雀项目原定计划建设周期分别为3年、2年和17个月，其中，华宝鹰潭和华宝拉萨这两个项目在华宝股份上市前，公司就与当地相关部门签署了国有建设用地使用权出让合同。按照公司原定规划，这三个实体项目最晚也应在三年内建设完成，但实际进度却如表9-15所示。

表9-15　华宝股份公司募集资金投资进度表　　单位：万元

项目简称	2018年第2季度	2018年年末	2019年第1季度	2019年第2季度
华宝鹰潭	7 288.28	9 784.49	10 089.95	7.04%
华宝拉萨	971.02	1 771.84	1 917.36	2.06%
华宝孔雀	16.91	16.97	17.05	0.11%
企业流动资金的补充	64 879.87	64 879.87	64 879.87	100%

虽说募集资金是一项专用资金，不能用来发放现金股利，但超派现毕竟是笔巨额的资金流失，对企业各方面均会产生影响。用于补充流动资金的募集资金，华宝股份公司在一开始便全部交付使用，故不对其进行具体分析。华宝股份公司超额派现行为的实际支付日为2019年4月，从表9-15我们能够发现，华宝股份在2019年一季度之前募集资金还是处于正常的使用状态，而到了2019年的第2季度，三项投资进度几乎没有实现增长，其中华宝鹰潭的变化最为明显，从2018年年末14倍的增长速度降至2019年第2季度的0.55%，第2季度企业并没有发生什么重大事件，唯一能够想到的就是现金股利的发放。因此可以认为，华宝股份公司此次超额派现行为对企业募集资金的使用进度造成了影响，使计划投资项目的建设放缓，不利于企业目标的完成。

案例思考题

1. 华宝股份公司历年分红方案中，为什么只有2017年采取低派现政策？为什么？

2. 华宝股份公司2019年股东大会通过2018年的利润分配方案后，市场出现了怎么的反应？股价出现了怎样的波动？分析出现波动的原因。

3. 华宝股份公司2018年超额派现带来的影响或经济后果有哪些？

分析思路

1. 华宝股份公司历年分红方案中，为什么只有2017年采取低派现政策？为什么？

分析思路：可以从当年公司准备申请IPO上市需要一定的资金支持、为2018年超额派现积累未分配利润等方面展开分析。

2. 华宝股份公司2019年股东大会通过2018年的利润分配方案后，市场出现了怎么的反应？股价出现了怎样的波动？分析出现波动的原因。

分析思路：依托“股利迎合假说”“信号传递理论”以及“理性的投资者”等理论分析投资者的心理变化，理解其前后的持股变化。

3. 华宝股份公司2018年超额派现带来的影响或经济后果有哪些？

分析思路：可以从企业市场反应、对企业自身的影响以及对中小投资者的影响三个方面展开，其中，对企业的影响可以从影响其IPO募集资金计划进展和企业经营发展等展开；对中小投资者的影响可以从其与控股股东各自持股成本和收益率不同展开。

附录一　复利现值系数表

表 1　复利现值系数表①

n	1%	2%	3%	4%	5%	6%	7%	8%	9%	10%	11%	12%	13%	14%	15%
1	0.9901	0.9804	0.9709	0.9615	0.9524	0.9434	0.9346	0.9259	0.9174	0.9091	0.9009	0.8929	0.8850	0.8772	0.8696
2	0.9803	0.5050	0.9426	0.9246	0.9070	0.8900	0.8734	0.8573	0.8417	0.8264	0.8116	0.7972	0.7831	0.7695	0.7561
3	0.9706	0.6645	0.9151	0.8890	0.8638	0.8396	0.8163	0.7938	0.7722	0.7513	0.7312	0.7118	0.6931	0.6750	0.6575
4	0.9610	0.6008	0.8885	0.8548	0.8227	0.7921	0.7629	0.7350	0.7084	0.6830	0.6587	0.6355	0.6133	0.5921	0.5718
5	0.9515	0.6247	0.8626	0.8219	0.7835	0.7473	0.7130	0.6806	0.6499	0.6209	0.5935	0.5674	0.5428	0.5194	0.4972
6	0.9420	0.6155	0.8375	0.7903	0.7462	0.7050	0.6663	0.6302	0.5963	0.5645	0.5346	0.5066	0.4803	0.4556	0.4323
7	0.9327	0.6190	0.8131	0.7599	0.7107	0.6651	0.6227	0.5835	0.5470	0.5132	0.4817	0.4523	0.4251	0.3996	0.3759
8	0.9235	0.6177	0.7894	0.7307	0.6768	0.6274	0.5820	0.5403	0.5019	0.4665	0.4339	0.4039	0.3762	0.3506	0.3269
9	0.9143	0.6182	0.7664	0.7026	0.6446	0.5919	0.5439	0.5002	0.4604	0.4241	0.3909	0.3606	0.3329	0.3075	0.2843
10	0.9053	0.6180	0.7441	0.6756	0.6139	0.5584	0.5083	0.4632	0.4224	0.3855	0.3522	0.3220	0.2946	0.2697	0.2472
11	0.8963	0.6181	0.7224	0.6496	0.5847	0.5268	0.4751	0.4289	0.3875	0.3505	0.3173	0.2875	0.2607	0.2366	0.2149
12	0.8874	0.6180	0.7014	0.6246	0.5568	0.4970	0.4440	0.3971	0.3555	0.3186	0.2858	0.2567	0.2307	0.2076	0.1869
13	0.8787	0.6180	0.6810	0.6006	0.5303	0.4688	0.4150	0.3677	0.3262	0.2897	0.2575	0.2292	0.2042	0.1821	0.1625
14	0.8700	0.6180	0.6611	0.5775	0.5051	0.4423	0.3878	0.3405	0.2992	0.2633	0.2320	0.2046	0.1807	0.1597	0.1413
15	0.8613	0.6180	0.6419	0.5553	0.4810	0.4173	0.3624	0.3152	0.2745	0.2394	0.2090	0.1827	0.1599	0.1401	0.1229
16	0.8528	0.6180	0.6232	0.5339	0.4581	0.3936	0.3387	0.2919	0.2519	0.2176	0.1883	0.1631	0.1415	0.1229	0.1069
17	0.8444	0.6180	0.6050	0.5134	0.4363	0.3714	0.3166	0.2703	0.2311	0.1978	0.1696	0.1456	0.1252	0.1078	0.0929
18	0.8360	0.6180	0.5874	0.4936	0.4155	0.3503	0.2959	0.2502	0.2120	0.1799	0.1528	0.1300	0.1108	0.0946	0.0808
19	0.8277	0.6180	0.5703	0.4746	0.3957	0.3305	0.2765	0.2317	0.1945	0.1635	0.1377	0.1161	0.0981	0.0829	0.0703
20	0.8195	0.6180	0.5537	0.4564	0.3769	0.3118	0.2584	0.2145	0.1784	0.1486	0.1240	0.1037	0.0868	0.0728	0.0611
25	0.7798	0.6180	0.4776	0.3751	0.2953	0.2330	0.1842	0.1460	0.1160	0.0923	0.0736	0.0588	0.0471	0.0378	0.0304
30	0.7419	0.6180	0.4120	0.3083	0.2314	0.1741	0.1314	0.0994	0.0754	0.0573	0.0437	0.0334	0.0256	0.0196	0.0151

① $(P/F, i, n)=(1+i)^{-n}$。

（续表）

n	16%	17%	18%	19%	20%	21%	22%	23%	24%	25%	26%	27%	28%	29%	30%
1	0. 8621	0. 8547	0. 8475	0. 8403	0. 8333	0. 8264	0. 8197	0. 8130	0. 8065	0. 8000	0. 7937	0. 7874	0. 7813	0. 7752	0. 7692
2	0. 7432	0. 5392	0. 7182	0. 7062	0. 6944	0. 6830	0. 6719	0. 6610	0. 6504	0. 6400	0. 6299	0. 6200	0. 6104	0. 6009	0. 5917
3	0. 6407	0. 6497	0. 6086	0. 5934	0. 5787	0. 5645	0. 5507	0. 5374	0. 5245	0. 5120	0. 4999	0. 4882	0. 4768	0. 4658	0. 4552
4	0. 5523	0. 6062	0. 5158	0. 4987	0. 4823	0. 4665	0. 4514	0. 4369	0. 4230	0. 4096	0. 3968	0. 3844	0. 3725	0. 3611	0. 3501
5	0. 4761	0. 6226	0. 4371	0. 4190	0. 4019	0. 3855	0. 3700	0. 3552	0. 3411	0. 3277	0. 3149	0. 3027	0. 2910	0. 2799	0. 2693
6	0. 4104	0. 6163	0. 3704	0. 3521	0. 3349	0. 3186	0. 3033	0. 2888	0. 2751	0. 2621	0. 2499	0. 2383	0. 2274	0. 2170	0. 2072
7	0. 3538	0. 6187	0. 3139	0. 2959	0. 2791	0. 2633	0. 2486	0. 2348	0. 2218	0. 2097	0. 1983	0. 1877	0. 1776	0. 1682	0. 1594
8	0. 3050	0. 6178	0. 2660	0. 2487	0. 2326	0. 2176	0. 2038	0. 1909	0. 1789	0. 1678	0. 1574	0. 1478	0. 1388	0. 1304	0. 1226
9	0. 2630	0. 6181	0. 2255	0. 2090	0. 1938	0. 1799	0. 1670	0. 1552	0. 1443	0. 1342	0. 1249	0. 1164	0. 1084	0. 1011	0. 0943
10	0. 2267	0. 6180	0. 1911	0. 1756	0. 1615	0. 1486	0. 1369	0. 1262	0. 1164	0. 1074	0. 0992	0. 0916	0. 0847	0. 0784	0. 0725
11	0. 1954	0. 6180	0. 1619	0. 1476	0. 1346	0. 1228	0. 1122	0. 1026	0. 0938	0. 0859	0. 0787	0. 0721	0. 0662	0. 0607	0. 0558
12	0. 1685	0. 6180	0. 1372	0. 1240	0. 1122	0. 1015	0. 0920	0. 0834	0. 0757	0. 0687	0. 0625	0. 0568	0. 0517	0. 0471	0. 0429
13	0. 1452	0. 6180	0. 1163	0. 1042	0. 0935	0. 0839	0. 0754	0. 0678	0. 0610	0. 0550	0. 0496	0. 0447	0. 0404	0. 0365	0. 0330
14	0. 1252	0. 6180	0. 0985	0. 0876	0. 0779	0. 0693	0. 0618	0. 0551	0. 0492	0. 0440	0. 0393	0. 0352	0. 0316	0. 0283	0. 0254
15	0. 1079	0. 6180	0. 0835	0. 0736	0. 0649	0. 0573	0. 0507	0. 0448	0. 0397	0. 0352	0. 0312	0. 0277	0. 0247	0. 0219	0. 0195
16	0. 0930	0. 6180	0. 0708	0. 0618	0. 0541	0. 0474	0. 0415	0. 0364	0. 0320	0. 0281	0. 0248	0. 0218	0. 0193	0. 0170	0. 0150
17	0. 0802	0. 6180	0. 0600	0. 0520	0. 0451	0. 0391	0. 0340	0. 0296	0. 0258	0. 0225	0. 0197	0. 0172	0. 0150	0. 0132	0. 0116
18	0. 0691	0. 6180	0. 0508	0. 0437	0. 0376	0. 0323	0. 0279	0. 0241	0. 0208	0. 0180	0. 0156	0. 0135	0. 0118	0. 0102	0. 0089
19	0. 0596	0. 6180	0. 0431	0. 0367	0. 0313	0. 0267	0. 0229	0. 0196	0. 0168	0. 0144	0. 0124	0. 0107	0. 0092	0. 0079	0. 0068
20	0. 0514	0. 6180	0. 0365	0. 0308	0. 0261	0. 0221	0. 0187	0. 0159	0. 0135	0. 0115	0. 0098	0. 0084	0. 0072	0. 0061	0. 0053
25	0. 0245	0. 6180	0. 0160	0. 0129	0. 0105	0. 0085	0. 0069	0. 0057	0. 0046	0. 0038	0. 0031	0. 0025	0. 0021	0. 0017	0. 0014
30	0. 0116	0. 6180	0. 0070	0. 0054	0. 0042	0. 0033	0. 0026	0. 0020	0. 0016	0. 0012	0. 0010	0. 0008	0. 0006	0. 0005	0. 0004

附录二 复利终值系数表

表 2 复利终值系数表①

n	1%	2%	3%	4%	5%	6%	7%	8%	9%	10%	11%	12%	13%	14%	15%
1	1.0100	1.0200	1.0300	1.0400	1.0500	1.0600	1.0700	1.0800	1.0900	1.1000	1.1100	1.1200	1.1300	1.1400	1.1500
2	1.0201	1.0404	1.0609	1.0816	1.1025	1.1236	1.1449	1.1664	1.1881	1.2100	1.2321	1.2544	1.2769	1.2996	1.3225
3	1.0303	1.0612	1.0927	1.1249	1.1576	1.1910	1.2250	1.2597	1.2950	1.3310	1.3676	1.4049	1.4429	1.4815	1.5209
4	1.0406	1.0824	1.1255	1.1699	1.2155	1.2625	1.3108	1.3605	1.4116	1.4641	1.5181	1.5735	1.6305	1.6890	1.7490
5	1.0510	1.1041	1.1593	1.2167	1.2763	1.3382	1.4026	1.4693	1.5386	1.6105	1.6851	1.7623	1.8424	1.9254	2.0114
6	1.0615	1.1262	1.1941	1.2653	1.3401	1.4185	1.5007	1.5869	1.6771	1.7716	1.8704	1.9738	2.0820	2.1950	2.3131
7	1.0721	1.1487	1.2299	1.3159	1.4071	1.5036	1.6058	1.7138	1.8280	1.9487	2.0762	2.2107	2.3526	2.5023	2.6600
8	1.0829	1.1717	1.2668	1.3686	1.4775	1.5938	1.7182	1.8509	1.9926	2.1436	2.3045	2.4760	2.6584	2.8526	3.0590
9	1.0937	1.1951	1.3048	1.4233	1.5513	1.6895	1.8385	1.9990	2.1719	2.3579	2.5580	2.7731	3.0040	3.2519	3.5179
10	1.1046	1.2190	1.3439	1.4802	1.6289	1.7908	1.9672	2.1589	2.3674	2.5937	2.8394	3.1058	3.3946	3.7072	4.0456
11	1.1157	1.2434	1.3842	1.5395	1.7103	1.8983	2.1049	2.3316	2.5804	2.8531	3.1518	3.4785	3.8359	4.2262	4.6524
12	1.1268	1.2682	1.4258	1.6010	1.7959	2.0122	2.2522	2.5182	2.8127	3.1384	3.4985	3.8960	4.3345	4.8179	5.3503
13	1.1381	1.2936	1.4685	1.6651	1.8856	2.1329	2.4098	2.7196	3.0658	3.4523	3.8833	4.3635	4.8980	5.4924	6.1528
14	1.1495	1.3195	1.5126	1.7317	1.9799	2.2609	2.5785	2.9372	3.3417	3.7975	4.3104	4.8871	5.5348	6.2613	7.0757
15	1.1610	1.3459	1.5580	1.8009	2.0789	2.3966	2.7590	3.1722	3.6425	4.1772	4.7846	5.4736	6.2543	7.1379	8.1371
16	1.1726	1.3728	1.6047	1.8730	2.1829	2.5404	2.9522	3.4259	3.9703	4.5950	5.3109	6.1304	7.0673	8.1372	9.3576
17	1.1843	1.4002	1.6528	1.9479	2.2920	2.6928	3.1588	3.7000	4.3276	5.0545	5.8951	6.8660	7.9861	9.2765	10.7613
18	1.1961	1.4282	1.7024	2.0258	2.4066	2.8543	3.3799	3.9960	4.7171	5.5599	6.5436	7.6900	9.0243	10.5752	12.3755
19	1.2081	1.4568	1.7535	2.1068	2.5270	3.0256	3.6165	4.3157	5.1417	6.1159	7.2633	8.6128	10.1974	12.0557	14.2318
20	1.2202	1.4859	1.8061	2.1911	2.6533	3.2071	3.8697	4.6610	5.6044	6.7275	8.0623	9.6463	11.5231	13.7435	16.3665
25	1.2824	1.6406	2.0938	2.6658	3.3864	4.2919	5.4274	6.8485	8.6231	10.8347	13.5855	17.0001	21.2305	26.4619	32.9190
30	1.3478	1.8114	2.4273	3.2434	4.3219	5.7435	7.6123	10.0627	13.2677	17.4494	22.8923	29.9599	39.1159	50.9502	66.2118
35	1.4166	1.9999	2.8139	3.9461	5.5160	7.6861	10.6766	14.7853	20.4140	28.1024	38.5749	52.7996	72.0685	98.1002	133.1755

① $(F/P, i, n)=(1+i)^n$。

（续表）

n	16%	17%	18%	19%	20%	21%	22%	23%	24%	25%	26%	27%	28%	29%	30%
1	1.1600	1.1700	1.1800	1.1900	1.2000	1.2100	1.2200	1.2300	1.2400	1.2500	1.2600	1.2700	1.2800	1.2900	1.3000
2	1.3456	1.3689	1.3924	1.4161	1.4400	1.4641	1.4884	1.5129	1.5376	1.5625	1.5876	1.6129	1.6384	1.6641	1.6900
3	1.5609	1.6015	1.6430	1.6852	1.7280	1.7716	1.8158	1.8609	1.9066	1.9531	2.0004	2.0484	2.0972	2.1467	2.1970
4	1.8106	1.8739	1.9388	2.0053	2.0736	2.1436	2.2153	2.2889	2.3642	2.4414	2.5205	2.6014	2.6844	2.7692	2.8561
5	2.1003	2.1924	2.2878	2.3864	2.4883	2.5937	2.7027	2.8153	2.9316	3.0518	3.1758	3.3038	3.4360	3.5723	3.7129
6	2.4364	2.5652	2.6996	2.8398	2.9860	3.1384	3.2973	3.4628	3.6352	3.8147	4.0015	4.1959	4.3980	4.6083	4.8268
7	2.8262	3.0012	3.1855	3.3793	3.5832	3.7975	4.0227	4.2593	4.5077	4.7684	5.0419	5.3288	5.6295	5.9447	6.2749
8	3.2784	3.5115	3.7589	4.0214	4.2998	4.5950	4.9077	5.2389	5.5895	5.9605	6.3528	6.7675	7.2058	7.6686	8.1573
9	3.8030	4.1084	4.4355	4.7854	5.1598	5.5599	5.9874	6.4439	6.9310	7.4506	8.0045	8.5948	9.2234	9.8925	10.6045
10	4.4114	4.8068	5.2338	5.6947	6.1917	6.7275	7.3046	7.9259	8.5944	9.3132	10.0857	10.9153	11.8059	12.7614	13.7858
11	5.1173	5.6240	6.1759	6.7767	7.4301	8.1403	8.9117	9.7489	10.6571	11.6415	12.7080	13.8625	15.1116	16.4622	17.9216
12	5.9360	6.5801	7.2876	8.0642	8.9161	9.8497	10.8722	11.9912	13.2148	14.5519	16.0120	17.6053	19.3428	21.2362	23.2981
13	6.8858	7.6987	8.5994	9.5964	10.6993	11.9182	13.2641	14.7491	16.3863	18.1899	20.1752	22.3588	24.7588	27.3947	30.2875
14	7.9875	9.0075	10.1472	11.4198	12.8392	14.4210	16.1822	18.1414	20.3191	22.7374	25.4207	28.3957	31.6913	35.3391	39.3738
15	9.2655	10.5387	11.9737	13.5895	15.4070	17.4494	19.7423	22.3140	25.1956	28.4217	32.0301	36.0625	40.5648	45.5875	51.1859
16	10.7480	12.3303	14.1290	16.1715	18.4884	21.1138	24.0856	27.4462	31.2426	35.5271	40.3579	45.7994	51.9230	58.8079	66.5417
17	12.4677	14.4265	16.6722	19.2441	22.1861	25.5477	29.3844	33.7588	38.7408	44.4089	50.8510	58.1652	66.4614	75.8621	86.5042
18	14.4625	16.8790	19.6733	22.9005	26.6233	30.9127	35.8490	41.5233	48.0386	55.5112	64.0722	73.8698	85.0706	97.8622	112.4554
19	16.7765	19.7484	23.2144	27.2516	31.9480	37.4043	43.7358	51.0737	59.5679	69.3889	80.7310	93.8147	108.8904	126.2422	146.1920
20	19.4608	23.1056	27.3930	32.4294	38.3376	45.2593	53.3576	62.8206	73.8641	86.7362	101.7211	119.1446	139.3797	162.8524	190.0496
25	40.8742	50.6578	62.6686	77.3881	95.3962	117.3909	144.2101	176.8593	216.5420	264.6978	323.0454	393.6344	478.9049	581.7585	705.6410
30	85.8499	111.0647	143.3706	184.6753	237.3763	304.4816	389.7579	497.9129	634.8199	807.7936	1 025.9267	1 300.5038	1 645.5046	2 078.2190	2 619.9956
35	180.3141	243.5035	327.9973	440.7006	590.6682	789.7470	1 053.4018	1 401.7769	1 861.0540	2 465.1903	3 258.1350	4 296.6525	5 653.9106	7 424.0324	9 727.8604

附录三　年金现值系数表

表 3　年金现值系数表①

n	1%	2%	3%	4%	5%	6%	7%	8%	9%	10%	11%	12%	13%	14%	15%
1	0.9901	0.9804	0.9709	0.9615	0.9524	0.9434	0.9346	0.9259	0.9174	0.9091	0.9009	0.8929	0.8850	0.8772	0.8696
2	1.9704	1.9416	1.9135	1.8861	1.8594	1.8334	1.8080	1.7833	1.7591	1.7355	1.7125	1.6901	1.6681	1.6467	1.6257
3	2.9410	2.8839	2.8286	2.7751	2.7232	2.6730	2.6243	2.5771	2.5313	2.4869	2.4437	2.4018	2.3612	2.3216	2.2832
4	3.9020	3.8077	3.7171	3.6299	3.5460	3.4651	3.3872	3.3121	3.2397	3.1699	3.1024	3.0373	2.9745	2.9137	2.8550
5	4.8534	4.7135	4.5797	4.4518	4.3295	4.2124	4.1002	3.9927	3.8897	3.7908	3.6959	3.6048	3.5172	3.4331	3.3522
6	5.7955	5.6014	5.4172	5.2421	5.0757	4.9173	4.7665	4.6229	4.4859	4.3553	4.2305	4.1114	3.9975	3.8887	3.7845
7	6.7282	6.4720	6.2303	6.0021	5.7864	5.5824	5.3893	5.2064	5.0330	4.8684	4.7122	4.5638	4.4226	4.2883	4.1604
8	7.6517	7.3255	7.0197	6.7327	6.4632	6.2098	5.9713	5.7466	5.5348	5.3349	5.1461	4.9676	4.7988	4.6389	4.4873
9	8.5660	8.1622	7.7861	7.4353	7.1078	6.8017	6.5152	6.2469	5.9952	5.7590	5.5370	5.3282	5.1317	4.9464	4.7716
10	9.4713	8.9826	8.5302	8.1109	7.7217	7.3601	7.0236	6.7101	6.4177	6.1446	5.8892	5.6502	5.4262	5.2161	5.0188
11	10.3676	9.7868	9.2526	8.7605	8.3064	7.8869	7.4987	7.1390	6.8052	6.4951	6.2065	5.9377	5.6869	5.4527	5.2337
12	11.2551	10.5753	9.9540	9.3851	8.8633	8.3838	7.9427	7.5361	7.1607	6.8137	6.4924	6.1944	5.9176	5.6603	5.4206
13	12.1337	11.3484	10.6350	9.9856	9.3936	8.8527	8.3577	7.9038	7.4869	7.1034	6.7499	6.4235	6.1218	5.8424	5.5831
14	13.0037	12.1062	11.2961	10.5631	9.8986	9.2950	8.7455	8.2442	7.7862	7.3667	6.9819	6.6282	6.3025	6.0021	5.7245
15	13.8651	12.8493	11.9379	11.1184	10.3797	9.7122	9.1079	8.5595	8.0607	7.6061	7.1909	6.8109	6.4624	6.1422	5.8474
16	14.7179	13.5777	12.5611	11.6523	10.8378	10.1059	9.4466	8.8514	8.3126	7.8237	7.3792	6.9740	6.6039	6.2651	5.9542
17	15.5623	14.2919	13.1661	12.1657	11.2741	10.4773	9.7632	9.1216	8.5436	8.0216	7.5488	7.1196	6.7291	6.3729	6.0472
18	16.3983	14.9920	13.7535	12.6593	11.6896	10.8276	10.0591	9.3719	8.7556	8.2014	7.7016	7.2497	6.8399	6.4674	6.1280
19	17.2260	15.6785	14.3238	13.1339	12.0853	11.1581	10.3356	9.6036	8.9501	8.3649	7.8393	7.3658	6.9380	6.5504	6.1982
20	18.0456	16.3514	14.8775	13.5903	12.4622	11.4699	10.5940	9.8181	9.1285	8.5136	7.9633	7.4694	7.0248	6.6231	6.2593
25	22.0232	19.5235	17.4131	15.6221	14.0939	12.7834	11.6536	10.6748	9.8226	9.0770	8.4217	7.8431	7.3300	6.8729	6.4641
30	25.8077	22.3965	19.6004	17.2920	15.3725	13.7648	12.4090	11.2578	10.2737	9.4269	8.6938	8.0552	7.4957	7.0027	6.5660

① $(P/A, i, n)=(1-(1+i)^{-n})/i$。

（续表）

n	16%	17%	18%	19%	20%	21%	22%	23%	24%	25%	26%	27%	28%	29%	30%
1	0.8621	0.8547	0.8475	0.8403	0.8333	0.8264	0.8197	0.8130	0.8065	0.8000	0.7937	0.7874	0.7813	0.7752	0.7692
2	1.6052	2.7108	1.5656	1.5465	1.5278	1.5095	1.4915	1.4740	1.4568	1.4400	1.4235	1.4074	1.3916	1.3761	1.3609
3	2.2459	4.2971	2.1743	2.1399	2.1065	2.0739	2.0422	2.0114	1.9813	1.9520	1.9234	1.8956	1.8684	1.8420	1.8161
4	2.7982	4.7719	2.6901	2.6386	2.5887	2.5404	2.4936	2.4483	2.4043	2.3616	2.3202	2.2800	2.2410	2.2031	2.1662
5	3.2743	4.8632	3.1272	3.0576	2.9906	2.9260	2.8636	2.8035	2.7454	2.6893	2.6351	2.5827	2.5320	2.4830	2.4356
6	3.6847	4.8791	3.4976	3.4098	3.3255	3.2446	3.1669	3.0923	3.0205	2.9514	2.8850	2.8210	2.7594	2.7000	2.6427
7	4.0386	4.8818	3.8115	3.7057	3.6046	3.5079	3.4155	3.3270	3.2423	3.1611	3.0833	3.0087	2.9370	2.8682	2.8021
8	4.3436	4.8823	4.0776	3.9544	3.8372	3.7256	3.6193	3.5179	3.4212	3.3289	3.2407	3.1564	3.0758	2.9986	2.9247
9	4.6065	4.8823	4.3030	4.1633	4.0310	3.9054	3.7863	3.6731	3.5655	3.4631	3.3657	3.2728	3.1842	3.0997	3.0190
10	4.8332	4.8824	4.4941	4.3389	4.1925	4.0541	3.9232	3.7993	3.6819	3.5705	3.4648	3.3644	3.2689	3.1781	3.0915
11	5.0286	4.8824	4.6560	4.4865	4.3271	4.1769	4.0354	3.9018	3.7757	3.6564	3.5435	3.4365	3.3351	3.2388	3.1473
12	5.1971	4.8824	4.7932	4.6105	4.4392	4.2784	4.1274	3.9852	3.8514	3.7251	3.6059	3.4933	3.3868	3.2859	3.1903
13	5.3423	4.8824	4.9095	4.7147	4.5327	4.3624	4.2028	4.0530	3.9124	3.7801	3.6555	3.5381	3.4272	3.3224	3.2233
14	5.4675	4.8824	5.0081	4.8023	4.6106	4.4317	4.2646	4.1082	3.9616	3.8241	3.6949	3.5733	3.4587	3.3507	3.2487
15	5.5755	4.8824	5.0916	4.8759	4.6755	4.4890	4.3152	4.1530	4.0013	3.8593	3.7261	3.6010	3.4834	3.3726	3.2682
16	5.6685	4.8824	5.1624	4.9377	4.7296	4.5364	4.3567	4.1894	4.0333	3.8874	3.7509	3.6228	3.5026	3.3896	3.2832
17	5.7487	4.8824	5.2223	4.9897	4.7746	4.5755	4.3908	4.2190	4.0591	3.9099	3.7705	3.6400	3.5177	3.4028	3.2948
18	5.8178	4.8824	5.2732	5.0333	4.8122	4.6079	4.4187	4.2431	4.0799	3.9279	3.7861	3.6536	3.5294	3.4130	3.3037
19	5.8775	4.8824	5.3162	5.0700	4.8435	4.6346	4.4415	4.2627	4.0967	3.9424	3.7985	3.6642	3.5386	3.4210	3.3105
20	5.9288	4.8824	5.3527	5.1009	4.8696	4.6567	4.4603	4.2786	4.1103	3.9539	3.8083	3.6726	3.5458	3.4271	3.3158
25	6.0971	4.8824	5.4669	5.1951	4.9476	4.7213	4.5139	4.3232	4.1474	3.9849	3.8342	3.6943	3.5640	3.4423	3.3286
30	6.1772	4.8824	5.5168	5.2347	4.9789	4.7463	4.5338	4.3391	4.1601	3.9950	3.8424	3.7009	3.5693	3.4466	3.3321

附录四　年金终值系数表

表 4　年金终值系数表①

n	1%	2%	3%	4%	5%	6%	7%	8%	9%	10%	11%	12%	13%	14%	15%
1	1.0000	1.0000	1.0000	1.0000	1.0000	1.0000	1.0000	1.0000	1.0000	1.0000	1.0000	1.0000	1.0000	1.0000	1.0000
2	2.0100	2.0200	2.0300	2.0400	2.0500	2.0600	2.0700	2.0800	2.0900	2.1000	2.1100	2.1200	2.1300	2.1400	2.1500
3	3.0301	3.0604	3.0909	3.1216	3.1525	3.1836	3.2149	3.2464	3.2781	3.3100	3.3421	3.3744	3.4069	3.4396	3.4725
4	4.0604	4.1216	4.1836	4.2465	4.3101	4.3746	4.4399	4.5061	4.5731	4.6410	4.7097	4.7793	4.8498	4.9211	4.9934
5	5.1010	5.2040	5.3091	5.4163	5.5256	5.6371	5.7507	5.8666	5.9847	6.1051	6.2278	6.3528	6.4803	6.6101	6.7424
6	6.1520	6.3081	6.4684	6.6330	6.8019	6.9753	7.1533	7.3359	7.5233	7.7156	7.9129	8.1152	8.3227	8.5355	8.7537
7	7.2135	7.4343	7.6625	7.8983	8.1420	8.3938	8.6540	8.9228	9.2004	9.4872	9.7833	10.0890	10.4047	10.7305	11.0668
8	8.2857	8.5830	8.8923	9.2142	9.5491	9.8975	10.2598	10.6366	11.0285	11.4359	11.8594	12.2997	12.7573	13.2328	13.7268
9	9.3685	9.7546	10.1591	10.5828	11.0266	11.4913	11.9780	12.4876	13.0210	13.5795	14.1640	14.7757	15.4157	16.0853	16.7858
10	10.4622	10.9497	11.4639	12.0061	12.5779	13.1808	13.8164	14.4866	15.1929	15.9374	16.7220	17.5487	18.4197	19.3373	20.3037
11	11.5668	12.1687	12.8078	13.4864	14.2068	14.9716	15.7836	16.6455	17.5603	18.5312	19.5614	20.6546	21.8143	23.0445	24.3493
12	12.6825	13.4121	14.1920	15.0258	15.9171	16.8699	17.8885	18.9771	20.1407	21.3843	22.7132	24.1331	25.6502	27.2707	29.0017
13	13.8093	14.6803	15.6178	16.6268	17.7130	18.8821	20.1406	21.4953	22.9534	24.5227	26.2116	28.0291	29.9847	32.0887	34.3519
14	14.9474	15.9739	17.0863	18.2919	19.5986	21.0151	22.5505	24.2149	26.0192	27.9750	30.0949	32.3926	34.8827	37.5811	40.5047
15	16.0969	17.2934	18.5989	20.0236	21.5786	23.2760	25.1290	27.1521	29.3609	31.7725	34.4054	37.2797	40.4175	43.8424	47.5804
16	17.2579	18.6393	20.1569	21.8245	23.6575	25.6725	27.8881	30.3243	33.0034	35.9497	39.1899	42.7533	46.6717	50.9804	55.7175
17	18.4304	20.0121	21.7616	23.6975	25.8404	28.2129	30.8402	33.7502	36.9737	40.5447	44.5008	48.8837	53.7391	59.1176	65.0751
18	19.6147	21.4123	23.4144	25.6454	28.1324	30.9057	33.9990	37.4502	41.3013	45.5992	50.3959	55.7497	61.7251	68.3941	75.8364
19	20.8109	22.8406	25.1169	27.6712	30.5390	33.7600	37.3790	41.4463	46.0185	51.1591	56.9395	63.4397	70.7494	78.9692	88.2118
20	22.0190	24.2974	26.8704	29.7781	33.0660	36.7856	40.9955	45.7620	51.1601	57.2750	64.2028	72.0524	80.9468	91.0249	102.4436
25	28.2432	32.0303	36.4593	41.6459	47.7271	54.8645	63.2490	73.1059	84.7009	98.3471	114.4133	133.3339	155.6196	181.8708	212.7930

① $(F/A, i, n)=((1+i)^n-1)/i$。

(续表)

n	16%	17%	18%	19%	20%	21%	22%	23%	24%	25%	26%	27%	28%	29%	30%
1	1.0000	1.0000	1.0000	1.0000	1.0000	1.0000	1.0000	1.0000	1.0000	1.0000	1.0000	1.0000	1.0000	1.0000	1.0000
2	2.1600	2.1700	2.1800	2.1900	2.2000	2.2100	2.2200	2.2300	2.2400	2.2500	2.2600	2.2700	2.2800	2.2900	2.3000
3	3.5056	3.5389	3.5724	3.6061	3.6400	3.6741	3.7084	3.7429	3.7776	3.8125	3.8476	3.8829	3.9184	3.9541	3.9900
4	5.0665	5.1405	5.2154	5.2913	5.3680	5.4457	5.5242	5.6038	5.6842	5.7656	5.8480	5.9313	6.0156	6.1008	6.1870
5	6.8771	7.0144	7.1542	7.2966	7.4416	7.5892	7.7396	7.8926	8.0484	8.2070	8.3684	8.5327	8.6999	8.8700	9.0431
6	8.9775	9.2068	9.4420	9.6830	9.9299	10.1830	10.4423	10.7079	10.9801	11.2588	11.5442	11.8366	12.1359	12.4423	12.7560
7	11.4139	11.7720	12.1415	12.5227	12.9159	13.3214	13.7396	14.1708	14.6153	15.0735	15.5458	16.0324	16.5339	17.0506	17.5828
8	14.2401	14.7733	15.3270	15.9020	16.4991	17.1189	17.7623	18.4300	19.1229	19.8419	20.5876	21.3612	22.1634	22.9953	23.8577
9	17.5185	18.2847	19.0859	19.9234	20.7989	21.7139	22.6700	23.6690	24.7125	25.8023	26.9404	28.1287	29.3692	30.6639	32.0150
10	21.3215	22.3931	23.5213	24.7089	25.9587	27.2738	28.6574	30.1128	31.6434	33.2529	34.9449	36.7235	38.5926	40.5564	42.6195
11	25.7329	27.1999	28.7551	30.4035	32.1504	34.0013	35.9620	38.0388	40.2379	42.5661	45.0306	47.6388	50.3985	53.3178	56.4053
12	30.8502	32.8239	34.9311	37.1802	39.5805	42.1416	44.8737	47.7877	50.8950	54.2077	57.7386	61.5013	65.5100	69.7800	74.3270
13	36.7862	39.4040	42.2187	45.2445	48.4966	51.9913	55.7459	59.7788	64.1097	68.7596	73.7506	79.1066	84.8529	91.0161	97.6250
14	43.6720	47.1027	50.8180	54.8409	59.1959	63.9095	69.0100	74.5280	80.4961	86.9495	93.9258	101.4654	109.6117	118.4108	127.9125
15	51.6595	56.1101	60.9653	66.2607	72.0351	78.3305	85.1922	92.6694	100.8151	109.6868	119.3465	129.8611	141.3029	153.7500	167.2863
16	60.9250	66.6488	72.9390	79.8502	87.4421	95.7799	104.9345	114.9834	126.0108	138.1085	151.3766	165.9236	181.8677	199.3374	218.4722
17	71.6730	78.9792	87.0680	96.0218	105.9306	116.8937	129.0201	142.4295	157.2534	173.6357	191.7345	211.7230	233.7907	258.1453	285.0139
18	84.1407	93.4056	103.7403	115.2659	128.1167	142.4413	158.4045	176.1883	195.9942	218.0446	242.5855	269.8882	300.2521	334.0074	371.5180
19	98.6032	110.2846	123.4135	138.1664	154.7400	173.3540	194.2535	217.7116	244.0328	273.5558	306.6577	343.7580	385.3227	431.8696	483.9734
20	115.3797	130.0329	146.6280	165.4180	186.6880	210.7584	237.9893	268.7853	303.6006	342.9447	387.3887	437.5726	494.2131	558.1118	630.1655
25	249.2140	292.1049	342.6035	402.0425	471.9811	554.2422	650.9551	764.6054	898.0916	1 054.7912	1 238.6363	1 454.2014	1 706.8031	2 002.6156	2 348.8033